经典篇

王春焕 主编
郑丽梅　王文令 副主编

拉萨百年史略

千年古城　蹒跚步入现代文明
百年巨变　历尽沧桑终迎辉煌

西藏人民出版社

图书在版编目（CIP）数据

拉萨百年史略 / 王春焕主编；郑丽梅，王文令副主编 . -- 拉萨：西藏人民出版社，2023.9
（幸福拉萨文库 . 经典篇）
ISBN 978-7-223-07419-3

Ⅰ. ①拉… Ⅱ. ①王… ②郑… ③王… Ⅲ. ①拉萨—地方史 Ⅳ. ① K297.51

中国国家版本馆 CIP 数据核字（2023）第 099751 号

拉萨百年史略

主　　编	王春焕
副 主 编	郑丽梅　王文令
责任编辑	扎西欧珠
策　　划	计美旺扎
封面设计	颜　森
出版发行	西藏人民出版社（拉萨市林廓北路 20 号）
印　　刷	三河市祥达印刷包装有限公司
开　　本	710×1040　　1/16
印　　张	18
字　　数	275 千
版　　次	2024 年 10 月第 1 版
印　　次	2024 年 10 月第 1 次印刷
印　　数	01-10，000
书　　号	ISBN 978-7-223-07419-3
定　　价	80.00 元

版权所有　翻印必究

（如有印装质量问题，请与出版社发行部联系调换）
发行部联系电话（传真）：0891-6826115

《幸福拉萨文库》编委会

主　　　任	齐扎拉　白玛旺堆
常务副主任	张延清　车明怀
副　主　任	马新明　达　娃　肖志刚
	庄红翔　袁训旺　占　堆
	吴亚松

主　　　编	《幸福拉萨文库》编委会
执 行 主 编	占　堆　吴亚松
副　主　编	范跃平　龚大成　李文华
	许佃兵　拉　珍　赵有鹏

本 书 主 编	王春焕
本书副主编	郑丽梅　王文令

委　　员　张春阳　张志文　杨年华
　　　　　张　勤　何宗英　格桑益西
　　　　　蓝国华　陈　朴　王文令
　　　　　阴海燕　杨　丽　其美江才
　　　　　刘艳苹

导言 DAO YAN

　　拉萨是一座古老而又年轻的城市，说古老是因为其历史悠久，大约公元7世纪拉萨城市的雏形已经出现，到现在已有1300多年的历史；说年轻是因为其走向近现代化城市的时间很短，拉萨拥有现代公路只有60多年的时间。20世纪30年代，见过世面的十三世达赖喇嘛，非常向往现代交通，便从印度购买了一辆轿车，可是西藏没有公路，他就让人把汽车拆散，由驮畜将零部件一一驮到拉萨，再请洋技师将汽车重新组装起来。这辆车直到20世纪50年代初还在罗布林卡的车棚里停着，它仅在拉萨的布达拉宫至罗布林卡之间1000多米的土路上走过几次。1954年12月25日，青藏公路、川藏公路通车，拉萨才有了现代公路。1965年9月，西藏自治区成立，拉萨成为首府。任何一个地方的历史都是缓慢地前行着，拉萨也一样，但不同的是，在1300多年的历史长河中，拉萨却在近百年中急速变化，打破了常规的发展过程，成为奇迹。拉萨百年历史，风雨沧桑、跌宕起伏、光阴荏苒、辉煌渐现；拉萨百年历史承接过去、开启未来。拉萨历史的演进过程就是西藏历史的缩影，人们要了解西藏、了解拉萨就应了解拉萨百年的历史。

一、拉萨是西藏一个美丽的地方

　　拉萨位于西藏自治区中部稍偏东南的雅鲁藏布江支流拉萨河中游，地跨东经89°45′11″—92°37′22″，北纬29°14′26″—31°03′47″，纬度与浙江杭州接近，全市总面积近30000平方千米，市区面积59平方千米。东与林芝交界，南与山南紧连，西与日喀则接壤，北与那曲毗邻。

拉萨位于青藏高原的中部，是世界上海拔最高的城市之一，地形由高山深谷相间而成，地势北高南低，中南部为雅鲁藏布江支流拉萨河中游河谷平原，地势平坦，平均海拔3650米。在拉萨境内，有著名的念青唐古拉山脉、纳木错湖和拉萨河等山脉与河湖。念青唐古拉山脉从西北绵延至东南长达140多千米，主峰海拔7168米。念青唐古拉山脉西起尼木西北的谭门千峰（海拔6373米），东至当雄东与那曲交界的格斗峰（海拔6121米），形成北部冰蚀极高山、高山地貌区。念青唐古拉山脉是西藏境内雅鲁藏布江和怒江两大水系的分水岭，将西藏自治区分为藏北、藏南、藏东南三大区域。纳木错湖位于拉萨当雄和那曲班戈之间，又称腾格里海、腾格里湖，蒙语意思为"天湖"，海拔4720米，面积1961.5平方千米，湖形狭长，东西长70千米，南北宽30千米，是我国的第二大咸水湖。拉萨河原名"吉曲藏布"，意思是舒适之江；藏语称"吉曲"，意为"快乐河""幸福河"，是雅鲁藏布江中游一条较大的支流，也是拉萨的母亲河，发源于念青唐古拉山南麓嘉黎彭措拉孔马沟，在林周的旁多峡谷与桑丹岗桑雪山上流下来的热振河汇合，在墨竹工卡的宗雪城堡前面，与拉里神山上流下来的雪绒河汇合；在墨竹工卡的嘎则古庙前面，与工布巴拉雪山上流下的墨竹河汇合。拉萨河流经那曲、当雄、林周、墨竹工卡、达孜、城关、堆龙德庆等7地，至曲水朗钦日苏象鼻湾与雅鲁藏布江合流，形成了雄伟壮观的江河相汇的高原奇观。拉萨河全长495千米，流域面积31760平方千米，海拔高度由源头5200米到河口3580米，是世界上最高的河流之一。

拉萨地处高原腹地，地势高耸，河谷平原狭长，由此形成了高原季风气候。其西部和北部有念青唐古拉山和唐古拉山阻挡，远离海洋，受西藏南、北两支天气系统的影响较小。拉萨气候特点鲜明，日照充足，太阳辐射强烈，日温差大，年温差小；四季不明显，冬无严寒，夏无酷暑；干湿季明显，雨季降水集中，多夜雨；蒸发量大，空气干燥，干季多大风。拉萨气温的年际变化不大，除了北部，冬季平均气温均高于-5℃，夏季平均气温都低于16℃，春季气温略高于秋季气温；全市最热月平均气温在10.2℃—15.7℃，最冷月平均气温-9.4℃—-1.6℃。降水多发生在夜间，昼晴夜雨，有"阳光城"之称。拉萨降水最多的7、8月份，每月平均日照时数达220—230小时，日照百分率为54%，每天平均日照7—8小时，对农牧业生产十分有利。受地形和气候影响，拉萨主要是农业区，盛产青稞、小麦、荞麦、玉米、蚕豆、豌豆、油菜籽、土豆、萝卜、圆白菜、白菜、菠菜、菜豆、莴笋、番茄、黄瓜、南瓜、西瓜、大蒜、辣椒等农作物，适宜养殖牦牛、黄牛、犏牛、绵羊、山羊、马、驴、骡、猪等家畜。

拉萨有着丰富的自然资源。据2011年统计，拉萨有林地53.87万公顷，其中包括人工林、天然乔木林、疏林地、灌木林地等，森林覆盖率为17.3%。拉萨物种资源共有938种（植物、鱼类和鸟类），其中，植物主要有圆柏、桦树、杨树、柳树，及苹果、梨、桃、葡萄、核桃等果树，和虫草、贝母、三七、党参、黄芪、当归、大黄、雪莲、黄绿蜜环菌（草地黄蘑）等；野生动物主要有鹿、豹、熊、狐、藏原羚、盘羊、麝、猞猁、水獭、藏雪鸡、哈曼马鸡、血雉、黑颈鹤、斑头雁、金雕、秃鹫、赤麻鸭、裂腹鱼等，其中国家一级保护动物41种。拉萨有1个国家级自然保护区——拉鲁湿地；2个国家级森林公园——西藏尼木国家森林公园和林周热振国家森林公园；3个市级自然保护区、2个县级自然保护区。

拉萨拥有储量较大的矿产资源，是中国"十大"矿产资源集中区之一，也是西部最有找矿前景的成矿区（带）。从区域矿产分布来看，拉萨中西部尼木至墨竹工卡一带，有斑岩型、矽卡岩型、海底热水流沉积型铜钼多金属矿产及贵金属矿产；南部有大量的花岗岩、板岩等建材矿产；雅鲁藏布江一带有刚玉、宝玉石、铬铁、金等矿产；西北部有铅、锌等多金属矿及铀钍、铌钽等稀有金属矿异常区；在当雄、尼木一带的断陷盆地中，分布有丰富的泥炭和地热资源。在已探明的矿种中，地热、刚玉储量居全国第一位，火山灰储量居全国第三位，自然硫储量居全国第四位，拉萨地区已初步查明的有色金属储量居西藏自治区第一位。矿泉水、地热水在全市资源分布比较丰富。羊八井地热站是全国地热发电能量最大的地热站，被誉为"地热博物馆"。

拉萨山川形胜，风光旖旎；气候温和，冷暖相适；物产多样，资源富饶。现今，拉萨已成为中国著名的旅游地，吸引着国内外众多的游客。秀丽地域，令人向往。

二、拉萨百年艰辛走进现代文明

据考古发现，大约在四五千年前，今天的拉萨地区已有人类活动的踪迹。拉萨北郊2.5千米处的曲贡村遗址证明，拉萨的先民们早在四五千年前就学会了经营畜牧业、农业和渔业，就已经在此地定居生活，并广泛使用磨制石器，发明了制石、制陶、制骨等技术。

藏族古称拉萨为"惹萨"，在古代汉文典籍中称"逻些""逻娑"或"拉撒"，意为羊土或山羊地。据考，此名源自吐蕃政权为兴建大昭寺"以山羊背土填湖"的故事。也有人说，古时候拉萨多沼泽，适宜山羊放牧，故名山羊地。根据史籍记载，至少在公元9世纪时，就已使用"拉萨"一词。如，立于公元806年的噶炯寺（位于拉萨河南岸）石碑载："神圣赞普先祖松赞之时，始行圆觉正法，建拉萨大昭寺。"又如，公元823年立于大昭寺前的唐蕃会盟碑也有"十月十日，又盟于吐蕃拉萨东哲堆园"的记载。公元7世纪时，在今拉萨的地方居住着众多的部落，其中苏毗最为著名，与雅砻河谷的吐蕃东西为邻，南北对峙。后来吐蕃强大起来，迁址拉萨，筑宫堡、改河道、建寺院、修民房，奠定了拉萨城的雏形。吐蕃赞普松赞干布即位不久，修建了布达拉宫，其后，松赞干布与尼泊尔赤尊公主、唐朝文成公主联姻后，扩建了布达拉宫，后来松赞干布又为赤尊公主修建了大昭寺，为文成公主修建了小昭寺。后随着朝佛的人增多，周围逐渐出现僧舍，有了商业贸易，大昭寺周围才兴盛了起来。此后历代赞普禁本兴佛，又加以扩建，拉萨城遂发展起来。

公元9世纪后，赞普达玛灭佛，封闭了一些寺院，加上吐蕃后期发生了奴隶起义，战争不断，拉萨开始变得萧条。宋、元、明三代数百年间，西藏地方出现古格、萨迦、帕竹等政权，其首府在阿里、萨迦、乃东等地。拉萨在此期间失去了首府地位。

  1409年，藏传佛教中的黄教祖师宗喀巴在拉萨创立了第一次祈愿大法会，修建了甘丹寺；他的弟子降央曲吉·扎西贝丹主持修建了哲蚌寺，另一弟子降青曲吉主持修建了色拉寺，格鲁派三大寺院至此建成，藏传佛教获得大发展，拉萨香火旺盛。17世纪中叶，格鲁派世系五世达赖喇嘛阿旺·罗桑嘉措接受清朝皇帝册封，在蒙古固始汗的武力扶持下，建立甘丹颇章地方政权，把首府建在拉萨，拉萨由此再度作为西藏的政治权力中心而复兴和繁荣起来。五世达赖喇嘛时期，从1645年开始重建布达拉宫，历时三年多建成白宫，达赖喇嘛从哲蚌寺移居布达拉宫。五世达赖喇嘛圆寂后，修建了红宫。自此，布达拉宫既是历代达赖喇嘛生活起居和从事政治活动的地方，也是西藏政教合一的统治权力中心和拉萨的标志建筑。从17世纪起，以大昭寺为中心形成的八廓街西建起了大批政府僧俗官员官邸、府邸，还有旅馆、商店、民房等建筑。市区扩大，居民增多，到嘉庆年间，拉萨居民已有5000多户，人口上万。1727年，清朝在拉萨正式设立驻藏大臣衙门，并派遣办事大臣和帮办大臣二人常驻拉萨，督办西藏事务，珠尔墨特那木扎尔叛乱事件后，驻藏大臣驻地被焚，又在拉萨城南鲁门大门西部修建了新的衙门，院内为汉式建筑。在清王朝的扶持下，拉萨寺庙林立、佛事兴盛，各地的贵族离开世代居住的庄园，移居拉萨。拉萨与内地的贸易频繁，周边国家如尼泊尔、印度、不丹等国的商人也来到拉萨，拉萨因此成为中国边疆的一座商业城市。

  14—15世纪时，伊斯兰教传入西藏，成千的穆斯林定居拉萨，他们大聚居、小分散，形成了回族街区，后来修建了大小清真寺。

  在古代的边陲之地，拉萨城的繁盛是相对而言的。整个西藏一直在政教合一的封建制度下，发展极其缓慢，其首府地也不可能快速发展。几个世纪以来，拉萨城的发展以寺庙和官邸为主，没有现代意义上的建筑，无公路，无工业，人们的日常用品靠人背马驮。1959年前，拉萨人口不足3万人，城区面积不足3平方千米，建筑总面积仅22万平方米。整个城市街道狭窄，民房简陋，没有上、下水道，城市垃圾遍地，乞丐成群。这种状况是由当时的社会情况造成的。

如今，当人们来到西藏自治区首府拉萨时，呈现在其眼前的是一座现代化的城市，街道整洁宽阔，两旁树木成荫，道路四通八达，一座座高楼拔地而立，机动车川流不息；具有浓厚民族传统特色的八廓古街辉煌灿烂，商贸兴隆，人声鼎沸。拉萨是青藏高原上的一颗明珠，是令人向往的世界旅游目的地。这一切应从拉萨近百年来各族人民艰辛的奋斗说起。

我们说的拉萨百年历史是从1888年算起，因为英国军队侵略了西藏，从此改变了拉萨人民的命运，拉萨在这一百多年间发生许多事情，社会巨变。

西方势力进入中国西藏地方最早的是英国，英国与西藏地方并不接壤，但1600年英国东印度公司来到印度后，逐渐把印度变成了它的殖民地。17世纪时，英国人从印度进入西藏，他们开始考察、传教、游历，但遭到了西藏人民的反对。1811—1812年，英国人曼宁由不丹进入西藏帕里，后进入拉萨，收集各种情报。1840年鸦片战争后，清政府走向衰败，1858年的"天津条约"和1876年的"烟台条约"中有准许英国殖民者进入西藏的条约，并为其办理了护照。1877年，英国人吉为哩由成都进入拉萨，搜集城市、堡寨、道路等情报，绘制全藏行军路线图，窃取矿产资源和政治、宗教和风土人情情报。19世纪七八十年代，沙皇俄国先后五次派出"考察团"入藏，企图进入拉萨，但都失败了。后来以俄籍布里亚特蒙古人、卡尔木克蒙古人入藏朝佛的名义进到拉萨，大约有150—200人。

1888年3月，英国发动第一次侵藏战争，西藏军民奋起抵抗，但清政府向英国人进行妥协，革除驻藏大臣文硕之职。1890年中英签订《中英会议藏印条约》，英国占领西藏的热纳和隆吐山地区；3年后又订《藏印续约》，中国被迫开放亚东为商埠。1903年12月，英国突然发动第二次侵藏战争。1904年8月，英军侵入拉萨，十三世达赖喇嘛率随从出走，前往青海、蒙古和国内其他地方寻求帮助。英军头目荣赫鹏与西藏地方政府官员及三大寺代表签订《拉萨条约》，但清政府拒绝承认，1906年，清政府被迫签订《中英续订藏印条约》。英军进入拉萨，遭到了西藏地方政府的部队和僧俗民众的抵抗，而英军进入拉萨的目的是控制十三世达赖喇嘛，策动西藏从中国独立出去。英国两次侵略中国西藏战争，使西藏沦为了半殖民地社会。从此英国开始在西藏开埠通商，进行经济掠夺，控制关税，驻扎军队，寻找代理人，培植亲英分子，开启了长达几十年的策动"西藏独立"的活动。英军侵略西藏，十三世达赖喇嘛出走内地，造成了西藏地方政府的混乱。1906—1907年，张荫棠以"钦差查办大臣"身份从海路取道印度入藏"查办藏事"，推行改革，力图发展西藏的社会经济，但最终改革失败。后有驻藏大臣联豫推行改革。辛亥革命后，十三世达赖喇嘛也在西藏推行新政，但也失败了。辛亥革命前后，清朝中央政府和西藏地方政府都对西藏进行过改革，但因不触动政教合一的封建农奴制度，改革都失败了，没有改变西藏落后的面貌。

清王朝灭亡后，整个"中华民国"时期，在英国的干预下，西藏地方政府与中央政府关系变得疏远。中央政府为加强国家对西藏的主权地位做了积极的努力，西藏地方政府领导人十三世达赖喇嘛晚年也幡然醒悟，不背祖国，放弃亲英立场，使西藏在祖国大家庭中的地位始终没有改变。尽管十三世达赖喇嘛圆寂后，西藏地方政府中的亲帝分子一直坚持分裂态度和立场，但上千年的历史渊源和西藏各族人民的斗争，使得西藏是中国一部分的事实始终没有改变。

拉萨百年历史是西藏百年历史的缩影。拉萨近代百年来的巨变是从和平解放西藏、解放军进驻拉萨开始的。经过激烈的斗争，1951年5月23日，中央人民政府与西藏地方政府在北京签订了《中央人民政府和西藏地方政府关于和平解放西藏办法的协议》，简称"十七条协议"。根据协议，人民解放军进驻西藏，驱逐帝国主义，巩固边防。5月25日，中央人民政府人民革命军事委员会发布训令，命令中国人民解放军派必要的兵力进驻西藏。西南、西北军区部队分别从四川、云南、新疆、青海等地向拉萨等西藏各重镇进军。同年12月20日，在拉萨布达拉宫广场举行了胜利会师大会，完成了人民解放军进驻拉萨的任务，入城的解放军受到了拉萨各界群众的欢迎。1952年2月4日，中国人民解放军西藏军区在拉萨成立。

20世纪50年代，拉萨发生了许多大事件。中国人民解放军进驻拉萨后，十四世达赖喇嘛允许十世班禅额尔德尼从青海回到西藏，实现了藏传佛教格鲁派两大世系的团结。1954年他们联袂到北京参加了第一次全国人民代表大会，十四世达赖喇嘛当选为全国人民代表大会副委员长，十世班禅额尔德尼当选为全国政协副主席。他们从北京返回西藏后开始筹建西藏自治区的工作。十四世达赖喇被国务院任命为西藏自治区筹备委员会主任，十世班禅额尔德尼被任命为西藏自治区筹备委员会第一副主任。同时，西藏地方政府中的上层反动分子也开始了分裂活动，经中国共产党和西藏各族人民的坚决斗争，终不能得逞。1959年3月10日，西藏上层反动分子在拉萨发动了全面武装叛乱，中央人民政府宣布解散西藏地方政府，由西藏自治区筹备委员会代行职权，十世班禅额尔德尼担任主任，同时中国人民解放军受命平叛，地方党组织领导人民开始了轰轰烈烈的民主改革运动。从1959年至1961年，拉萨在城市、农牧区和寺庙完成了民主改革任务，彻底推翻了政教合一的封建农奴制，实现了人民当家做主。1961年，拉萨市人民政府正式建立。1965年，西藏自治区正式成立，从此拉萨成为自治区首府，拉萨再度成为西藏的经济、政治和文化中心。1965年8月，拉萨市人民政府改名为拉萨市人民委员会。由此，拉萨迈向了社会主义社会，在社会主义改造中各项社会制度被确立起来。拉萨社会制度实现跨越，社会主义建设取得了巨大的成就。1979年后，拉萨开启了改革开放的时代，作为西藏自治区首府率先进行了各项制度机制的改革，跟上了全国发展的步伐，探索建立了社会主义市场经济体制，大大缩短了与内地的差距。

　　从西藏和平解放至今，拉萨的发展得到了党中央的特殊关怀，得到了西藏自治区党委、政府的直接关心，得到了对口援助省市江苏和北京的大力支持。在拉萨各族人民的艰苦奋斗下，一个崭新的现代化高原城市展现在世人面前。拉萨近现代百年历史蜿蜒曲折，百余年间，世事变更，乾坤逆转，换了人间。

三、拉萨百年历史表象的归结

　　我们选择了从1888年至今100多年拉萨发展、变迁的历史，作为《拉萨百年史略》这本书的基本内容，是因为1888年是影响西藏近代社会的一个重要年份，这一年英国的侵略战争，打破了西藏缓慢发展而又比较宁静的气氛，西藏进入半殖民地时期。此后，西藏社会发生一系列的变化，拉萨也是如此。本书综述了拉萨1300多年的历史，尤其是近现代100多年来变化是最大的。近现代100多年来，拉萨作为西藏的首府城市，发生了许多历史事件。本书采用综合方法，不仅仅是综述历史事件的过程，也是透过历史过程的表象，对拉萨百年历史发展的规律性予以了分析，意在告诉世人：近代百余年来，拉萨有哪些变迁、为什么变迁、是怎样变迁的，亦即拉萨发生了什么、为什么发生、怎样发生的。《拉萨百年史略》大体贯穿着三条线索，可以归结为三个方面。

第一，在百余年的历史过程中，拉萨由一座古老的城市发展成现代文明的城市，现代各行各业兴盛起来，经济社会巨变，人民享受现代式生活。据史书记载，拉萨城的兴起是因吐蕃政权迁址至此。拉萨这一区域对于吐蕃政权具有优越的战略地位，一是拉萨地处雅鲁藏布江支流拉萨河北岸，有利于新兴的吐蕃政权统一和控制北方、东方的苏毗和诸羌；二是拉萨处在西藏经济发展中心区、雅鲁藏布江流域和拉萨河两岸平原地带，农牧业兴旺；三是便于对外用兵和开辟交通。吐蕃时期，拉萨是其经济、政治和文化中心。吐蕃衰落后，整个西藏分裂了三四百年，拉萨丧失了中心的地位，元明时期，拉萨不再是西藏的中心，直到清代，拉萨才再度复兴，又成为西藏经济、政治和文化中心。在上千年的历史发展中，拉萨地区的农牧业、手工业、商贸业发展起来，藏医药、天文历算、语言文字、文学艺术、音乐绘画等文化也发展起来，城市建筑主要是修建和扩建了宫殿、寺庙群，修筑了拉萨河堤，也修建了一定的民房和商店等，以寺庙和商店为基础形成了街道，交通方面以简单的便道可以通向内地和南亚国家。很长一个时期，拉萨保留了古老城市的风貌。这并不是人们愿意保留古老，而是因为整个西藏社会制度的落后，生产力发展缓慢，社会无能力促进拉萨快速发展。归结起来，从拉萨缓慢发展到迅速巨变的表象背后，是因为英国侵略西藏后，西藏社会内部不断地发生变化，这一变化不是拉萨孤立的变化，而是整个西藏地区、整个中国发生的变化使然。根本在于，中国变成了半殖民地半封建社会，继而使西藏也变成半殖民地和封建农奴制社会，才有了拉萨社会的变化。

1840年鸦片战争后，中国在文明方面与西方国家的差距越来越大。西方的工业文明促使城市与社会迅速发展，社会生产力快速提高，社会生产机械化、自动化程度越来越高，整个社会开始现代化的历史进程，进而使整个社会文明程度大大提高，中国落伍了，中国的西藏地区就更加落伍了。1840年鸦片战争是中国挨打历史的开始，1888年英国侵略我国西藏战争表明中国西藏地区挨打的历史开始。正是在这样的背景下，中国的仁人志士开始寻求救国救民的道路。近代以来各阶级阶层寻求拯救中国的运动此起彼伏，最终因改变了中国的社会制度而成功。中国的西藏地区在清朝晚期也曾进行过变革，但因不触动政教合一的封建农奴制度而失败，到1951年西藏和平解放，再到1959年民主改革，才彻底废除了旧的社会制度，西藏才发生了巨变，人民才真正获得了解放。作为西藏自治区的首府，拉萨从此开始走向现代化文明。经过半个多世纪，拉萨由一座以寺庙建设为主的宗教城市变成了一座各行各业兴盛的现代文明城市，成为西藏自治区经济、政治和文化的中心。拉萨百年的变化根本在于历史演变中社会制度的根本变化，这是众多历史表象后面的规律性。

　　第二，在百余年的历史过程中，拉萨是西藏爱国与分裂斗争的焦点地，与百年来在西藏发生的许多历史事件密切关联。1888年和1903年，英国两次入侵西藏，与清政府签订了关于西藏地区的不平等条约，打破了西藏社会内部的发展状况。清朝晚期和民国时期，中央政府虽极力维护西藏主权，但由于英国侵略者的介入，引起了西藏上层的变化，改变了西藏上层与中央政府的关系。因此，西藏地方政府与中央政府的关系成为西藏百年来的一个重要问题，围绕中央和地方关系，在拉萨发生了诸多事件，拉萨由此成为西藏爱国与分裂斗争的聚焦点。抗英战争时期，各族军民开展抗击活动，清中央政府也注意到英国在主权归属问题上的花招，力争维护中国对西藏的主权。后来清中央政府派钦差大臣进藏主持变革，也是为了西藏地方图强，加强与中央的关系。十三世达赖喇嘛两次离开拉萨出走以及搞所谓"新政"都关系到其爱国与否。热振事件和驱逐中央官员事件则是分裂势力在英帝国主义分子的指导下进行的分裂活动。

　　新中国成立后，西藏和平解放、十世班禅返藏与达赖喇嘛言和、平叛改革、西藏自治区筹备与成立工作等都是爱国力量与分裂势力斗争的结果。改革开放以来，在拉萨发生了多起骚乱事件并被平息，国家主权因此持续得到了维护和巩固。因此，拉萨百年历史中，爱国与反分裂斗争成为一条主线，在诸多历史表象后蕴藏的是，拉萨见证着西藏是中国一部分的事实。拉萨经济的发展、政治的进步、文化的繁荣、社会的昌盛等等都与祖国的发展密切相关，都有一个前提，就是西藏在祖国大家庭中前进。在拉萨百余年的变迁中，我们看到这样一种规律：中央政府弱，则西藏弱、拉萨弱；中央政府强，则西藏强、拉萨强。近代以来，尽管出现中央政府孱弱、西藏和拉萨任人宰割的局面，但最终因新的中央政府建立和强大起来，结束了西藏、拉萨落后而被欺凌的历史。祖国的强大是西藏和拉萨发展、进步的强大后盾。

　　第三，在拉萨百余年的历史进程中，人民推动了前进的车轮，百年中的历史人物发挥了重要作用。唯物史观认为，人民是推动历史前进的决定力量，而一些重要的历史人物代表人民利益、顺应社会发展趋势，对社会发展起到了重要的推进作用；另一些人物则背离了人民利益，违背了历史发展的规律，阻碍了历史前进的步伐。历史是由人和事构成的，任何历史事实、事件都是由人所为。我们在编写《拉萨百年史略》时从这个角度选编了一些重要人物，目的是想勾勒出拉萨百年中重要人物对历史的影响。我们选编的重要人物，从政治立场以及个人的作为看，积极人物较多，这说明，在拉萨百年复杂的历史中，坚持代表人民利益和历史发展趋势需要很多人努力，拉萨历史的发展极其不易，是很多人付出了艰辛努力才得到的。实际上，在拉萨百年中，由于英帝国主义的干预和其培植亲帝分子，分化了西藏上层社会力量，进步的、爱国的力量极其微弱，他们的斗争更显艰难，为此，在《拉萨百年史略》中才更值得去书写。

目录

上 篇

第一章 英军侵入与人民反侵略斗争
——捍卫国家主权

英国侵藏的先遣准备 / 002

西藏门户在第一次抗英战争中被迫打开 / 003

进一步丧失领土主权的第二次抗英战争 / 005

《拉萨条约》的非法性与彰显国家主权的
《北京条约》的签订 / 008

第二章 张荫棠查办藏事
——整顿吏治藏事革新

张荫棠《北京条约》谈判中对西藏问题的思考 / 010

整顿吏治，为新政清除障碍 / 011

藏事革新，加快了西藏社会近代化的步伐 / 012

西藏近代史上第一次革新的夭折 / 014

第三章　十三世达赖喇嘛"新政"
——探索近代化道路

"新政"原因及"水牛年文告"的颁布 / 015
"新政"的推行及主要内容 / 016
十三世达赖喇嘛在推行"新政"中逐渐看清英国野心 / 020
"新政"的实质 / 021

第四章　热振事件
——分裂势力控制地方政权

热振受命为摄政 / 022
摄政期间护国、爱教、利民举措 / 023
亲英分裂势力阴谋骗取摄政一职 / 025
热振被害事件 / 026
亲英分裂分子掌控西藏地方政权 / 031

第五章　参加国民会议
——改善与民国中央政府的关系

噶厦派驻京代表 / 033
十三世达赖喇嘛要求改善与国民政府关系的愿望日益强烈 / 034
中央特派专员贡觉仲尼入藏慰问 / 035
噶厦驻京办事处设立与刘曼卿入藏 / 036
中央恢复改善与西藏地方关系的其他举措 / 037
西藏地方代表参加国民会议 / 038

第六章　驱逐中央官员事件
——分裂图谋未得逞

清朝末年的第一次驱中央官员事件 / 039

黎吉生导演下的驱逐中央官员事件 / 041

第七章　拉萨解放
——人民获得新生

解放西藏刻不容缓 / 046

西藏上层亲英分裂势力的垂死挣扎 / 047

十八军受命进藏和以打促和的昌都战役 / 048

"十七条协议"签订与人民解放军进驻拉萨 / 049

第八章　达赖班禅言和
——开创团结新局面

达赖喇嘛、班禅额尔德尼在英国人挑唆下失和 / 053

十世班禅返藏和拉萨伪"人民会议"事件 / 055

达赖喇嘛、班禅两大世系言和 / 059

第九章　平叛改革
——历史转折

武装叛乱及十四世达赖出逃 / 061

人民解放军受命平息拉萨市区的叛乱 / 064

平定武装叛乱为民主改革创造有利条件 / 067

民主改革是西藏社会进步和发展的必然趋势 / 068
民主改革成为历史的转折点 / 069

中 篇

第一章　人民政权建立
　　　　——新拉萨开端

拉萨在历代政权中的地位演变 / 074
人民政权诞生 / 082
中国共产党的领导 / 085

第二章　经济社会建设
　　　　——跨越式发展到长足发展

商业贸易的发展 / 090
农牧业的巨大发展 / 095
工业的兴起与发展 / 101
旅游业的迅速发展 / 104
社会各项事业的发展 / 106

第三章　传承传统文化与建设现代文化
　　　　——文明进步

大力传承传统文化 / 110
推进现代文化的建设 / 114
传统文化的传承与现代文化的建设促进文明进步 / 122

第四章　城市规划与建设
　　　　——走向现代

城市建设规划回顾 / 126
五次建设高潮促进城市的繁荣发展 / 129
21世纪拉萨市进一步完善城市总体规划 / 131
城市建设的成就 / 136
城市管理与建设同步发展 / 146

第五章　中央关心和兄弟省市援助
　　　　——缩小差距

中央的特殊关怀 / 150
北京大力援助，推动拉萨迈上新台阶 / 157
江苏鼎力援助，拉萨步入发展快车道 / 163

第六章　反对分裂祖国
　　　　——维护统一

和平解放，粉碎了帝国主义分裂中国的阴谋 / 169
民主改革，击溃了分裂势力的图谋 / 172
改革开放以来，挫败了分裂主义势力的图谋 / 175
反分裂斗争的胜利属于人民 / 179

第七章　自治区关心与扶持
　　　　——首府功能

自治区党委、政府的关心与支持 / 182
拉萨市首府功能的发挥 / 186

下　篇

第一章　西藏人文主义先驱
　　　　——根敦群培

根敦群培生平 / 196
根敦群培的杰出贡献 / 198
根敦群培生活趣闻 / 203

第二章　为西藏前途命运奔波
　　　　——阿旺嘉措

阿旺嘉措生平 / 206
阿旺嘉措反帝爱国 / 208
阿旺嘉措与贺龙元帅 / 210

第三章　民国中央代表团首次进藏
——黄慕松

黄慕松生平 / 211
黄慕松宣抚新疆 / 212
率中央代表团首次进藏 / 212

第四章　中央权威的使者
——吴忠信

吴忠信生平 / 216
吴忠信代表中央政府入藏 / 217
吴忠信与十四世达赖喇嘛 / 218

第五章　探寻西藏光明前途
——阿沛·阿旺晋美

阿沛·阿旺晋美生平 / 224
阿沛·阿旺晋美的杰出贡献 / 225
阿沛·阿旺晋美与国家领导人的深厚友谊 / 229

第六章　执行"十七条协议"
——张经武

张经武生平 / 232
张经武对西藏和平解放的杰出贡献 / 233

第七章　为西藏人民带来福音
——张国华

张国华生平 / 240
张国华对西藏工作的杰出贡献 / 242
张国华与国家领导人 / 246

第八章　誓把尸骨埋边疆
——谭冠三

谭冠三生平 / 248
谭冠三对中国革命的杰出贡献 / 250
誓把尸骨埋边疆 / 255

参考文献 / 256

后记 / 259

上篇
SHANG PIAN

拉萨百年史，开始于1888年的抗英战争。因为英国第一次侵略西藏，迫使中国签订不平等条约，使西藏沦为半殖民地社会，直到1951年西藏和平解放，帝国主义被驱逐出西藏才改变了这一社会性质。1959年，在帝国主义的支持下，西藏上层反动集团在拉萨发动武装叛乱，人民解放军迅速平定拉萨地区的武装叛乱，中央人民政府宣布解散西藏地方政府，开始民主改革，彻底废除了政教合一的封建农奴制度。从第一次抗英战争至1959年民主改革期间，西藏社会性质发生巨大变化。这一时期，发生在拉萨地区的很多事件，反映出了西藏曲折的历史脉络。英国势力侵入拉萨后，引起了西藏内部的变革图强，张荫棠入藏查办藏事、整顿吏治、革新藏事等，希望改变西藏的社会状况，但是失败了。十三世达赖喇嘛也想改变西藏内政，实施了"新政"，但也失败了。不改变旧西藏的社会制度，改革就不可能成功。在这一时期，在拉萨发生了亲中央的爱国人士热振被害事件，也发生了驱逐中央官员的分裂事件。民国时期，十三世达赖喇嘛主持西藏地方，与中央政府关系复杂，但他最终没有背离中央，还改善了与中央的关系，派代表参加了国民会议。西藏和平解放，拉萨也获得了解放，十四世达赖喇嘛与十世班禅额尔德尼两系在拉萨言和，实现了西藏内部的团结。但是，在反动势力的蛊惑下，十四世达赖逃亡印度，走上了叛国的道路。西藏百万农奴开展了轰轰烈烈的民主改革，翻身做了主人，建立了人民政权，废除了政教合一的封建农奴制度，实行了劳动者个体所有制。后来，随着西藏自治区的成立，建立起了社会主义制度。

第一章　英军侵入与人民反侵略斗争
——捍卫国家主权

19世纪末至20世纪初，英、俄、法、日等国从资本主义先后过渡到帝国主义。为解决本国政治经济发展的不平衡问题，实现大国间在政治、军事、经济、能源等方面的博弈，西方列强疯狂寻求海外殖民扩张，在掀起的一次又一次瓜分中国的狂潮中，位于中国西南边陲的西藏也未能幸免。短短16年间，西藏遭到英军两次入侵，明知双方实力悬殊，清中央也已自顾不暇，但西藏人民依然奋起反抗，在悲壮的斗争中捍卫了国家主权。

英国侵藏的先遣准备

19世纪，先后有葡、意、英、俄、法等国传教士入藏进行宗教文化渗透，遭到了西藏僧众的强烈抵触，英、法、俄等国也多次派人潜入西藏以获取相关情报，如印度人萨拉特·钱德拉·达斯便作为英国入侵西藏先遣队的一员，受英印政府指使，在英国发动第一次侵藏战争前，伪装成宗教信徒和医生，两次偷越边境，前往包括江孜、拉萨在内的西藏各地游历，以勘测调查西藏地形及土地面积，收集有关西藏的政治、经济、社会状况等信息，写了《拉萨旅行记》《白地湖（羊卓雍错）、洛卡、雅隆、萨迦旅行记》，并作为英印政府绝密材料保存。英国在印度成立东印度公司后，趁清中央政府陷入内忧外困之际，先后挑起中国西藏与喜马拉雅南麓邻近地区的争端，将本为西藏附属的邦国一一剥离出去，为对西藏进行实质性入侵做战前准备。

鸦片战争后，时任英国驻华公使德庇时于1847年要求其所控制的克什米尔与西藏地方划定界址，以及与后藏通商等事宜，遭到清中央政府的拒绝。

然而，英国却未放弃觊觎西藏的野心，于1876年再次提出在中印边界租用土地修建道路以便进藏通商，并以查看通商事宜为由进藏探路。1884年，英国强迫清政府签订了丧权辱国的中英《烟台条约》，英国人由此得到了进入中国西南边境"游历、探路"的权利，并规定，如果英国人由中国其他地区经西藏前往印度，清政府需通知驻藏大臣协助通行。消息传来，西藏地方政府上书中央政府："凡是英国人通商游历所在，将来即为英国之地。"实际上，英国在中国周边国家的所作所为，早已引起西藏地方政府的警觉。锡金国王和不丹国王曾分别向驻藏大臣松溎、摄政达擦呼图克图阿旺贝丹以及当时噶伦等西藏主要官员写信表示，"种种迹象表明，英国人不久将侵犯佛教圣地西藏，故敦请及早派遣得力人员卫戍边境，加强战备，以防英国人入侵"。

《烟台条约》签订不久，英印政府财务秘书马科蕾率领的英国政府所谓"商务代表团"，即在300名卫队的护送下来到了西藏边境。这支没有一个商人或商务官员，成员全是测量人员、绘图人员等专业人士的"商务代表团"，遭到了西藏地方的抵制，也使得英国下定决心发动侵藏战争。1886年，为防止英国人进一步侵占西藏草场，西藏地方政府在隆吐山建立哨卡。根据乾隆五十九年（1794）设立的界碑，热纳宗和隆吐本是中国领土，西藏地方政府在边防设卡是正当行为，英国却认为中方这是"越境设防"并向清政府提出无端抗议。英军发动第一次侵藏战争已箭在弦上。

英军第一次侵藏前夕，为做好抗击英军入侵，拉萨方面召开全藏僧俗会议商讨对策，并拟定了《共同誓言书》，计划征调包括拉萨在内的西藏各地驻军和民兵，并组织拉萨以卸任甘丹赤巴为首的各大活佛持咒念经，同时供养拉萨的功德林、丹杰林、策墨林、喜德林、上下密院等以向佛法僧三宝祈请，此外，还在拉萨祈请乃琼等护法神降下克敌制胜的法旨。

西藏门户在第一次抗英战争中被迫打开

1888年（藏历土鼠年）3月12日，英属印度总督下令占领哲孟雄（锡金)的3000名英军,以西藏人民在隆吐山构越边界筑堡垒为由,开始对西藏发动军事进攻。

这是英军发动的第一次侵略中国西藏边疆的战争,也是西藏经历的第一次现代化战争。西藏地方政府和全体僧俗民众用手中大刀坚决抵御英军炮火,并在拉萨大作法事请求乃琼护法神授受法旨,得到答复大意为"事先不应做此事,但既然已经做了,就应该继续坚持到底"的神授。于是,噶厦决定加派藏军增援部队火速开赴前线。

西藏僧俗军民为抗击英军而英勇奋战的行动,得到了时任驻藏大臣文硕的坚决支持。文硕不仅制订了一系列战略计划,还上报清中央政府"英俄对西藏如此有兴味,并非仅为通商,另有永久性的险恶目的。西藏人民捍卫佛门教法,保卫家乡的举动是正义的",请求清中央政府支援西藏的抗英斗争,并向前线发出坚决抗英的命令,却被清政府以"识见乖谬,不顾大局"为由予以即行革职,由有泰接替文硕在藏职务。

尽管藏军及西藏僧众在抗击英军入侵时表现出非凡的勇气,然而这次抗英战争终因驻藏帮办大臣副都统衔有泰完全执行清中央政府妥协让步的投降主义路线,积极推行"先解战争"的政策,主张与英军议和,加之双方实力悬殊,藏军缺乏现代化武器装备且没有充分意识到英军的力量,老式火铳和藏刀无法抵挡住英国人的步枪和机枪,伤亡惨重,最后这场由英军发起的第一次侵藏战争以中国政府战败告终。当时,不丹国王派来1700人组成的军队,表示愿与中国共同抗英,却被一心求和的有泰遣回。

其间,为反对有泰提出的在亚东与英国人商议关于藏英通商事宜,拉萨包括时任摄政的第穆呼图克图、噶厦、三大寺以及其他地方政府官员向有泰递交了决心作战的文书,但最后仍遭到有泰的拒绝。1890年,有泰与印度总督兰斯顿(Lord Lansdowne)在印度加尔各答签订《中英藏印条约》8款,正式承认哲孟雄(今印度锡金邦)归属英国,并应以"地理原则"划分,即以分水岭或山脊等鲜明的地理特征为界的原则划定西藏与哲孟雄的界址,英国到此以武力打开了西藏门户,并据此正式拉开了向中国西藏进行商业渗透、政治扩张、军事进攻的序幕。

1893年，不满于既得利益的英国以此前《藏印条约》中关于通商、交涉、游牧等三款未有明确议定为由要求，中英双方在大吉岭又订立《中英会议藏印条款》8条，西藏亚东被迫开关通商，并任由英商前往该地进行贸易及租赁住房栈所，甚至在开关5年内，除了违禁品，其他一切货物一律免除进出口税，印度方面也可以随意派人驻在亚东以查看英商的商贸情况，致使西藏进一步丧失在经济、交通、海关等方面的自主权，我国西南边陲出现严重危机。自英国觊觎以来，坚守了一个多世纪的西藏，大门终于被英国入侵者打开。

　　英国发动的这次侵藏战争蓄谋已久，是英印政府势力进一步向喜马拉雅北部扩张意图的体现，此时正值清中央内忧外困之时，尽管西藏军民奋起反抗，但由于双方实力悬殊，加之驻藏大臣有泰对英军的软弱妥协，最后这场战争以中方失败告终。中央政府代表与英国签订丧权辱国的《中英藏印条约》《中英会议藏印条款》，英国打开了西藏大门，哲孟雄被英印政府强行划走，但自始至终中国政府始终保有对西藏地方的主权。

进一步丧失领土主权的第二次抗英战争

　　1894年8月8日，经中央政府下旨，十三世达赖喇嘛在布达拉宫司喜平措大殿正式举行亲政大典，此后，因其坚持抗英保边，加剧了西藏地方政府与驻藏大臣的矛盾。英国利用此矛盾，加紧了对西藏的侵略，先是占领岗巴宗所属甲岗地方，后要求与十三世达赖喇嘛会面讨论边界问题及英藏通商事宜，遭到拒绝。英国驻锡金总督贝尔甚至致函有泰，"西藏政府倘不派员与之商议，彼已趁机入藏，代为治理"，以此威胁清政府。1903年，英国批准进军西藏江孜的计划。1903年秋，一支近万人的英国武装使团集结在中国与锡金的边境。英国武装使团政治专员荣赫鹏率大部队翻过则里拉山口，向亚东峡谷挺进。驻藏大臣裕钢迅速把英军入侵的消息通知西藏地方政府。十三世达赖喇嘛号召"全藏僧侣人民不惜重大牺牲，誓与佛教大敌英国侵略军决一死战"。

江孜地区，历来被看作是通往拉萨的大门。荣赫鹏认为，占领江孜宗山，就等于拿到了开启拉萨大门的钥匙。1904年，英国司令荣赫鹏大校（Francis Younghusband）以西藏方面拒绝商讨"定界"与"通商"等为由，对中国西藏地区突然发动了第二次侵略战争，700多名藏族士兵被杀害，拉丁色、朗赛林将军和帕里地区的官员切波克，也在这次战斗中阵亡。屠杀的制造者荣赫鹏毫无人性地写下："和屠宰牲畜没有什么两样，这些可怜的家伙全部被困在离我们的枪支仅数米的地方。"这场发生在江孜的战争也被称为江孜抗英保卫战，著名电影《红河谷》便是以此为背景拍摄。

　　在拉萨的众噶伦、三大寺代表及僧俗官员经过共同商议后，认为十三世达赖喇嘛不宜继续留在拉萨。十三世达赖喇嘛也十分清楚英国人的意图，他说，如果我在拉萨，他们就会逼迫我签订条约。于是，十三世达赖喇嘛从罗布林卡迁至布达拉宫，留下"我拟经过汉区和蒙古前往北京，亲见慈禧太后和光绪皇帝，为求保存西藏之正教大业而克服困难，竭尽全力"的谕示后，不得不于1904年6月15日后半夜在少数人员陪同下秘密离开布达拉宫，经拉萨北面果拉山附近的林布宗萨尔、朗唐、达隆寺、热振寺、当雄、桑雄、那曲、青海柴达木、甘肃嘉峪关至蒙古库伦，希冀经库伦到北京面圣，西藏地方政事则暂由摄政罗桑坚赞在噶厦、仲孜、三大寺代表的辅助下予以处理。

　　英军占领江孜后，于1904年7月继续向西藏腹地——拉萨推进，虽包括拉萨在内的西藏僧俗官兵在沿途浴血反抗英军侵略，却没有成功。曲水的雅鲁藏布江渡口是英军的必经之路。同年7月，英国军官率领的侵略军逼近距拉萨68千米的曲水。7月31日，英军乘渡船闯过了拉萨的最后一道天然屏障。

　　由于前线藏军大多战死，当时的拉萨已没有抵抗力量。1904年8月3日，经过7英里的行军，英印侵略军直抵拉萨，在城外安营扎寨。英军在拉萨期间，以操练为由，多次威慑骚扰拉萨民众，并以不进城区和寺院为条件，要求寺庙喇嘛为其提供给养。在一次强行要求哲蚌寺一小时之内为其提供给养的过程中，麦克唐纳率领精锐部队开到寺庙附近，并将山炮对准寺庙，哲蚌寺僧众迫于无奈，不得不接受英国人的蛮横要求，此为"哲蚌寺事件"。

英军通过诉诸武力在拉萨进行侵略的活动，遭到了拉萨僧俗民众的强烈不满和坚决反抗，其中一名色拉寺僧人不顾个人安危，冲进慈松塘英军营地，杀伤英国军官一名及士兵数名，最后壮烈牺牲，被世人称为著名的"袈裟英雄"。该事件激发了拉萨僧俗的更大愤慨，并最终冲进英军在慈松塘的营地，杀得英军无还手之力。

与西藏僧俗军民浴血奋战，竭力抵抗英国人入侵形成对比的是驻藏大臣有泰的妥协求全态度。在拉萨，英军得到了有泰的"热情款待"。有泰报给清政府用来犒劳英军士卒的支出总额是40000两白银，其中25000两流进他的私囊。

十三世达赖喇嘛离开拉萨后，有泰向清政府上奏，称十三世达赖喇嘛"贻误兵机，擅离招地"，导致十三世达赖喇嘛名号被中央革除。十三世达赖喇嘛得知这一消息后，途中改道去了蒙古。英军入侵拉萨3周后，驻扎在城外的英军才发现十三世达赖喇嘛已秘密离开拉萨。与十三世达赖喇嘛直接对话是英政府交办给荣赫鹏的任务之一。按照英国人的设想，逼迫十三世达赖喇嘛签订不平等条约即可生效，但此时十三世达赖喇嘛已出走蒙古。在接到驻藏大臣有泰递送的有关十三世达赖喇嘛印信在摄政洛桑坚赞手中的消息后，英军逼迫洛桑坚赞在协议上签字。西藏地方政府对英国人提出的条约草案逐一进行了驳斥，他们指出，英军才是侵略者，英国应向西藏地方赔偿，而不是西藏地方向英国赔偿。对于锡金和中国西藏边境问题，西藏地方政府坚持以乾隆五十九年（1794）规定的边界为准。

此时，英军已感到水土不服，在此情况下英军头领为尽早结束战事，向驻藏大臣有泰提出立刻签订不平等条约的无耻要求，否则将通过武力占领布达拉宫或采取其他危及西藏僧侣统治的措施，西藏上层僧俗和官员以希望和平解决争端为由进行拖延。1904年9月4日上午，英军首领荣赫鹏、麦克唐纳连同旗下由廓尔喀人、帕坦人及步枪连、炮兵分队、机枪分队组成的大军1000多人进城，在药王山下排兵布阵。

1904年9月7日，英印军队在布达拉宫前后布满英军大炮，驻藏大臣有泰、噶厦官员色村、宇拓、擦绒、札喇嘛，以及拉萨三大寺代表无奈在布达拉宫达赖喇嘛觐见大厅会见荣赫鹏、麦克唐纳、布兰特、多德、帕特拉等人，面对着大厅里站满的全副武装的英国士兵，以及英国人提出签订不平等条约的无理要求，尽管噶厦对此以十三世达赖喇嘛不在拉萨为由予以拒绝，但最终不得不屈服，在经过微乎其微的讨价还价后，被迫与英国人签订《拉萨条约》10条。荣赫鹏之所以选择布达拉宫作为签约地点，是要"昭告万国，使英国权威重又树立西藏"。

该条约单方面规定，除了亚东，将江孜、噶大克开为商埠并赔偿英军进藏所花费的兵费750万卢比，限75年内缴清，赔款未缴清前，英军占领春丕，另"自印度边界至亚东、江孜、噶大克边界，沿途不设关卡"，"自中国与哲孟雄（今锡金）边界至拉萨的防御工事一律拆除"，"西藏土地，本英国如不应允，无论是何外国，一律不准有典卖租给等情；西藏之政事及一切应办事宜，无论是何外国，概行不得与闻；西藏无论何等事业，各外国不得遣发官民人等来藏协番办理；西藏地方，各外国不得前来修路，并筑铁路，安置电线，开矿等事……"该条约的核心，是要把西藏变成英属印度与沙俄之间的缓冲地，不让俄国南下威胁到英国在印度的统治。

然而，《拉萨条约》的签订，并没有得到清政府的批准，实际上是毫无国际法依据的非法条约。英国政府深知这一点，故而指令荣赫鹏在拉萨等待中国中央政府进行修约谈判，荣赫鹏却对电令置之不理，并于9月23日带军离开了拉萨。

《拉萨条约》的非法性与彰显国家主权的《北京条约》的签订

《拉萨条约》是非法无效的。签约的一方英印政务司荣赫鹏上校率领的英国军队在未得到中国政府同意的情况下，非法侵略中国西藏，用武力威胁手段逼迫西藏地方政府签订条约，是对国际关系准则的粗暴践踏。签约的另一方西藏地方政府作为主权国家中国中央政府领导下的地方政府，无权签订国际条约。根据清政府的规定，驻藏大臣和达赖喇嘛、班禅额尔德尼地位平等，驻藏大臣和达赖喇嘛都是西藏地方政府的长官。荣赫鹏本想让十三世达

赖喇嘛签订条约，但当时十三世达赖喇嘛已出走内地。在场的清朝驻藏大臣有泰没有答应他在条约上签字的要求。在一没有清朝中央政府授权，二没有驻藏大臣签字，三没有十三世达赖喇嘛授权签约的情况下，西藏地方政府摄政等人擅自签订的《拉萨条约》自然是非法无效的。这就相当于某个国家派一支军队侵略主权国家英国，胁迫英国某个地方政府临时代理签订的条约一样，英国政府和人民、世界各国并不会承认它的合法性，这是当年英国用强权侵略中国西藏的史实。

由于《拉萨条约》的签订，严重破坏了中国领土主权的独立完整，清中央政府得此消息后，于9月8日电示驻藏大臣有泰"英员开送10条，有损中国主权"，命令有泰不得在条约上签字画押，拒绝批准前一日由西藏地方当局与英军上校荣赫鹏签订的《拉萨条约》，并斥责有泰，指责有泰不该听任西藏地方政府与英国签订协议。

清政府坚持不予批准《拉萨条约》，并向英国要求修改条约。中、英两国经过协商后决定续签相关协议。1905年，清政府任命外务部侍郎唐绍仪为全权代表，与英国人交涉。

1906年4月27日，经过一年多的艰苦谈判，清政府全权代表唐绍仪与英国驻华公使萨道义签订了《中英续订藏印条约》，即有关西藏问题的《北京条约》，将《拉萨条约》作为附约。该条约主要内容为，双方承认将《拉萨条约》附入本约，作为附约；英国应允不占藏境及不干涉西藏一切政治，中国应允不准其他外国干涉藏境及其一切内治；等等。在清政府坚持下，该条约中还规定，赔偿英国入侵西藏的军费从750万卢比减为250万卢比，分3年还清，之后英国从亚东撤军，在一定程度上捍卫了中央政府对西藏的主权。

第二章　张荫棠查办藏事
——整顿吏治藏事革新

张荫棠"查办藏事"是在西藏实施的一系列政治举措之一，在西藏近代史上有着重要的历史意义，对清朝末年西藏地方与中央政府关系的改善，加快西藏社会近代化的步伐，阻止帝国主义列强的侵略方面，均起到了重要的历史作用。

张荫棠《北京条约》谈判中对西藏问题的思考

在拉萨的夏末秋初，有一种随处可见的花，看似娇弱，但生命力却极为旺盛，常被人误认为是格桑花。据传，这种实为波斯菊的花，并非西藏原有的植物，而是20世纪初由时任西藏副都统的张荫棠带到拉萨的，之后便在西藏遍地开花。人们为了纪念张荫棠，便将这种花称作"张大人"，这也说明张荫棠大人在拉萨人民心目中就像这种花一样。

张荫棠（1866—1937），字朝弼，号憩伯，又号少卿，广东新会双水人。张荫棠曾以举人员外郎身份在总理衙门管理对英交涉事务。在清政府派驻西藏的驻藏大臣、办事大臣中，张荫棠是唯一的汉族官员，其前往拉萨赴任是在《拉萨条约》签订以后。

在抗击英军入侵过程中，与西藏僧俗表现出的英勇悲壮不同的是驻藏大臣有泰在整个过程中表现得妥协和软弱无能。他不仅在英军长驱直入拉萨后为其送去大量牛羊米面以示犒劳，送礼物酬应荣赫鹏的随员等，同时还一意孤行，逼迫噶厦与英国人签下不平等的《拉萨条约》。清中央政府对此条约始终不予承认，故派外务部右侍郎唐绍仪前往印度重新就条约相关事宜进行谈判。1905年2月，张荫棠以参赞身份随唐绍仪赴印参加谈判，并在唐绍仪因病辞职后作为全权代表继续谈判。自此，张荫棠便与西藏结缘。

此前，驻藏大臣有泰在任内处理藏事过于武断和荒谬。不可否认，这是西藏开始陷入沦为半殖民地境遇的原因之一，同时他对英国人的妥协退让也使得西藏上下怨声载道，更是在一定程度上激化了西藏地方与清中央的矛盾，加之当时西藏地方的一些僧俗官员也存在着不作为和贪腐行为，西藏政务亟待革新。1906年，张荫棠与英国代表在北京经过激烈谈判后，签订了《北京条约》即《中英续订藏印条约》，使英国不得不同意由清廷3年内付清英帝国主义强加给西藏的赔款，从而维护了清廷对西藏的主权。

同时，张荫棠深感英国图谋西藏的野心和中央在西藏政事上的软弱无力，认为整顿西藏政务已刻不容缓，必须改变中央在藏形象并进一步加强中央对藏主权，以绝外人觊觎之心，于1905年1月向清中央提出了关于新的治理西藏政策建议即《请速整顿藏政收回政权》，建议遴派知兵大员，统精兵20000人，由川入藏分驻要隘，所有一切内政、外交，均由我派员经理交涉，次第举行现办新政，加强治权，以抵抗英印政府阴谋。1906年2月，张荫棠向中央递交"详陈英谋藏阴谋及治藏政策""窃思藏地东西七千里，南北五千余里，为川、滇、秦、陇四省屏蔽，设有疏虞，不独四省防无虚日，其关系大局实有不堪设想者"，建议顺应时局，整顿西藏政务，推行改革。当时清中央政府正好在西南地区推行改革，恰有整顿西藏政务的打算，于是对张荫棠的建议予以采纳。

整顿吏治，为新政清除障碍

1906年4月29日，清政府封赏张荫棠为副都统，命令张荫棠以五品京堂候补身份（钦差查办大臣头衔）率领随员何藻翔等，从印度经海道前往拉萨查办藏事。1906年11月27日，张荫棠一行从印度大吉岭经春丕、亚东、江孜抵达拉萨。

到达拉萨后，中央任张荫棠为驻藏帮办大臣。为实施新政清除障碍，张荫棠首先顺应民意，与同行的其他清政府官员一道调查驻藏大臣有泰和刘文通、松涛、李梦弼、恩禧、江潮、余钊、范启荣等官员在英军入侵西藏期间不顾清中央和西藏地方的根本利益向英国人献媚、向英军妥协退让、侵吞公物、收受贿赂、任人唯亲、欺压百姓、治藏不作为等种种劣迹，以及噶伦彭措旺丹等一些西藏地方官员的恶行，并将调查情况上报中央，认为"安边之要，首在察吏，必须大官廉洁，属下办事，才能刚正而服远人。如今藏中吏治之污，弊端百出，难怪被藏人轻视，而敌国生心"，鉴于一些汉藏官吏声名狼藉、无可宽容，请求对他们先行革职查办。得到中央批准后，张荫棠以驻藏帮办大臣身份奉旨严加彻查后革去相关官员的职务，将这些人绳之以法。

这样秉公办理、整顿吏治的做法，深得人心，有别于以往驻藏官员的做法，消除了有泰等人驻藏期间种种不端造成的积怨，缓解了西藏地方在一定程度上对中央表现出的离心，为清中央治藏方略重新树立起权威，也使张荫棠赢得了西藏人民的爱戴和拥护。因此，当时拉萨街头纷纷传唱歌谣"海上来了大臣，藏人得到安宁"，张荫棠为进一步推动藏政革新争取了民心。

藏事革新，加快了西藏社会近代化的步伐

为进一步巩固和加强中央对西藏的主权，张荫棠在拉萨整顿吏治后，积极实行和推进藏政革新。首先，张荫棠根据当时西藏的实际情况及时代背景，于1907年在给外务部的电报中就建议中央收回治理西藏的行政权力、调拨北洋新军6000驻藏以及就西藏经济、交通、教育、差税等提出"治藏刍议十九款"，得到中央的采纳，成为新治藏政策的纲领。

此后，张荫棠根据新政纲领，又草拟了《传喻藏众善后问题二十四条》草稿，并交由西藏僧俗官员广泛讨论，根据大家反馈意见，建议对西藏的官制、办事机构、经济建设、教育文化、贸易等方面实行根本性的革新，即所谓"新政"。1907年3月，张荫棠正式颁布《传谕藏众善后问题二十四条》，主要内容涉及发展西藏经济、广开学堂、开通知识、增长才艺等，如

在发展西藏教育方面,他提出"凡天文、地理、机械、工艺、商、农业、算学、兵刑、钱谷、水利、矿务,一切经典史书,皆要学习。至于声、光、电、化、医诸学,皆有益于民生日用,并宜设堂分力肄学";在发展西藏经济方面,张荫棠提出了发展工商事业、开发矿产、修公路,架电线、试种茶树、课征盐井税、设银行;等等。

为推动藏政革新,张荫棠还提议设立交涉、督练、盐茶、财政、工商、路矿、学务、农务、巡警九局以及植物园等,并对这些新成立机构的负责人进行了任命,同时亲自拟写交涉局办事草章九条、巡警局办事草章八条、督练局办事草章二十五条、盐茶局办事草章五条、财政局办事草章十条、工商局办事草章二十条、路况局办事草章十四条、学务局办事草章十二条、农务局办事草章十五条等,使新政落到实处。这些有关西藏社会发展的主张和措施有利于西藏各项事业,对西藏后来的发展和建设大有裨益。

同时,张荫棠还提出进行有利于社会进步的移风易俗,倡导在西藏践行维新的社会伦理道德,亲自撰写《训俗浅言》《藏俗改良》两本小册子,内容涉及生活常识、忠孝、礼仪、诚信、信仰、工商、经济、军事、科技卫生等方面,提出"前后藏番汉官商军民万众一心,以冲内力,抵御侵略""父子有亲""君臣有义""夫妇有别""人死宜用棺木""儿童七八岁宜教识汉字""喇嘛白昼不必诵经,宜兼做农工商业以生财,不可望人布施""西藏宜遵用大清正朔",以及培养科学生活习惯如劝导一夫一妻制、每月洗浴一次、小孩周岁必种牛痘等,命人将其翻译成藏文后,在西藏各地颁布散发,他甚至在抱病的情况下,召集西藏僧俗官员,并亲自登台大昭寺为大家宣讲"进化论""物竞天择""优胜劣汰"、维新变法思想和富国强兵之道等,通过西藏周边国家和地区近代沦为英国殖民地的例子,力图振奋西藏上层,唤起他们的爱国之情,演讲如春风化雨,这对当时西藏上层来说,无疑是一次思想上的启蒙教育,也为西藏在惨遭英帝两次侵略后励精图治和政事革新奠定了基础。

西藏近代史上第一次革新的夭折

由于张荫棠提出的一系列藏事革新，触动了西藏地方统治阶级的根本利益，如强调集权，把达赖喇嘛和西藏地方政府的权力收归代表中央的驻藏大臣，对达赖喇嘛世系和班禅额尔德尼世系优加封号，其在西藏权力仅限于掌管宗教事务，引发了西藏上层僧俗的抵触情绪，而新政和移风易俗的一些有利于构建一体化国家文化、巩固国家认同的内容也被当时西藏僧俗官员和人民认为是对藏族的汉化进而对藏传佛教活动的干预，同时因整顿吏治、惩治贪腐西藏地方和驻藏官员，受到了西藏地方官员和时任驻藏大臣联豫的猜忌、排挤。

在各方势力联合诬蔑之下，关于张荫棠在藏的种种谣言传至朝廷，在这次藏政革新刚开始实施不久，也即张荫棠在藏仅7个月时间后，就于1907年6月被中央政府以操之过急为由，撤回他查办藏事的权力，令其调往印度西姆拉与英方谈判有关在江孜开埠的事宜，而查办藏事的任务则交由驻藏大臣联豫处理，致使张荫棠的改革半途夭折。

联豫沿袭了这场张荫棠力主为中央树威、推动西藏社会发展进步的藏政改良革新措施，在继续推进新政过程中认为"练兵尤为急务"，"唯有先行练兵，以树声威，而资震慑"，此外还增加了一些新的举措，如设立藏文白话报馆、出版藏文白话报、设立藏文传习所和汉文传习所等。

第三章　十三世达赖喇嘛"新政"
——探索近代化道路

十三世达赖喇嘛阿旺罗桑土登嘉措鸠差旺觉却勒南巴甲哇巴桑布，简称土登嘉措，于1876年出生于西藏拉萨东南部的达布地区。十三世达赖喇嘛曾两度出走，又由于其在处理西藏地方与中央关系上有过失误，因此两次被中央革去达赖喇嘛名号，但最终幡然醒悟，意识到唯有承认中央对西藏的管辖、改善与中央政府的关系，才能使西藏最终免于被列强侵略，并在最后作出了实质性的努力，因此在1933年圆寂后被国民政府追封为"护国弘化普慈圆觉大师"。十三世达赖喇嘛虽为政教人物，但不囿于宗教和传统习俗的束缚，围绕藏军革新，在探索西藏军事、文化、科技、教育、医疗等方面的近代化改革作出了努力和尝试，这也是西藏地方政府为打破封闭状态做出的第一次尝试。

"新政"原因及"水牛年文告"的颁布

进入近代时期，清中央陷入内忧外困、自身难保的境地，面对英、俄、日等国对西藏的威胁和利诱根本无暇顾及，英军的两次侵藏使十三世达赖喇嘛及其身边僧俗官员看到了双方在军事组织、武器以及作战等方面实力悬殊。而在19世纪与20世纪之交的两度出走，使得十三世达赖喇嘛不得不更多地与外界接触，在此过程中，他开阔了眼界，目睹了祖国、蒙古和印度在建筑、机器、科技、管理、军事、文化教育等方面的先进，尤其是在逃亡印度期间有意识地了解了世界各国的情况，认真考察了英印政府的社会制度和管理模式，并热切地关注着世界形势的发展动向，同时张荫棠、联豫在藏的新政也使他更加意识到现代化改革的必要性。带领西藏走出封闭状态、推动西藏社会和军事等方面实行现代化改革，已成为摆在十三世达赖喇嘛等人面前亟须解决的问题。

1912年12月，结束了在印度逃亡生涯的十三世达赖喇嘛，经过数月路途，终于返抵拉萨，受到广大僧俗民众的隆重欢迎。为促进西藏经济发展，推动西藏军事、经济、社会、文化教育等现代化进程，重返拉萨的十三世达赖喇嘛首先严厉惩处与英国人有联系的西藏僧俗官吏，擢升在反英战争中的有功人员如川军总司令达桑占堆、摄政策墨林等，迅速清除异己势力，掌握了西藏地方的政教大权，并召集宗谿以上僧俗官员讨论有关西藏政治、军事、经济等改革事宜。1913年藏历1月8日，十三世达赖喇嘛颁布了《关于西藏全体僧俗民众今后取舍》即《水牛年文书》，要求僧侣恪守戒律、各级官吏秉公执法、封锁边界、鼓励垦荒种植等，这标志着十三世达赖喇嘛正式开始推行"新政"。

"新政"的推行及主要内容

自1913年起，十三世达赖喇嘛开始推行其"新政"改革措施。这些措施的推行，无论是机构的设置，行政体制的完善，寺规教律的整顿，藏军的组建、扩充和改良等政教方面的措施，还是鼓励垦荒、发展商贸、创办近代实业，以及创办学校、选派留学生、发展医疗卫生等社会经济、文教卫生方面的措施，在某种意义上说都取得了一定的成效。

十三世达赖喇嘛倡导的这场"新政"主要是对西藏的政治、经济、军事、文化教育等诸方面采取一系列改革措施，内容包括创办新军、设置警察、建立邮政、开办电厂、促进医疗、改革教育等。其中，重新组编、扩充和改良藏军，购买西方军事武器、兴办兵工厂，成为十三世达赖喇嘛新政最核心的内容和目标。

回到拉萨后不久，十三世达赖喇嘛首先设立由擦绒·达桑占堆为总司令、赤门·罗布旺杰为副总司令的藏军总司令部，总揽西藏地方军事事务，

下设掌管军事装备的军械局、掌管后勤补给的供给局、掌管军事训练的训练局，藏军总司令由十三世达赖喇嘛亲自任命。藏军总司令部下设有分别相当于团、营、连、排、班的代本、如本、甲本、定本、居本，并对这些军队的编制及对应级别军官任命做了相应的规定，以形成上下层次分明、统属有序的比较完整的军事领导体系，便于集中管理和统一指挥。

在扩充和改良藏军方面，十三世达赖喇嘛与藏军总司令擦绒·达桑占堆等人商议决定，在原有藏军数量上即3000人左右，按前藏地方每2岗土地、后藏地方每4岗土地各出兵1人的方式扩编1000名，并计划建立30个代本兵力的新式藏军。经过新政后，藏军人数在1916年前后扩充至6500名，在一定程度上改变了过去军中多老弱病残者现象。为离间西藏地方与中央的关系，进而实现其进一步觊觎西藏的目的，英国政府于1919年派驻锡金行政长官查尔斯·贝尔前往拉萨以私交接近十三世达赖喇嘛，利诱其扩充藏军。意欲推进西藏军事现代化、增强军事能力的十三世达赖喇嘛，将英方提议交由参加"春都会议"的僧俗官员讨论后，决定每年从世俗家庭中招募500～1000人，以扩充军队，并下令寺庙及贵族庄园纳税，以解决藏军给养问题。

辛亥革命之前，藏军的训练方法与清军雷同，军事教官多系清军军官，训练内容和训练方法都按川军绿林营的操练方式进行。十三世达赖喇嘛实行的新政中，在军事训练方面，逐渐改变过去清军的"汉式"训练法为英式军事训练法，于1919年至1924年间，聘请英国教官在江孜成立具有现代军事理念的训练学校，每次派藏军各部队的甲本、定本等中下级军官共计50名前往该学校轮流接受为期半年左右的训练。在这里受训的军官都要剪短发，改穿英式军装，并且完全按照英军练兵方式进行训练，操练口令完全用英语，奏英国国歌，几乎与英领下殖民地的军队相同。这些从英式军校出来的军官回到自己所在的营地后主要负责对士兵进行英式训练。此外，为了找到更适合藏军军训的方式，十三世达赖喇嘛还邀请日本军官对一个营进行日式军事训练，邀请从俄国军校毕业的蒙古人对一个营采取俄国的军训方式，同时不定期召集这几个营进行比武。

为更好掌握国外先进军事技术，十三世达赖喇嘛于1914年令噶厦孜本龙夏带队，选派果卡尔·索南杰布专门在英国学习军事。果卡尔·索南杰布回到拉萨后，开始用其在英国所学的现代军事方法训练新兵。此后，十三世达赖喇嘛分别于1915年、1916年、1923年，派贵族青年和一些年轻士兵前往印度、锡金等地学习军事制度与现代武器的使用方法等。

两次抗击英军入侵失败，最大的原因是敌我力量悬殊，英军所用武器为大炮、机枪、步枪等，而藏军用以抗击英军机枪、大炮的则是藏刀、长矛、弓箭、排铳、藤牌、木牌、火枪、火绳等冷兵器时代的旧式武器装备。为尽快提高军事力量且不受制于人，十三世达赖喇嘛除了向英、印等国购买现代军事武器，还于1913年9月聘请克什米尔技师，在拉萨北郊的扎西塘建设专门制造枪支弹药的军械厂。但该军械厂由于技术落后、原料缺乏，未能保证武器的数量和质量，因此曾一度中断生产，改为造币厂和印刷厂，专门印制铜币、银币、纸币和邮票等，1931年又重新改为军械厂。尽管这次军械厂的设立未能最终提高藏军军事实力，但这却是西藏地方近代以来第一次在提高武器装备现代化水平方面做出的尝试。

十三世达赖喇嘛的新政改革，不仅体现在改变过去军事训练方式、扩军、改善武器装备方面，还建立了电力工业、矿产业、金融业、电报业、邮政业等行业，一方面使西藏地方顺应世界现代化发展进程，另一方面也为扩军强兵之举提供了有力的财政支持。为此，噶厦在拉萨夺底沟兴建了水电厂，在拉萨北山采掘金矿并发动各地各宗寻找矿石，同时还改革币制、创办了银行并设立了造币厂。为了使西藏的这些行业拥有自己的人才，噶厦在1913年初发布《关于西藏全体僧俗民众今后取舍》（即《水牛年文告》）后不久，便派拉萨贵族子弟强俄巴·仁增多吉、门仲·庆绕贡桑、吉普·旺堆罗布等人经印度加尔各答坐轮船前往伦敦先学习英语和数理化课程，后分别学习电气工程、矿业和邮政业。这是西藏近代第一次派遣留学生前往国外学习先进文化知识，经过十余年的刻苦学习，他们归国后将其所学用于上述行业中。如强俄巴·仁增多吉于1924年将其在英国购买的发电机组历经千辛万苦运回拉萨后，便向噶厦提出兴建水电厂的申请，噶厦命他全程负责水电厂的选址、设计和监督施工。从1925年动工兴建到1927年电厂建成并发电成功，共历时两年多时间，终于使拉萨这座过去靠酥油灯照明的城市有了现代化照明方式，同时电厂输送的电力也使得造币厂、印刷厂得以运转。值得一提的是，强俄巴·仁增多吉不仅学习了电气技术，负责筹办了西藏第一家水电厂，而且在国外接受现代文明的他后来成了西藏有名的教育家。在英国留学7年归来的吉普·旺堆罗布则在拉萨主持成立了西藏第一家现代意义上的邮电局。门仲·庆绕贡桑归国后负责主持在拉萨北山采掘金矿，随后因当时世人无法理解而被迫终止，但新政在发展现代工业方面的决心却是对西藏沿袭了上千年传统思想的一次冲击。而在金融业方面，噶厦实行新政后，改革币制，并在拉萨创办了银行，先后由彭康贡觉、被革去藏军总司令一职的擦绒·达桑占堆任行长。

为推动西藏地方经济发展，改变过去农林业的传统经营方式，使更多的平民有更多致富机会，十三世达赖喇嘛不顾当时既得利益者的反对，在其新政中鼓励大家在噶厦、寺院和贵族控制的荒野山地任意开垦，或种植农作物，或开山育林，并提出三年内免征赋税，三年后按照与荒地原主人协议进行租赁或征税。这样的举措使得此前很多无人经营的荒地变为宝地，更多的平民有机会通过自己的勤劳双手获得更多利益，同时也为噶厦、寺院和贵族增加了收入。茶叶是西藏地方各阶层必不可少的饮料，长期以来西藏都是从内地或印度购买砖茶和红茶，然而此过程中路途遥远且耗资巨大，因此十三世达赖喇嘛在其新政中还鼓励当地试种茶树。

为支付强兵所需的大量财力，十三世达赖喇嘛在其新政中还对过去的税收制度进行了改革，制定了税收新制度，从1914年起向农牧区各宗征收茶税、羊毛税、食盐税、皮革税等。此外，为改变过去只能通过印度商人与欧美各国进行羊毛交易，且不得不接受印度人种种盘剥克扣的不公平现象，同时为增加贸易收入，十三世达赖喇嘛与美国负责商贸的人协商，要求能够不经印度中间商而直接发生贸易关系。

这次新政改革，除了在军事、经济、贸易等方面进行改变，还在卫生、教育等方面进行了现代化尝试。为培养更多的藏医药学人才，使更多的平民百姓有机会接受诊疗。在这次新政过程中，十三世达赖喇嘛及噶厦创办了藏医历算学院（位于今拉萨的丹杰林路），从各地招收学员对西藏传统文化、天文历算、藏医药学等进行系统学习。同时，为稳定拉萨社会秩序，在英国人的支持下，由200人组成的警察局于1923年在拉萨成立，负责人是英印政府支持的锡金人莱登拉。

十三世达赖喇嘛在推行"新政"中逐渐看清英国野心

然而，这一旨在强兵、富强的西藏现代化探索之路，对当时封闭上千年的西藏是一场冒险，对思想僵化的寺院、贵族和官员也是不小的冲击，也使他们的利益在不同程度上受损。比如，1921年成立的"军饷局"在增加地方财政收入的同时，加重了一些拥有私产的寺院、贵族的赋税，使其经济利益遭受了损失；再如，由日喀则的扎什伦布寺承担藏军四分之一开支的规定，使得扎什伦布寺和噶厦的嫌隙越来越大，造成九世班禅额尔德尼最后不得不远走内地。而改革的其他内容也不同程度上遭到了思想保守派们的反对。

由于当时北洋政府软弱，加之此前两次抗击英国入侵时对中央政府的失望，十三世达赖喇嘛在这场革新运动中虽依旧承认西藏地方与中央的关系，却希望以自身力量和借助英国势力来进行，而不曾料想，随着新政的推进，一些贵族、官员尤其是藏军中接受英式训练的一部分力量对英国的依赖越来越强。

藏军总司令擦绒·达桑占堆是其中的亲英派代表，他在跟随十三世达赖喇嘛流亡印度期间，与英、印方面的人如麦克唐纳等交往甚密，并在中途返回拉萨组织人员反抗清军。十三世达赖喇嘛回到拉萨任其为藏军总司令后，擦绒更是竭力鼓动扩充藏军，并向军人灌输英国练兵思想，在藏军中培养了一批亲英军官和士兵，但其扩军等行为增加了经费支出，招致一些寺庙和贵族的不满。1924年9月，以擦绒·达桑占堆为代表的亲英分子在英国人贝尔的煽动下，同主持拉萨警察局的莱登拉及其藏军军官们签订了一份秘密协议，密谋发动政变，意图剥夺十三世达赖喇嘛的世俗政权，只保留其宗教统治权，后被十三世达赖喇嘛察觉。1925年4月，十三世达赖喇嘛解除擦绒和其他藏军军官的职务。

这一事件使十三世达赖喇嘛认识到英国人觊觎西藏的野心越来越重，开始疏离英国人，加之新政在顽固派们的阻拦中实行得极为艰难，因此这场励精图治的革新运动开始逐渐停了下来。

"新政"的实质

十三世达赖喇嘛推行这次"新政"是因为其有感于西藏近代政治、经济、军事、文化、教育、科技等方面的落后而实行的一场革新，在此期间尽管十三世达赖喇嘛有依靠英印政府以及日本等国进而壮大自身力量的意图，曾一度疏离中央，但始终未曾背离中央，所以其实质依然是北洋政府时期西藏地方政务的一次改革，从"新政"内容上看，更是张荫棠、联豫藏政改良革新举措进入民国时期后的延续。

而英国在这次"新政"中千方百计插手，给西藏地方政府提供军事、科技、教育、实业等方面的所谓帮助，如培训藏军、帮助培养旅英留学生、把电话线牵到江孜等"武装西藏"计划，实际上是英印政府为了便于插手中国内政，通过向西藏地方政府提供军事、通信等方面"援助"，使西藏在"经济上和军事上依赖"他们，是制衡中国的手段之一，其最终目的是消除中国政府对西藏地方的影响。

十三世达赖喇嘛主持的"新政"是在不触动封建农奴制度的情况下进行的所谓改革，而且还主要依赖于英国人的支持，最终遭到旧势力和外国帝国主义势力的反对和暗算而失败。这说明，在帝国主义的侵略与干预下，在他们培植的亲帝分子的反对下，对西藏社会进行改良是不可能成功的。只有摆脱了帝国主义的羁绊，人民的改革才能成功。例如，发生在1959年的民主改革就是西藏人民在获得解放后进行的成功改革。

第四章 热振事件
——分裂势力控制地方政权

在西藏近代史上，第五世热振活佛图旦·绛白益西·丹巴坚赞是一位利益众生、护国利教但具有极其浓重悲剧色彩的人物。他是中央亲封的大呼图克图和十三世达赖喇嘛圆寂后掌管卫藏政教事务的摄政，亲自参与了十三世达赖喇嘛转世灵童的寻访和认定；他智慧精进、辩才无碍，年仅20岁便获拉然巴格西学位；他宅心仁厚，体察民间疾苦，为民众排忧解难；他忠于国家和民族，维护国家统一，打击英帝在藏势力，却最终惨遭英帝国主义分子及其在藏扶持的分裂势力的暗算，惨死于狱卒之手。

热振受命为摄政

热振活佛是藏传佛教八大呼图克图之一，也是历代达赖喇嘛亲政前获中央恩准摄政的四大林呼图克图之一（即丹杰林、策墨林、功德林、喜德林，其中喜德林为热振呼图克图在拉萨城区的驻锡地，始于第三世热振呼图克图奉旨获封摄政卫藏政教事务）。

第五世热振活佛图旦·绛白益西·丹巴坚赞1912年生于西藏加查，其出生后的种种异象惊动了远在拉萨的十三世达赖喇嘛。按照活佛转世历史定制，被作为第四世热振呼图克图的候选转世灵童上报中央，经蒙藏事务局批准，认定为第五世热振呼图克图及拉萨林周北部的热振寺寺主，此后在色拉寺系统修习佛教，于1931年获拉然巴格西学位。

1912年7月，北洋政府为加强对西藏的管理，设置了"蒙藏事务局"，直属于国务总理，管理蒙藏事务。逃往印度的十三世达赖喇嘛获知袁世凯于

1912年3月发布的劝谕蒙藏令后，致信蒙藏事务局称其"意欲维持佛教，请转呈妥商"。同年10月，袁世凯发布"开复"十三世达赖喇嘛封号的命令。1912年底，十三世达赖喇嘛回到拉萨，开始推行"新政"，一方面承认中央对西藏的管辖，另一方面在英帝的利诱胁迫下，幻想能够通过自身力量和借助英国势力励精图治推行自己的新政。

在自身政权本就不稳的北洋政府管辖下的西藏，其上层僧侣及僧俗官员对中央的态度总体来说是左右不定，这也使得英国有机可乘，在西藏上层培植了一批亲英分子，尽管十三世达赖喇嘛在其生涯后期心向中央，但这批挟洋自重、意图依靠英帝达到其分裂目的的势力已渐成气候，一面对中央治藏举措阳奉阴违，一面勾结英国，对西藏主张维护国家统一的爱国人士进行排挤打压，更是趁十三世达赖喇嘛圆寂后西藏地方政权陷于真空期之际，加紧争权夺利，打击、迫害西藏僧俗爱国人士。

1933年10月，十三世达赖喇嘛的突然圆寂，成为西藏上层在英国扶持下的那些蠢蠢欲动的亲英分子们搅乱西藏地方政局浑水的可乘之机。此前，西藏上层内部的明争暗斗已经十分激烈，这不仅是权力之争，更是爱国主义官员与亲英分裂势力之间的较量。

为稳定西藏局势，国民政府根据春都结措即西藏官员扩大会议上卜卦抽签并讨论议定的结果和十三世达赖喇嘛生前意愿，任命第五世热振活佛为摄政，掌管卫藏政教事务，并封其"辅国弘化禅师"，同时任命十三世达赖喇嘛的侄子俗官朗顿·贡嘎旺久为司伦，辅助第五世热振活佛管理西藏政教事务。

摄政期间护国、爱教、利民举措

1934年2月，热振活佛在布达拉宫正式出任西藏摄政后，与国民政府保持了融洽密切的联系，无论在西藏的政事上还是十三世达赖喇嘛转世灵童的寻访认定上，都展现出了其护国爱教利民的才能和品德，也暂时稳定了西藏当时的局势，却也因此招致了英帝国主义分子及其在藏的分裂势力的记恨。

第五世热振活佛任职后不久，早已被十三世达赖喇嘛革去藏军总司令职务的孜本龙夏·多吉次杰在英国的煽动下，建立了秘密组织——吉觉贡顿，该组织又被外界称为丹巴杰巴，意即弘扬佛教，实际上是在西藏鼓吹西方所谓的民主，意欲改革西藏政治，使西藏彻底沦为英国殖民地。龙夏等人的图谋引起了摄政热振活佛的警觉。热振活佛下令将龙夏抓捕入狱，革去其官职，没收其财产，并挖去其双眼，判其终身监禁，此事更是招致亲英势力和龙夏之子乌金多吉等人的不满。这为此后热振活佛惨遭毒手埋下了仇恨的种子。

热振活佛图旦·绛白益西·丹巴坚赞在摄政期间，延续了十三世达赖喇嘛在藏事革新上的励精图治，并继承了十三世达赖喇嘛晚期积极改善西藏地方与中央关系的意愿，在爱国主义立场上更加坚定，在打击分裂势力以及十三世达赖喇嘛转世灵童寻访认定等西藏重大问题上积极配合中央，始终坚持国家主权高于地方权力和教权。此外，1934年国民政府代表黄慕松等人在藏祭祀十三世达赖喇嘛并祝贺热振活佛任职摄政期间，双方多次会谈，为积极改善西藏地方与中央关系共商良策。根据双方商讨结果，经蒙藏委员会批准，在拉萨设立了蒙藏委员会驻藏办事处，同时设立拉萨无线电台站、中央气象测绘局拉萨气象测绘所、国立拉萨小学和诊疗所等。

十三世达赖喇嘛转世灵童的寻访和认定过程中，英帝国主义和西藏上层亲英派为培植分裂势力，不断在其中插手作梗，为维护中央对西藏主权的管辖和西藏局势稳定，不使灵童寻访认定权落入亲英派之手，热振活佛一方面与他们周旋，另一方面及时将有关情况向国民政府汇报，使整个过程最终按照宗教仪轨和历史定制进行和完成。经中央批准青海灵童拉木邓珠为十三世达赖喇嘛转世灵童后，热振活佛按例成为其经师，获中央封"摄政经师热振阿齐图慧呼图克图"称号，并于1939年10月为其剃度并取法名，由后来热振事件中关键人物达扎·阿旺松绕为灵童副经师。几经周折，1940年1月，在中央代表吴忠信主持下，热振活佛配合完成了十四世达赖喇嘛在布达拉宫司喜平措殿的坐床典礼。

亲英分裂势力阴谋骗取摄政一职

此后不久，在亲英势力的唆使下，诋毁热振活佛戒行的谣言在拉萨街头蔓延。谣言称热振活佛刚愎自用、一意孤行，指责他虽为经师，却与弟妹及姻亲有染，破了邪淫戒而不具有主持十四世达赖喇嘛授沙弥戒的资格，甚至谣传卦象显示，十四世达赖喇嘛在距离水马年即1942年近一年的时间内要受沙弥戒，若热振活佛继续出任摄政一职，既不利于达赖喇嘛的健康，也有损于西藏的政教事业，并且对热振本人也有损害。

种种不利的谣传将年轻气盛的热振活佛置于风口浪尖，为避凶化吉，以及确保十四世达赖喇嘛受沙弥戒的仪式能够如期举行，热振活佛与其拉章的喇嘛们商讨对策。当时一位来自四川的喇嘛桑格深受热振活佛尊敬和信任，于是被邀请至热振拉章，为其在噶厦的去留占卜打卦。然而，桑格喇嘛卦象显示，无论是为十四世达赖喇嘛还是热振活佛本人着想，热振活佛都应该辞去摄政一职，由十四世达赖喇嘛副经师达扎接任。

面对这样一个两难结果，热振活佛再次召集拉章的扎萨·江白坚赞、卸任的扎萨·江白德勒、雍乃喇嘛土丹强巴格桑、卡尔朵活佛格桑土丹、森本堪布阿旺顿典等人进行讨论。大多数喇嘛认为热振活佛入关修行可化凶为吉，建议热振活佛暂时辞去摄政职务和正经师的身份，并认为十三世达赖喇嘛的副经师达扎心地善良且年龄已大，由达扎暂时代理摄政，掌管西藏政教事务，待凶兆消除后，可顺利收回其手中权力。但森本堪布阿旺顿典坚持认为，热振活佛不应辞去摄政职务，若一旦放弃权力，就会丧失一切，并且达扎其人阴险狡诈，若摄政一职交到其手中，恐将来难以收回。此外，平康·扎西多吉、孜本噶雪巴·却吉尼玛等人也主张热振活佛不应辞去摄政一职。

也许是太过信任桑格喇嘛和副经师达扎，也有人认为达扎是热振活佛的经师之一的原因，因此热振活佛不仅没有听从堪布阿旺顿典等人建议，反而认为这是在挑拨他与达扎的师徒关系，是对达扎的无礼。于是，热振活佛坚持将摄政一职暂时交由达扎，与达扎进行私下商议，并提出将孜本噶雪巴提升为噶伦，达扎表示愿接受一切条件，待热振活佛出关后交还摄政职务，并答应帮助照顾热振拉章的一切事务以及提升孜本噶雪巴为噶伦。热振活佛于1941年1月直接向国民政府上报申请暂时辞去摄政一职，并推荐达扎为十四世达赖喇嘛正经师和代理摄政。经中央核准，热振活佛暂时卸下摄政一职，回到驻锡地热振寺开始了为期三年的闭关修行。然而当卸任后的热振活佛启程前往驻锡地热振寺时，达扎却没有前往送行，这引起了热振拉章主要官员的不满，也为此后热振、达扎矛盾埋下了个人恩怨的种子。

达扎于1941年2月代理摄政，同年4月，经国民政府批准后备案。不幸的是，堪布阿旺顿典一语成谶，年迈的达扎掌管西藏地方政教事务后，为争权夺利，不遗余力地打压拥护热振活佛和中央政府的僧俗官员，甚至不惜勾结英帝国主义，大量起用亲英派，如1943年他破例任命索康·旺钦格勒为噶伦、夏格巴·旺秋德丹为孜本等，逐渐改变了西藏地方政府亲中央而疏远英国的政策。在其代理摄政的三年间，噶厦中的亲英派势力迅速膨胀。为对抗中央，1942年5月13日，达扎擅自设立非法的"西藏外交局"，并任索康苏巴扎萨·旺钦次旦为主管官员，并规定各驻藏办事处的事务必须先经由"外交局"提交噶厦，甚至于1943年要求国民政府召回蒙藏委员会驻藏办事处处长孔庆宗、切断西藏与内地的传统商贸联系等。热振活佛闭关三年期满后，代理摄政达扎果然如阿旺顿典所料，背信弃义，不顾当初向热振活佛发下的誓言，拒不交还摄政一职，甚至于1947年阴谋策划了热振事件，使热振活佛惨死狱中。

热振被害事件

1944年，热振活佛出关后，达扎无视曾经向热振活佛发下的愿将权力交还的誓言。无奈之下的热振活佛只好私底下与其亲随和密友，如色拉寺杰扎仓堪布阿旺嘉措、首席噶伦僧官丹巴降央、噶伦彭雪、仲译钦莫群培图登、孜本嘎雪·曲吉尼玛等人商议，希望联络拉萨三大寺代表，以三大寺名义邀请其前往拉萨为十四世达赖喇嘛祈福以解决权力归还一事,但在紧要关头却遭到了首席噶伦僧官丹巴降央、噶伦彭雪等人的临时反戈,以达扎可负责达赖喇嘛长寿消灾祈福为由,使得热振活佛最终未能前往拉萨。随后几天,支持热振活佛的三大寺代表因此事受牵连。噶厦以为达赖喇嘛念经消灾祈福的名义,将他们软禁起来,禁止他们与外界联系。

得到消息的热振活佛,为重新拿回摄政的职务,于1944年5月,在色拉寺杰扎仓堪布阿旺嘉措的帮助下,不顾好友孜本嘎雪·曲吉尼玛等人劝阻,终以参加色拉寺杰扎仓大经堂开光典礼名义前往拉萨,并如愿与达扎见面。虽有誓言在先,且热振活佛回到拉萨后支持其重新任摄政的呼声很高,但此时的达扎已实权在握,内有其代理摄政期间培植的亲信势力,外有英国的支持,因此对热振活佛的各种暗示置若罔闻。在热振活佛停留拉萨的一个多月内,达扎等人安排的亲英分子对其进行密切监视,拉萨很多贵族甚至原本支持热振活佛的贵族,均不敢上门拜见。

失望至极的热振活佛不得不重新返回热振寺,与达扎的矛盾进一步加深。此后达扎更是变本加厉,在倾轧热振活佛在噶厦中的势力和仇视迫害热振拉章官员的同时,还借机打击色拉寺中以杰扎仓堪布阿旺嘉措和阿巴扎仓堪布为代表的亲热振活佛的势力,并下令革去他们的僧职,引发了林周事件。

1944年,前往林周的色拉寺杰扎仓和阿巴扎仓僧人因收债与宗本楚臣吉扎发生争执,并将其殴打致死。噶厦便借此机会打压色拉寺杰扎仓,要求交出凶手但遭到拒绝。于是,达扎等人计划借1945年传昭大法会,在色拉寺杰扎仓堪布阿旺嘉措前往罗布林卡拜见达赖喇嘛时,将其逮捕。阿旺嘉措提前获知达扎等人这一密谋后,不得已与随从逃亡康区,途中一亲属被追赶而来的人杀死,此后色拉寺相关僧人受牵连被捕并被流放至西藏各地,使得热振和达扎之间的怨恨逐渐白热化,此时矛盾已不可调和。

1945年,热振活佛的一名亲信卡多活佛,派手下四名枪手在路上刺杀参加完阿沛·阿旺晋美孜本任职典礼回家的拉鲁,因为拉鲁是龙夏·多吉次杰过继到拉鲁家的儿子,并在处理林周事件中参与了对色拉寺杰扎仓喇嘛们的惩处。在这次刺杀事件中,拉鲁侥幸逃过,但卡多活佛等人的暗杀行为不久后也被人知晓，热振活佛与达扎之间的矛盾再次激化。

1946年6月，达扎未经国民政府批准，在一次西藏僧俗民众会议上自封为"杰布呼图克图"（杰布藏语意为国王，按照历史定制，呼图克图封号只能由中央封赐）。热振活佛得知后，将此事以及达扎代理摄政期间其他所作所为，尤其是投靠英国人、破坏西藏地方与中央关系的情况，上报国民政府，请求中央支持他重新拿回摄政之位。国民政府驻藏办事处得知后，下令任命热振活佛为国民大会的委员，请其前往参加国民大会，借此向中央详细陈述事情始末。

同时，热振活佛的跟随者也加紧了对达扎的暗杀行动。1947年3月，达扎的亲信——基巧堪布阿旺朗杰家里收到一个西康人洛桑朗杰送来的包裹，上有"昌都总管宇拓札萨致达扎摄政的秘密报告"，但是阿旺朗杰还未来得及将包裹转呈达扎，家里却发生了威力不算太大的爆炸，造成了一些摆设的损坏。据说，阿旺朗杰的孙子（一说是侄子）朗顿，看到家里的这个包裹感到十分好奇，便悄悄打开包裹中的精致木盒，不想却引燃了盒中的手雷。达扎知晓一切经过后勃然大怒，和亲随们一致认为这是热振活佛一干人对其的报复。达扎等人经过调查后发现，此次暗杀活动与热振活佛身边最亲近的雍乃喇嘛有关。雍乃喇嘛被认为是热振活佛铁杆亲信，其人实际上与达扎有同门之谊，在热振活佛打算辞去摄政一职的时候，也曾极力建议由达扎继任，后虽发现了达扎争权夺利的野心，但为时已晚。热振活佛结束三年的闭关修行后，为帮助热振活佛尽快复出，重新拿回摄政之位，雍乃喇嘛积极出谋划策，但一次次遭遇失败。1947年初，雍乃喇嘛再也沉不住气，不顾热振活佛阻拦，亲自制作炸弹，并派西康人洛桑朗杰装扮成商人仆人前往达扎的亲信阿旺朗杰家实施了这次暗杀达扎的计划，但命运作弄，最后还是以失败告终。同时，此次暗杀达扎行动的失败，在热振一系中也引发了相互猜忌，一些人认为雍乃活佛当初不应一意孤行坚持将藏有炸弹的包裹通过阿旺朗杰转送，甚至怀疑这是雍乃活佛借机向阿旺朗杰通风报信。遭到内部排挤和疏远的雍乃最后不得不辞去热振扎萨助手和热振拉章秘书长的职务。

此时，分别代表热振活佛和达扎的派系冲突已彻底白热化，这已不仅仅是双方在掌管西藏地方政教事务的权力之争，更是热振活佛所代表的亲中央势力与达扎所代表的亲英分裂势力的斗争。为打击西藏上层亲中央的爱国主义力量,进一步离间西藏地方与国民政府关系,英国人在拉萨四处游走,并进一步拉拢达扎等亲英分裂势力。1947年4月,英国驻拉萨的商务代表黎吉生将其获取的国民政府打算给热振活佛在财力和武器上进行暗中支持的情报告知达扎等人,并称热振一系将与班禅堪厅的人结盟,打算在色拉寺发起对抗达扎的行动。这样的消息,让达扎等亲英势力感到恐慌。为彻底打压热振活佛,达扎及其手下开始阴谋策划。此时关于热振活佛派人刺杀达扎的谣言在拉萨四起。达扎等人为彻底解决与热振一系的矛盾,经与索康等人秘密商议对策,决定派人前往林周抓捕热振活佛,同时还就如何抓捕热振活佛及其亲信以及审判工作进行了细化,成立了以达扎为首的审判小组。

为避免消息外传,被派往林周秘密抓捕热振活佛的索康、拉鲁和藏军总司令格桑楚臣以及第二代本雪古巴·旺堆仁钦、孜本夏格巴·土登才班等人,于1947年4月14日11点,骑着自家和罗布林卡的马匹,率领不知情的第二代本士兵约200人经澎波格拉山连夜赶往林周,于次日晚抵达邻近热振寺的噶举派寺庙达隆寺。为避免惊动热振寺的僧人,索康等人将兵力修整藏匿。16日早上,索康唯恐这次行动被热振活佛发觉,便派与热振活佛熟识的藏军总司令格桑楚臣带着较少兵力,以朝拜的名义前往热振寺实施诱捕。在索康等人展开诱捕行动的第二天,热振活佛在拉萨的亲信益西楚臣等人便已察觉,经商议后由益西楚臣立刻前往林周将此事告诉热振活佛,然而终究晚了一步。待益西楚臣到了热振寺附近时,才得知寺庙已被藏军包围,设在拉萨的热振拉章也面临被查封的危险,而热振活佛及其近侍也被索康、拉鲁等人隔离起来,最后只来得及悄悄送出一封热振活佛给益西楚臣的亲笔信,信中要益西楚臣赶紧前往南京,将发生的一切告诉国民政府。

此时,热振活佛在拉萨的信众和色拉寺中的拥护者也听到了他被秘密抓捕的消息,决定在从林周回拉萨的路上实施解救,但最终因索康施计绕道而失败。一路上打算营救热振活佛的色拉寺僧人与藏军不断交火,就在即将到达拉萨纳金山时,色拉寺杰扎仓支持热振活佛的僧人再次冲向押送热振活佛的藏军,但中了埋伏,在机枪下死伤无数。与此同时,拉萨也开始了抓捕热振活佛亲信的行动,卡多活佛、扎萨江白坚赞和降央德勒以及俗官彭康、西康商人三多仓等一干拥护热振活佛的人被抓捕，雍乃喇嘛在逃走未遂时自杀。一时间热振活佛在拉萨的势力被清洗，喜德林和热振拉章被封，相关活佛和官员的称号和官职被夺，家产也被没收。在此期间，杰扎仓支持热振活佛的僧人感到极为愤慨和羞辱，通过武力向达扎任命的杰扎仓堪布施压，却遭到拒绝，同时这些僧人还不断冲上街头，希望能前往城内并暗杀夏格巴等人，却被噶厦派出的警察和藏军阻拦，双方持枪火器械连连交战，拉萨古城内的民众惶恐不安，或关门闭户，或携家眷远离是非之地，整个拉萨局势陷入动荡不安。为避免色拉寺杰扎仓僧人们的过激行为进一步扩大，进而影响到三大寺的其他僧人团结起来对抗达扎一系，噶厦调集大量藏军并配备大炮等武器，前往色拉寺进行重点武装镇压，使色拉寺中热振活佛的势力遭到致命打击。在这次围攻色拉寺的事件中，英国代表黎吉生在其中扮演了极其恶毒的角色，其不仅为藏军攻打色拉寺出谋划策，还派英国报务员福克斯帮助架设无线电台，沟通前线指挥和达扎、噶厦之间的联络。尽管色拉寺僧人奋力抵抗，但在藏军的大炮轰击下，终因力量悬殊，两天后寺庙僧人已是伤亡惨重，杰扎仓也被抢劫一空，杰扎仓堪布阿旺嘉措带10多人突围而出，再次逃往康区。

1947年4月18日傍晚，被带回拉萨的热振活佛，随即被单独关押在重兵把守的布达拉宫夏钦角监狱，由达扎的亲信格桑阿旺以及与热振有家仇的龙夏之子龙夏·乌金多吉等人看守，并多次受审。尽管热振活佛反复向达扎等人组成的审判组辩解，称不仅从未做过有损西藏政教事业的事，还时常劝诫身边人也不要做不利于西藏政教事业的事，但索康、拉鲁等人却声称掌握了雍乃喇嘛和他的往来信件，称他们意图刺杀摄政达扎。

其间，色拉寺杰扎仓支持热振活佛的僧人与藏军的冲突也越来越激烈。国民政府获悉此事后，曾致电达扎和噶厦，要求保证热振活佛的安全，这引起了达扎等人的恐惧并加深了对热振活佛的忌惮和仇恨。达扎一系为尽快解决掉热振活佛等人带来的麻烦，在召集西藏官员开会讨论如何处理热振活佛及相关人等时，一些人为奉承达扎等人，竟不顾热振活佛身为中央亲封的大呼图克图和前任摄政，恶毒到建议用平民造反的刑罚挖去热振活佛的眼睛。热振活佛短短数日之内，因不能忍受不停的提审、羞辱和条件恶劣的牢狱环

境，身体每况愈下。其间，热振活佛也曾向近身看守他的龙夏之子乌金多吉等人求助，希望他们能将他亲笔写的求救信转交给十四世达赖喇嘛的经师赤江等人，但乌金多吉等人却失信于他，将信件交到了格桑阿旺手中。热振活佛希望换间条件好点的牢房也遭到了拒绝。1947年5月8日，随着热振活佛病情日渐严重，噶厦不得不派藏医钦绕诺布前往狱中诊疗，热振活佛也同意了钦绕罗布开出的治疗中风的药方。然而，当热振活佛服下狱卒给的藏药阿嘎尔三十五后，病情却更加严重，据后来人说这并非真正的阿嘎尔三十五。当天夜里，备受病痛折磨的活佛趁着意识清醒，向狱卒提出让英国医生前来治疗，却遭到格桑阿旺等人拒绝。5月9日凌晨，热振活佛未能熬过病痛折磨，最后惨死狱中，年仅36岁。在对热振活佛进行尸检时，发现他的遗体上竟有瘀青。关于热振活佛的死，有人说是因狱卒受命将其下毒致死，也有人说是因狱卒捏其生殖器致死。

得知热振活佛被害死的消息后，热振寺僧人极为悲愤，为反抗达扎等人谋害热振活佛的恶行，这些僧人将看守热振拉章的16名藏军士兵杀死。噶厦得知后，派出藏军前往热振拉章进行镇压。双方经过7天7夜的激战，500僧人死伤，热振活佛的索本堪布益喜楚臣仅带领十余人冲出藏军重重包围，避难于青海西宁。

亲英分裂分子掌控西藏地方政权

尽管按照宗教仪轨，噶厦对热振活佛的后事进行了安排，并允许信众前往祭拜，但热振活佛的死，并未换来达扎等人的良心发现。噶厦一方面指示其驻京办事处处长图丹桑布向国民政府面呈噶厦报告，伪称已照中央指示，对热振活佛的亲信人员"从轻发落"，一方面却不顾大呼图克图的认定及封号的赐予必须由中央决定的历史定制，擅自取消了热振活佛的大呼图克图封号，降为措钦活佛，并认定从此热振世系不能再任摄政一职，同时没收热振活佛大量财产，并罗织其"罪状"，在大昭寺前公布。与热振活佛亲近的人也因此备受打压，扎萨江白坚赞等许多人被判处鞭打和终身监禁。

此时，陷入解放战争的国民政府也无暇顾及西藏地方，直到西藏和平解放前，达扎等西藏上层亲英分子更是肆无忌惮，把控着西藏地方政教事务。这些反叛势力继续膨胀，做出了一系列破坏祖国统一的事情，并影响到后来亲政的十四世达赖喇嘛、索康、夏格巴等人，还是1959年西藏叛乱的主力，并跟随十四世达赖逃往印度。

第五章　参加国民会议
——改善与民国中央政府的关系

尽管十三世达赖喇嘛在经历第二次出走并最终回到拉萨后，对中央的态度一度摇摆不定，但不背离中央的基本态度却始终未变。早在十三世达赖喇嘛获悉国民政府仍然主张孙中山先生提出的"国内各民族一律平等"后，立即连续派人与国民政府联系，表示"不亲英国人，不背中央"，并派代表参加国民会议，致力于与民国政府关系的改善。

噶厦派驻京代表

在西藏地方改善与民国中央政府关系中有一位不得不提及的重要人物，即西藏地方派驻北京代表贡觉仲尼。贡觉仲尼，1883年出生于西藏拉萨，8岁在色拉寺出家。为加强西藏与祖国内地的联系和沟通，贡觉仲尼于1923年8月被十三世达赖喇嘛派往北京任西藏地方驻京堪布、雍和宫札萨克喇嘛。

从拉萨出发，历经数月长途跋涉后抵京，贡觉仲尼将自己的履历报备蒙藏院后，进入中央政府管理的僧职人员系列，以西藏噶厦派驻北京代表和中央政府辖下办事人员的双重身份开始了在北京的工作和生活，自此为积极改善西藏地方与中央的关系作出了诸多努力。1926年，作为十三世达赖喇嘛的代表，贡觉仲尼被段祺瑞临时执政政府特聘为"国宪起草委员会"委员，并参与宪法起草。

十三世达赖喇嘛要求改善与国民政府关系的愿望日益强烈

20世纪二三十年代，由于国内政局跌宕，军阀混战，北洋政府权力不断更替，西藏地方虽然表示不背离中央，但同时却希望借助英国的力量走上自强之路。1924年，十三世达赖喇嘛因英国派贝尔到西藏鼓动擦绒·达桑占堆等亲英分子建立秘密组织密谋造反，企图推翻十三世达赖喇嘛领导，夺取西藏地方政权，所以在藏军总司令人选上十三世达赖喇嘛做出了调整，罢免了藏军总司令擦绒·达桑占堆，改任持反英态度的龙厦·多吉次杰为藏军总司令，使英国企图让西藏脱离中国的阴谋失败。

十三世达赖喇嘛对英国人不断借机插手干预西藏事务的真实面目感到心灰意冷，深知依靠外国势力并不能使西藏走上富强自主之路。此时国民党正发展壮大，于1925年开始与北洋政府对峙，十三世达赖喇嘛看到国民政府于北伐过程中有接替北洋政府并统一中国之势，因而主动亲近中央以抵抗英国的想法越来越强烈。

随着1928年南京国民政府合法化，中央政权在相当一段时期内改变了过去国内政坛更迭频繁的状况，相对此前的北洋政府和其他国民政府而言，国家政权更加巩固，这使开始对英国失望和反感的十三世达赖喇嘛对中央再次有了信心。

十三世达赖喇嘛要求改善与中央关系的愿望愈加强烈，于是借祝贺新中央政府成立之机，于1928年12月主动派贡觉仲尼前往南京，向南京国民政府表明西藏地方不愿背离中央的态度。

国民政府成立后不久，于1929年在北洋政府蒙藏院基础上成立蒙藏委员会，主要负责管理蒙古地方、西藏地方以及其他各省蒙古族、藏族聚居区的行政、宗教及其他各项事务。蒙藏委员会成立后，有关西藏工作的第一件事就是如何消除之前中央与西藏地方之间的隔膜。作为西藏地方驻京代表，贡觉仲尼也积极表态，愿代表十三世达赖喇嘛前往南京参加孙中新先生的奉安典礼，并再三代转十三世达赖喇嘛愿亲近中央的决心。

1929年8月，贡觉仲尼与楚臣丹增、巫怀清等，受西藏地方委派，前往太原面见时任蒙藏委员会委员长阎锡山，又一次代表西藏地方积极向国民政府表明亲中央的态度，并对班禅额尔德尼、达赖喇嘛间的误会进行解释。

同年9月，贡觉仲尼等人抵达南京，得到蒋介石的亲自接见。贡觉仲尼再次向蒋介石陈述解决西藏问题的想法和观点，声明十三世达赖喇嘛不背离中央、不亲近英国的态度。

中央特派专员贡觉仲尼入藏慰问

1929年12月，国民政府任命贡觉仲尼为赴藏慰问专员，携国民政府特派状、蒋介石致十三世达赖喇嘛的函件和蒙藏委员会草拟的《解决西藏问题办法》等前往西藏。

当贡觉仲尼一行到达印度噶伦堡后，立即以国民政府特派专员的名义向十三世达赖喇嘛发函表明来意。当十三世达赖喇嘛在拉萨收到贡觉仲尼的信件后，对国民政府派特派员尤其是自己的心腹贡觉仲尼作为中央政府特派专员进藏慰问感到十分兴奋，对此事给予了高度重视，立即给贡觉仲尼等人去电表示欢迎，希望他们早日抵藏，并关注他们的行程，以便安排噶厦官员、藏军士兵列队欢迎等事宜。

1930年2月，贡觉仲尼经噶伦堡回到拉萨，尚未进城，便以中央委派代表的身份受到西藏地方前所未有的礼遇，西藏地方文武官员及士兵在拉萨西郊"坚赞鲁固"对其列队相迎，并按迎接中央代表的惯例举行了隆重的欢迎仪式，随后将其请至历代达赖喇嘛的夏宫罗布林卡。当贡觉仲尼转呈蒙藏委员会关于如何解决西藏问题的八项条款以及蒋介石亲笔信等时，十三世达赖喇嘛恭敬地起身顶礼，以示对中央政府的忠诚。西藏地方与中央政府关系终于得到改善。

噶厦驻京办事处设立与刘曼卿入藏

噶厦在对国民政府的回复中提到，计划在南京、北平以及西康等地设立办事处。1930年3月，十三世达赖喇嘛委任贡觉仲尼为西藏驻京总代表，负责处理西藏地方在内地的事务及沟通西藏地方与中央政府的关系，并筹备西藏驻京办事处。

1930年10月8日，贡觉仲尼向蒙藏委员会委员长马福祥正式提出成立驻京办事处以及相关事宜的请示，并很快得到肯定批复。1931年2月23日，行政院发布训令批准贡觉仲尼任西藏驻（南）京办事处处长，并对启用印信事宜进行备案。同年4月26日，贡觉仲尼等西藏代表在中央饭店举行西藏驻（南）京办事处成立典礼。

同时，为缓和中央与西藏地方关系，向十三世达赖喇嘛表示中央希望进一步改善与西藏地方关系，使十三世达赖喇嘛最终消除与中央政府的隔阂，同时也是为了试探十三世达赖喇嘛等是否真心愿意回归中央，国民政府于1929年底派精通藏语的刘曼卿为联络官前往拉萨。身为半个拉萨人的刘曼卿于1930年2月抵达拉萨，3月在罗布林卡初次与十三世达赖喇嘛会面，但未能对更多深入的问题交换意见。1930年5月底，刘曼卿离开拉萨返回复命之前，再次在罗布林卡与十三世达赖喇嘛会面，两人就中央与西藏地方关系进行了交流。十三世达赖喇嘛要刘曼卿将其关于诚心向中央归顺的口头表态转呈中央。他讲到，他最大的希望是中国能真正和平统一，尽管英国人诱惑他，但他清楚国家主权不可丢失，并认为西康事件是中国领土范围内的事件，兄弟之间发生矛盾摩擦是不值当的。在拉萨期间，刘曼卿还先后拜访了擦绒、司伦、四大噶伦、龙夏等人。此时，十三世达赖喇嘛及他身边相当部分人员已改变过去对中央的疏离态度，认为国民政府成立之初就表示出对西藏地方的重视体现了执政之精明和顾全大局。

中央恢复改善与西藏地方关系的其他举措

为了进一步改善与西藏地方关系，国民政府除了派出贡觉仲尼、刘曼卿等人赴藏，还不断派出其他代表团赴藏慰问。谢国梁，曾被驻藏大臣联豫任用，在西藏有过数年练兵经历，与十三世达赖喇嘛、擦绒等西藏上层关系友善。离开西藏后，他先后任北洋政府和南京国民政府蒙藏委员会专门委员，终身致力于恢复和改善中央政府与西藏地方的关系，力主和平解决西藏问题。

1930年5月，谢国梁被南京国民政府委任为"专使"，携蒋介石与蒙藏委员会委员长马福祥致十三世达赖喇嘛的信函、中央提出的《解决西藏方案》11条以及中央赠送的礼品、布施等，前往拉萨进行慰问。

不幸的是，谢国梁等人的拉萨之行一路屡遭挫折，本计划经印度、缅甸走滇藏线到拉萨，但团队秘书因水土不服身亡，谢国梁也因患病返回印度休养。为不辱中央赋予的使命，谢国梁又于同年11月22日约老乡谭云山启程进藏，但在进入拉萨的前一天在曲水不幸因病去世，虽然他未能亲自将南京国民政府交付的信函、慰问品等交给西藏地方，但他殚精竭虑、不顾自身安危，一心致力于改善中央和西藏地方关系的一言一行，深深打动了十三世达赖喇嘛等人。

西藏地方政府得知谢国梁离世噩耗后一方面将此不幸消息立即电告蒙藏委员会，另一方面迅速组织人员按汉族习俗处理一应后事，并将谢国梁葬在了拉萨东山的汉族墓地。

通过谢国梁这样的精神，十三世达赖喇嘛等看到了中央政府真正的诚意。次日，当谭云山将谢国梁遗体及中央赠予西藏地方的信函、慰问品等带到拉萨时，受到了噶厦官员及藏军士兵的列队欢迎。

谭云山根据自己在拉萨期间的观察，向南京国民政府报告了有关西藏现状，认为尽管噶厦中亲英、亲中央的官员都有，但目前亲中央的较多，十三世达赖喇嘛也确实有倾向中央与希望早日解决中央与西藏地方问题的意愿，建议国民政府在十三世达赖喇嘛在世期间尽早解决一应问题。

以上史实表明，此时十三世达赖喇嘛已彻底认清英国野心，承认西藏是中国的领土，真心希望祖国实现真正的和平统一。1930年8月，十三世达赖喇嘛在给国民政府驻藏办事处长官陆兴祺的一封信中表示承认藏汉一家，愿"恢复旧制，以副遵嘱"，并表示将派人参加蒙藏会议。

西藏地方代表参加国民会议

为遵循法制轨道，推进政权建设，国民政府决定按照现代选举制度的方式制定根本大法，并于1930年11月12日至18日召开中国国民党三届四中全会，决定于1931年召开国民会议。

根据1912年8月10日北洋政府颁布的《中华中国国会组织法》和1931年颁布的《国民会议代表选举施行法》《国民大会组织法》中关于西藏地方民众参加选举的办法和被选举议员直接参政的相关规定，西藏派出以贡觉仲尼为首的6名代表参加1931年5月17日中央政府召开的国民会议，十三世达赖喇嘛对西藏派出代表作为议员共商国是感到十分高兴，再次表示"承认中藏一家，恢复旧制"。在这次国民会议上，九世班禅额尔德尼也受蒋介石特邀派出正式代表参加。这是国民政府成立以后召开的第一次国民会议，也是西藏地方代表直接参与国家政务的具体体现。

这次国民会议制定的《"中华民国"训政时期约法》总纲第一条规定：西藏是"中华民国"的领土。贡觉仲尼作为联结西藏地方与中央的桥梁和纽带，之后还先后担任蒙藏委员会委员、常委，中央立法委员、中央执行委员等职。自此，西藏地方同祖国近20年的不正常关系告一段落。此后，西藏地方政府和班禅的行政机构堪布厅的代表，还参加了南京国民政府于1946年召开的国民大会。

第六章　驱逐中央官员事件
——分裂图谋未得逞

西藏近代史上曾发生过两次驱逐中央官员事件。一次是在清末民初，一次是在全国解放前夕。这两次事件虽然发生在不同时期，却有着共同的特点：事件发生时间均为中央政权交替时期；事件幕后怂恿者为帝国主义势力，是帝国主义觊觎西藏，意图趁中央政权尚未巩固时断绝西藏地方与中央的联系，将西藏从中国分裂出去的产物；事件本质为噶厦少数亲英分子意图背离中央的行为，且最终结果是分裂图谋均未得逞。

清朝末年的第一次驱中央官员事件

十三世达赖喇嘛在第一次出走期间，目睹了清政府日暮西山、摇摇欲坠的情景，进京觐见皇帝和慈禧的时候也没有获得直接向上奏事的权力，加之清末川边改革波及西藏，后清朝驻藏大臣张荫棠、联豫在藏改革，这些使十三世达赖喇嘛认为自己的政教地位受到了严重威胁。

为了使其藏事革新进展顺利，联豫奏请清政府派兵进藏。1908年，清政府命赵尔丰为驻藏办事大臣兼川滇边务大臣。为巩固中央的地位和权威，清政府在西藏设官驻兵。1910年，清政府任命钟颖为四川陆军第三十三混成协统兼四川陆军速成学堂总办，从四川陆军中挑选精兵2000人（一说1700人）组成三营统率入藏。

川军中"哥老会"成员多达95%，这些人往往遵会规，致使军纪废弛，而钟颖对此却放任自流。川军抵达拉萨第一天便发生兵乱，致使十三世达赖喇嘛第二次出走。十三世达赖喇嘛滞留印度噶伦堡期间，与英印政府相关人士深入接触，受到英国人的不断引诱和利用，加之是第二次出走，其达赖喇嘛名号被中央再次革除，十三世达赖喇嘛此时对英国人的态度开始发生转变，从最初的坚决抗英变成了开始依靠英国，并再次与中央疏离。

而驻藏大臣联豫刚愎自用，排除异己，克扣了驻藏川军的口粮，使得该军极为不满，川军大部分官兵与以联豫为首的一派官吏的矛盾一触即发。

1911年，湖南、湖北、广东、四川发生了轰轰烈烈的保路运动，此后武昌起义爆发。由于四川与西藏相邻，数日后消息传至西藏，驻藏川军先后以"勤王"和"大汉革命"为旗帜，发生兵乱。1911年11月23日，"哥老会"总公口郭元珍，联络联豫秘书何光燮，在军中鼓吹"在藏各路军队谓川乱不得回家，若能劫钦差，取库饷，以勤王为名，不但无罪，而且有功"，导致川军在拉萨发动兵变。此后，钟颖组织"勤王军"，以联豫为元帅，并以回川"勤王"为名，在拉萨大肆烧杀抢掠。同年11月28日，驻江孜的川军竖起"大汉革命"的旗帜，扬言将至拉萨，诛杀联豫、钟颖等人。1912年3月，拉萨兵乱逐渐演变为川军与藏军的冲突。此后，两军爆发多次战斗，中间签订两次合约。

1912年3月，钟颖率领的驻藏川军围攻色拉寺。在英国人的挑唆和怂恿下，十三世达赖喇嘛派遣达桑占堆率领藏军围攻驻藏川军及驻藏官员。双方苦战三个月，相持不下。1912年6月14日，民国政府电令四川总督尹昌衡、云南都督蔡锷率军西征，"迅拔得力军队，联合进藏，竭力镇抚"，在一定程度上震慑了西藏上层势力。此时，第二次出走的十三世达赖喇嘛自印度噶伦堡启程返回西藏。6月19日，尼泊尔驻藏官员在驻藏川军和藏军之间进行初步调停，但未得到结果。同年7月6日，川军和藏军之间再起冲突。7月30日，双方代表达成第一次合约，西藏地方在合约中规定"陆军全行退伍，由印度回国，其钦差、粮台、夷情各官，仍照旧驻藏"。但在英国人的唆使下，西藏地方政府要求已经成为民国驻藏办事长官的钟颖及其卫队必须离开拉萨。

尹昌衡、蔡锷军队联合进军西藏，使英国人意识到此举可能会影响到自己在藏利益，于是决定出面干涉。1912年8月17日，朱尔典备忘录出台，威胁称将以实力帮助西藏以及以承认"中华民国"为条件，意图阻挠尹昌衡进军西藏。袁世凯被迫接受了英国开出的条件，下令尹昌衡、蔡锷等停止进军西藏，试图通过和平的方式解决此次川军与藏军的冲突，并以此换来英国对其政权的支持。

由于英国人对民国政府的强行施压和对西藏地方的所谓"鼓励"，十三世达赖喇嘛于1912年9月21日下令向驻藏川军发起围剿。钟颖的卫队攻占了十三世达赖喇嘛父母的宅院，俘虏了十三世达赖喇嘛的家眷，以此作为讲和的条件之一。1912年11月6日，双方在尼泊尔驻藏代表的调停下，达成第二次议和协议。合约规定，"陆军出藏后，在藏汉人之生命财产需照常保护""钟长官及官兵、百姓等本月初八定行出藏，不得逗留，由印度迅速返回"。

1913年1月，十三世达赖喇嘛回到拉萨，并于藏历新年期间发布《水牛年文告》，并规定"苟其地居有汉人，固当驱除净尽，即其地未居汉人，亦必严为防守，总期西藏全境汉人绝迹，是为至要"。该公告中所说的"驱汉"，实际上当以驱中央驻藏官员和官兵理解。

自1912年3月川军与藏军发生冲突起，十三世达赖喇嘛在英国势力的唆使下，利用清末民初内地政局不稳，趁机发动驱逐清军的活动，并迅速扩展至江孜、日喀则、亚东等地，直到1913年4月钟颖被迫从靖西离开西藏，中央政府派驻西藏的官员和军队，也被逐出藏地，历时近一年的第一次驱逐中央官员事件才结束。

黎吉生导演下的驱逐中央官员事件

十三世达赖喇嘛圆寂后，西藏地方陷入权力之争，尽管时任摄政的热振呼图克图继承十三世达赖喇嘛遗志，竭力维护和改善西藏地方与中央关系，协助中央完成十三世达赖喇嘛后事及灵童寻访、认定、坐床事宜，曾一度稳定了西藏局势，但英国人及索康·旺钦格勒、夏格巴·旺秋德丹等亲英派利用谣言和热振活佛的信任，帮助达扎活佛骗取了摄政一职。加之，当时国民政府先后因抗日战争和解放战争的爆发而无暇顾及西藏地方，在支持热振复位问题上犹豫不决，于是达扎等已政权在握的亲英势力趁中央政权不稳，在英国人的帮助下于1947年策划了热振事件并杀害了热振活佛，同时噶厦及三大寺中的亲中央力量也遭受重创。此后，西藏亲英派操控了西藏地方政权，并与外国势力勾结，加紧了一系列的分裂活动。西藏地方与中央关系再次疏离。

1947年，泛亚洲会议在印度新德里召开，达扎及西藏地方设立的所谓"外交局"在英国人黎吉生的煽动授意下，认为这是趁国内政局不稳使西藏脱离中央的最佳时机，因此以"独立国家"名义派出以桑颇·才旺仁增、洛桑旺杰带领的所谓代表团赴印参会，并在会议上将"雪山狮子旗"作为所谓西藏的"国旗"悬挂在与会国的国旗中。此后，"藏独"便将"雪山狮子旗"作为其"独立"的标志物。当时尚在英国殖民统治下的印度对西藏以"独立国家"参加泛亚洲会议的行为心照不宣，默许将"雪山狮子旗"同其他亚洲国家的国旗并列，并在会场悬挂的亚洲地图上刻意将西藏从中国地图中抹去，中国代表团提出抗议后，印度方面才纠正人为的失误。

1947年底至1948年，为争取英、美等国对"西藏独立"的支持，在黎吉生的唆使下，噶厦派亲英分子孜本夏格巴·旺秋德丹率所谓"西藏商务代表团"出访印度、欧美等国。这个商务代表团明面上对外宣称"和外国建立直接商务联系""购买黄金作为西藏通货的准备金"，实际上是企图勾结美英及印度等国，为"独立"争取支持，意图通过非法外交行为向国际社会宣告"西藏是一个独立的国家"。尽管国民政府不同意该团去欧美"考察"，曾劝说该团不要出国，并拒绝给夏格巴等人发中华民国护照，但"西藏商务代表团"一意孤行，自制了"护照"。夏格巴等人佯装返回西藏，中英政府即送其外汇等厚礼，并特派飞机送至香港。"西藏商务代表团"到达中国香港后，私下与美国方面联系，由美国驻中国香港总领事签发护照后前往美国。

1948年，在南京召开的国民大会上，噶厦派出的西藏代表突然拒绝投票，声称自己是以"外宾"身份出席会议，将自己置身于中国公民之外。

历史上，每逢中央政权更替时期，西藏地方都一贯选择观望，待新的中央政权巩固下来后，再主动靠向新的中央政府。经过数年的抗日战争和解放战争，加之国民政府内部腐败分化，其在各地和国民中的权威几乎不存在。

1949年初，随着中国共产党领导的人民解放军一路南下，全国大部分省区已陆续解放，人民解放军迅速向西北、西南地区挺进。一直觊觎西藏、企图将西藏变为其附庸的英国，趁此加紧在拉萨活动，商务代表黎吉生在西藏地方上层四处游走，游说他们向联合国呼吁，妄想使"西藏独立"成为既成事实。而达扎、索康等人，一方面多年来受英国影响，确实有了"独立"的野心，另一方面也是因为英、美等国以及国民政府长期对中国共产党进行丑化宣传，达扎等西藏上层既得利益者担心共产党解放西藏后自己的地位和利益受损，趁国民政府没有精力顾及边疆事务之际，加快操控西藏地方政权脱离中央的步伐，从而实现其"西藏独立"的意图。

在黎吉生的策划、导演下，达扎等亲英势力假借抵抗共产党和解放军的名义，于1949年在拉萨制造了驱逐中央官员和内地在藏人员事件，意欲趁国民政府自身难保、无力管理西藏事务之机，中国人民解放军尚未到达西藏之时，断绝西藏地方与中央的联系，摆脱中央政府对西藏的主权，阻止人民解放军进入西藏，把西藏从祖国分裂出去，此次事件被称为"驱中央官员"事件。

1949年6月，为催促噶厦赶走驻藏办事处的人员，黎吉生对西藏"外交局"局长柳霞·土登塔巴和索康·旺钦格勒说，在拉萨有许多共产党的人，留他们在这里，将来就会充当内应，并编造了在拉萨的共产党人的名字和住址。柳霞被黎吉生煞有其事的话吓住了，赶紧向达扎汇报此事。得知此事后，达扎迅速召集全体噶伦以及相关重要官员举行秘密会议，一致认为国民政府大势已去，中国共产党必定会取得胜利并成立新的中央政府，也必将接替国民政府继续行使中央管辖西藏的权力。达扎等人为阻止共产党进入西藏，决定在解放战争尚未结束之前，驱逐所有中央派来的官员及其他进藏人员，不仅从日喀则调来代本用以搜查、驱赶在拉萨的中央办事人员，还召集僧人大搞咒术。

1949年7月8日，噶厦突然将蒙藏委员会驻藏办事处代处长陈锡章请到噶厦公所，以防止共产党混入西藏为借口，下令驱逐国民政府驻藏办事处全体官员以及在拉萨生活和从事其他职业的内地人，要求他们在两周内必须撤出西藏，不得以任何借口推迟。噶厦称"共产党和国民党内战激烈，国民党的军队和官员走到哪里，共产党就追到哪里，藏政府对贵处人员的安全，实在不敢负此重责。现在西藏民众大会（实系官员大会）决议：西藏政府对国民政府暂时断绝政治关系，而宗教关系还是存在的。请你转告其他机关准备于两星期后启程赴印。噶厦已派定一名乃兴（引导员）和一名代本（军官），带领军队妥为照料和护送至印度边境"。当陈锡章提出待电告国民政府后再予以回复时，却被告知办事处的所有电报邮件已被封锁。待陈锡章返回办事处，发现噶厦派来的藏军竟然已经以安全保护的名义，包围了办事处人员的住所，并将所有人员置于严密监视之下，同时封闭了办事处的电台，不准办事处与国民政府联系。随后噶厦又下令藏军包围了办事处下属的小学和测候所等。

次日，噶厦通过印度噶伦堡的电台，向国民政府代总统李宗仁发去驱逐办事处全体人员的决定，称此举"为防止赤化的必要措施，决定请彼等及其眷属立即准备离藏内返"，希望国民政府予以适当谅解，勿因此事而误会。获悉此事后，国民政府"行政院"院长阎锡山立即致电达扎及噶厦，要他们通知中央驻藏人员全体撤退并返回，并勒令噶厦撤回驱逐办事处工作人员的决定，尽早恢复西藏地方与中央的关系。然而噶厦对中央来电并未予以理会，此时早已得到噶厦撤退命令的西藏地方驻南京办事处人员已抵达噶伦堡。

7月11日、17日、20日，蒙藏委员会驻藏办事处的全体人员和其他国民政府人员、家眷以及部分在拉萨的汉族商人、手工业者共计200多人，在藏军所谓的"护送"下，分三批被迫离开拉萨，经亚东出境，抵达印度，经海路返回。那些"共产党汉人"嫌疑人员，依照秘密提供的名单被一一拘留。与此同时，噶厦还向西藏昌都发去电报，令昌都总管派兵以"护送"的名义，将蒙藏委员会驻昌都办事处的官员左仁极、傅师仲等人驱逐出西藏管辖范围。

在这次驱中央官员事件中，为了避免噶厦在舆论中陷于被动并为所谓的"西藏独立"造势，英、美等国无线广播电台为其摇旗呐喊。美国合众社电讯："西藏利用国民党的行将崩溃，完全可能脱离中国政府。"英国通讯社专稿："英国从来未承认西藏是中国一部分并受中国管辖的说法。"而长期策划"西藏独立"的英国人黎吉生更是特意将拉萨原有的通讯电台改为了

"西藏广播电台",昼夜用藏、汉、英三种语言向外界宣传,鼓吹"西藏与中国历来只有宗教关系,不存在主权归属",并利用"无神论"与宗教信仰在意识形态上的差别,妖魔化中国共产党,称"解放军有违背神的意愿,与西藏政教水火不容",从而达到煽动西藏僧俗对中国共产党和解放军心生恐惧感和敌对情绪的目的,对解放军"坚决进行武装抵抗"。

西藏地方上层少数亲英分子在这次驱中央官员事件中,以"遣走一切可疑的共产党秘密工作人员"为借口,驱逐了所有国民政府驻拉萨办事处人员和其他一些在西藏的汉人,"西藏独立"的论调一时间甚嚣尘上。对此,新华社和《人民日报》于1949年9月3日和7日分别发表社论,彻底揭露了驱中央官员事件的真相,对西藏当局及其西方支持者进行了强烈谴责。新华社社论严正指出,"西藏地方当权者驱逼汉族人民及国民党驻藏人员的事件,是在英美帝国主义及其追随者印度尼赫鲁政府的策划下发动的","中国共产党所领导的四百余万的中国人民解放军必须解放中国各民族,即不但解放汉族人民,而且解放中国境内各少数民族人民……中国人民解放军必须解放包括西藏、新疆、海南岛、台湾在内的中国全部领土,不容有一寸土地留在中华人民共和国的统治以外",《人民日报》社论号召西藏人民团结起来,指出了这次驱中央官员事件背后英美等帝国主义及西藏地方上层少数分裂分子的真实意图,西藏解放已刻不容缓。

第七章　拉萨解放
——人民获得新生

进入近代以来，因清中央的软弱和自顾不暇，以及双方实力悬殊，西藏地方被迫沦为英国的半殖民地。中华人民共和国成立后，西藏政教合一的封建农奴制已严重阻碍西藏生产力的发展，解放西藏势在必行。随着中国人民解放军进军西藏，通过昌都战役，以打促和，中央人民政府与西藏地方于1951年5月23日签订"十七条协议"，西藏得以和平解放。1951年，中国人民解放军进驻拉萨，人民获得新生。

解放西藏刻不容缓

1949年10月1日，中华人民共和国正式成立。当日，十世班禅额尔德尼·确吉坚赞从青海致电毛泽东主席和朱德总司令，"中央人民政府成立，凡有血气，同声鼓舞。今后人民之康乐可期，国家之复兴有望。西藏解放，指日可待。班禅谨代表全藏人民，向钧座致无上崇高之敬意，并矢拥护爱戴之忱"。

同年11月23日，毛泽东主席指示彭德怀、贺龙、习仲勋、刘伯承和邓小平等同志，责成西北局担负解放西藏的主要责任，"西藏问题的解决应争取于明年秋季或冬季完成之。就现在情况来看，应责成西北局担负主要的责任，西南局则担任第二位的责任……解决西藏问题不出兵是不可能的，出兵当然不只有西北一路，还要有西南一路"。当日，毛泽东主席、朱德总司令复电班禅额尔德尼，"西藏人民是爱祖国而反对外国侵略的，他们不满意国民党反动政府的政策，而愿意成为统一的富强的各民族平等合作的中华人民

共和国大家庭的一分子，中央人民政府和中国人民解放军必能满足西藏人民的这个愿望。希望先生和全西藏爱国人士一致努力，为西藏的解放和汉藏人民的团结而奋斗"。同年12月，毛泽东主席在赴苏联访问途中，给中共中央写了一封信，信的大意是，印、美都在打西藏的主意，解放西藏的问题要下决心了，进军西藏宜早不宜迟。

实际上，为了实现全国统一，中国人民解放军一方面做好了向西藏进军的准备，另一方面也力争西藏的和平解放。对此，中共中央早就有了明确的态度。在1949年3月召开的中共七届二中全会上，毛泽东同志就提出争取以北平和绥远方式解决尚待解放的各地问题。1950年1月18日，朱德在政务院西藏问题讨论会上讲到，"西藏问题最好采取政治解决的办法"，不得已时才用兵。

西藏上层亲英分裂势力的垂死挣扎

党中央的号召得到了西藏广大人民的响应。与此同时，西藏地方政府中一部分分裂势力在帝国主义分子的策划和挑唆下，加紧了"西藏独立"的策划活动，在分裂的道路上越滑越远。美国间谍进入西藏秘密活动。西藏当局向美国要求提供"十亿美元"的"援助"和给予第二次世界大战使用的武器。第一批美国武器经印度加尔各答运到了拉萨，藏军司令亲自带人到江孜印度兵营接受训练。

同时噶厦少数上层图谋"西藏独立"者还组织了一个所谓的"亲善使团"，计划前往英、美、印等国，进行所谓的"友好访问"。1950年1月，美国合众社向世界发出电讯："西藏将派出亲善使团分赴英、美、印和北京表示独立。"对这种分裂和背叛祖国的活动，中国政府予以了严正驳斥，并敦促西藏当局派代表前来北京谈判和平解放西藏的问题。1月20日，新华社发表中央人民政府外交部发言人的谈话，严正指出西藏是中国神圣领土的事实，声明西藏无权擅派任何使团，更无权表示所谓的"独立"，指责西藏当局的"外交活动"是叛国。由于双方对历史和现实的理解完全不同，军事冲突无可避免。

同年1月31日，班禅堪布会议厅再一次代表西藏爱国人民致电中央人民政府："倾闻西藏拉萨反动当局，以'亲善代表团'名义，派遣非法代表，赴英、美等国活动，表示西藏'独立'，企图勾结帝国主义，反抗人民政府，以达其脱离祖国、出卖西藏的阴谋。西藏系中国领土，为世界所公认，全藏人民亦自认为中华民族之一。今拉萨当局此种举动，实为破坏国家领土主权完整，违背西藏人民意志。谨代表西藏人民，恭请速发义师，解放西藏，肃清反动分子，驱逐在藏帝国主义势力，巩固西藏国防，解放西藏人民。本厅誓师西藏爱国人民，唤起西藏人民配合解放军，为效忠人民祖国奋斗到底。"

十八军受命进藏和以打促和的昌都战役

驱逐帝国主义在西藏的势力，解放西藏人民，已刻不容缓。根据1950年1月2日毛泽东主席做出的改由西南局担负进军及经营西藏的任务，西南局研究提议由该局二野十八军担任入藏任务并得到了毛泽东主席的同意。1950年2月，军长张国华在一次部队动员讲话中说："如果西藏真被帝国主义分割出去，我们的西南边防后退到金沙江，恐怕我们在四川也坐不安稳吧！"同年3月4日，中国人民解放军西南局第十八军受命进军西藏，在四川乐山举行了进军西藏誓师大会，张国华军长、谭冠三政委在誓师大会上发出铿锵誓言：不管有多大艰难险阻，不惜献出一切乃至生命，誓死完成进军任务。全体官兵们也誓言铮铮："坚决把五星红旗插上喜马拉雅山，让幸福的花朵开遍全西藏！""英雄踏破千里雪，浩气惊碎敌人胆。"1950年3月29日，进藏大军吹响了进军号角。全体将士庄严宣誓，英雄的十八军先辈们，以人均30至50公斤的负重，徒步行进在千难万险的征途上。按照中央指示，西南局还成立了中共西藏工作委员会，张国华为书记，谭冠三为副书记，王其梅、昌炳桂、陈明义、刘振国、天宝为委员，负责西藏工作。

为了和平解放西藏，中央人民政府和人民解放军采取了一系列措施，包括解放军甘孜先遣部队致信昌都军政总管，表达和平解决西藏问题的真诚愿望等。1950年5月1日，中央人民政府表示："人民解放军当年的任务之一就是解放西藏。"同时，传到昌都的情报说，人民解放军已经进抵中央人民政府控制的康区与西藏地方控制的康区的交界处——金沙江西岸。5月22日，中央人民政府号召西藏政府和人民接受西藏和平解放的方案，并强调："西藏是中国的一部分，西藏当局既不能阻止人民解放军进藏，也不可能指望从英国或美国那里得到外援。"

然而，西藏地方当局为维护封建农奴制度，对中央人民政府的种种和平努力置之不理，拒绝和平解放西藏，并反其道而行之。他们一方面寻找借口，拖延和谈代表前往北京的时间，一方面扩充兵力、训练官兵、购买武器弹药、调兵遣将，将其总兵力的三分之二约10个代本（相当于团）部署于昌都市，以金沙江为防线，企图阻止人民解放军进军西藏。1950年10月6日，在西藏地方当局拒绝和谈并以武力对抗的形势下，遵照党中央指示，西南军区下达昌都战役命令，以消灭藏军主力，扫除和平解放西藏的障碍。当日，中国人民解放军西南军区第十八军一部及其他部队共6个团的兵力，迅速于邓柯、德格、巴塘横渡金沙江，发起昌都战役。这场战役历时19天，先后打了20多仗，共歼灭藏军5700多人，计有5个代本全部，3个代本大部；促使1个代本起义；共俘代本以上高级官员20多名，俘获在藏军中服务的英国人福特、柏尔及印度人2名。这次战役中，中国人民解放军消灭了藏军主力，解放了昌都，从而打击了西藏上层反动势力，促进了西藏爱国力量的发展，打开了进军西藏的大门。昌都战役不是为战而战，也不是只为消灭藏军和解放昌都而战，是为和谈而战，打下了和平解放西藏的基础。

昌都战役后，为了避免西藏境内的恐慌和动乱，拉萨当局决定封锁消息。然而，昌都战役失败的消息还是传到了拉萨，西藏地方上层一片混乱，发生了分化，摄政达扎不体面地下台，达赖喇嘛提前亲政。

"十七条协议"签订与人民解放军进驻拉萨

1951年2月，西藏噶厦派出以阿沛·阿旺晋美为首的全权代表团一行五人到达北京，与中央人民政府进行谈判。1951年5月23日，《中央人民政府和西藏地方政府关于和平解放西藏办法的协议》（以下简称《协议》）在北京中南海勤政殿举行了签字仪式。签字仪式由中央人民政府副主席朱德、李济深，中央人民政府委员、政务院副总理陈云主持。因该协议共有十七条条文，又通称为"十七条协议"。1951年10月24日，十四世达赖喇嘛通电北京，表示拥护"十七条协议"。

"十七条协议签订"后，毛泽东主席于1951年5月25日发布了进军训令，此后解放军开始向拉萨和平挺进，进驻拉萨等国防要地。经过充分准备，1951年7月25日，十八军首先派出一支以王其梅为司令员兼政治委员，陈竞波为参谋长，林亮为政治部主任，并配有部分专门从事统战、公安、外事工作的干部共约400人的队伍，作为人民解放军入藏的先遣队。先遣队的任务是先行进入拉萨，并了解沿途情况，向西藏人民宣传和平解放西藏的意义。

1951年9月9日，人民解放军西南局第十八军先遣队400多人，经过50多天异常艰苦的行军，翻越了千山万水，终于在人民的夹道欢迎中进抵拉萨，成为第一支进驻拉萨的人民解放军部队，并举行了进入拉萨城的入城仪式，受到拉萨各界群众的热烈欢迎。当人民解放军进抵距拉萨城10里的拉萨河边时，拉萨城内的人民都迫不可待地成群结队跑到河滩解放军的帐篷前参观。他们认真地观察指挥员和战斗员们的一切举动，端详着战士帽子上的"八一"帽徽，甚至连战士们吃饭洗脸时也都好奇地围着看。他们要看看毛主席的队伍到底是什么样子。当日清晨，西藏地方政府在郊区设立了欢迎站，搭起了巨大的白色帐篷，身着红黄色锦袍的噶伦及以下几十名官员和穿着红色服装的三大喇嘛寺代表前往迎候。当整齐雄壮的部队进入城内时，西藏地方政府的官员及三大寺的代表立即向解放军王其梅司令员敬献了哈达。当部队通过八廓街时，战士们唱起歌曲《东方红》，街旁的人群中有人也用藏语与战士们合唱起来。在昌都解放后，拉萨人民就学会了这首歌颂领袖的歌。拉萨百姓们都称赞说，从来没有见到这样整齐雄壮、纪律严明的队伍。

在先遣队向拉萨进军的同时，十八军军长张国华将军、政治委员谭冠三将军率军直机关、警卫营于1951年8月28日从昌都出发，向拉萨进军。战士们每人负重三四十公斤，先后翻越10座雪山，穿越原始森林和沼泽地区。同年10月26日，按照西藏噶厦选定的"黄道吉日"，人民解放军进藏部队在张国华、谭冠三两位将军的率领下，根据《协议》规定，胜利进抵拉萨，总行程1200多千米。在整个进军过程中，解放军官兵纪律严明，不拿藏族群众一针一线，并帮助百姓生产生活；解放军官兵尊重当地藏族群众的宗教信仰、风俗习惯，保护寺庙、宗教建筑和宗教界人士。无论在怎样恶劣的气候条件下，解放军官兵从来不进寺庙、不住民房。战士们饿了，几个人分一碗炒面、喝点雪水，从未向群众征一点儿粮。解放军官兵用自己的一言一行，赢得了藏族群众的信任和支持。然而在解放军抵达拉萨时却并非一片和谐，一些不甘心失败的贵族上层人物暗中组织了一些分裂分子，混在群众中间捣乱，从沿途楼上将石头丢进解放军行进行列，甚至还有人吐口水。分列两旁欢迎人民解放军的藏军队伍中，一些士兵故意把下垂的刺刀往前伸，暗中去刺解放军战士的脚，有的战士绑腿被划出了口子。入城官兵强忍着极少数人的挑衅和侮辱，一个个咬紧牙关，依旧昂首挺胸，大步迈入了会场。拉萨各界人民两万余人对解放军表示了热烈欢迎，并于当日举行盛大集会，热烈欢迎张、谭两位将军及全体指战员。

当部队入城时，西藏地方政府噶伦以下重要僧俗官员均前往东郊搭设帐篷迎候，并举行隆重仪式以示欢迎。进藏先遣部队和西藏地方军队亦到郊区列队欢迎。中央人民政府代表张经武将军和张国华、谭冠三诸将军，以及西藏地方政府6位噶伦和代理噶伦，在郊外检阅了进藏部队。

翻越千山万水、饱经高原风雪的指战员，个个精神饱满，雄壮地通过检阅台前，走向欢迎大会会场。会场四周五星红旗招展，红旗下面悬挂着中央人民政府各领袖的肖像，领袖像下面横张着巨幅标语，标语上写着，"坚决实现和平协议，建设西藏，巩固国防"；"拥护与支援中国各民族人民的军队——中国人民解放军"；"西藏人民团结起来驱逐帝国主义侵略势力出西藏"。

大会主席团由西藏地方政府噶伦拉鲁、热噶夏、阿沛等重要官员和三大寺代表，以及人民解放军进藏先遣部队王其梅司令员等31人组成。大会主席噶伦拉鲁代表各界人民向进藏部队指战员致以亲切慰问，并指出欢迎人民解放军进入西藏保护西藏人民的重大意义。拉鲁在欢迎词中说道："在西藏，过去来过皇帝的军队、英国的军队、国民党的军队，我们都未欢迎过。这次来的解放军是人民的军队，所以，我们才进行了欢迎。"接着，西藏地方政府代表噶伦阿沛讲话，希望西藏人民团结起来，在中央人民政府领导下，坚决执行和平解放西藏协议，支援人民解放军，将帝国主义侵略势力驱逐出西藏，巩固祖国国防。随后中央人民政府代表张经武将军讲话，他号召西藏僧俗人民认真彻底执行协议，支援人民解放军进藏部队，巩固国防。进藏部队要进行生产，战胜一切苦难。西藏地方部队要和人民解放军进藏部队亲密团结起来，在张国华、谭冠三两位将军统一领导下，积极完成巩固国防的重大任务，并逐步改编为人民解放军。

人民解放军进藏部队司令员张国华、政治委员谭冠三两位将军在讲话中都说明，进藏部队与工作人员进入西藏是为了坚决执行协议、团结西藏僧俗人民、建设西藏、巩固祖国国防。两位将军指出：帝国主义者虽然仍将施展破坏汉、藏两民族团结的新阴谋，但帝国主义分子在人民解放军的面前，任何阴谋必将遭遇新的失败。

第八章　达赖班禅言和
——开创团结新局面

由于英国的挑唆以及清政府驻藏官员的昏庸，一直互为师徒的达赖喇嘛、班禅额尔德尼世系于20世纪初失和，九世班禅额尔德尼远走内地，直至圆寂，仍未能返藏。两大世系的团结有助于西藏的安宁，尽管民国时期中央政府曾为此做出努力，但始终未能促成双方实现真正和解。中央人民政府将达赖喇嘛、班禅两大世系和解，共同建设西藏，作为"十七条协议"重要内容之一，并最终促成双方和解，开创了西藏地方团结新局面。

达赖喇嘛、班禅额尔德尼在英国人挑唆下失和

清朝顺治帝于1653年册封五世达赖喇嘛罗桑嘉措为"西天大善自在佛所领天下释教普通瓦赤喇怛喇达赖喇嘛"，颁赐金册、金印。1713年，清康熙帝册封五世班禅罗桑益喜为"班禅额尔德尼"，并赐金册、金印。清朝中央政府责成达赖喇嘛和班禅共同执掌西藏地区的宗教、行政事务。达赖喇嘛世系常驻布达拉宫，班禅世系常驻扎什伦布寺，班禅的辖区是后藏地区，余则统归达赖喇嘛管辖。清朝中央政府在政治、宗教、经济上都是把达赖喇嘛和班禅置于互不隶属的平等地位。自清雍正、乾隆以来，班禅世系及其堪厅一向归驻藏大臣直接领导，和噶厦处于平等地位。

长期以来，达赖喇嘛和班禅额尔德尼世系互为师徒。辛亥革命后，驻藏大臣被赶走。在英帝国主义者和英印政府的支持下，达赖喇嘛世系的势力日渐嚣张。1920年，噶厦强迫扎什伦布寺方面服从十三世达赖喇嘛的统治，并向九世班禅辖区派粮派款、征兵征税，而扎什伦布寺方面依过去旧例，不愿

有任何负担，双方发生了尖锐的斗争。1920年10月，为征收羊毛、牛尾、羊皮和食盐税收问题，扎什伦布寺派一代表团前去拉萨，与噶厦谈判，要求免征，噶厦予以拒绝，扎什伦布寺方面请求英国人出面调停也遭拒绝，达赖喇嘛、班禅世系关系更趋恶化。九世班禅知难相容，遂于民国十二年（1923）11月15日夜晚，带领侍从向北出走，一直向藏北羌塘前进，从那里翻过唐古拉山脉，进入青海境内。从此，九世班禅辗转于国内各地长达十四年之久。十三世达赖喇嘛乘机收走班禅世系在后藏的管辖权，统一于噶厦之下，委派古觉大堪布罗桑丹增为扎什伦布寺喇嘛，代替班禅，管理政教事务。可以说，达赖喇嘛和班禅世系之间失和，是帝国主义势力入侵西藏的结果，正是因为英帝国主义的强烈干涉，不断诱骗、挑唆，一手制造了两大活佛之间的矛盾，才使得双方关系日趋紧张，直至民国初期，两大活佛之间矛盾的爆发。

九世班禅出走后，也曾要求返回西藏，希望借助祖国的力量回到西藏，尤其是想得到中央政府的保证，不再遭受来自达赖喇嘛世系的迫害，但由于当时正值南北军阀混战，北洋政府无力解决西藏问题。国民政府于1927年成立后，达赖喇嘛世系和班禅世系相继在南京设立办事处。九世班禅大师于1930年向中央陈述出走经过及感触，并提出希望中央政府助其返回拉萨。1932年12月，国民政府正式任九世班禅为"西陲宣化使"。此后，九世班禅派代表携其致十三世达赖喇嘛的亲笔函，取道海路经印度前往西藏，向十三世达赖喇嘛交涉九世班禅返藏问题，得到后者的允许。遗憾的是，十三世达赖喇嘛于1933年突然圆寂，因此直至1936年底九世班禅大师回藏日程才正式启动。

尽管国民政府做出多种努力，但由于达赖喇嘛世系和班禅世系和好如初、共同执掌西藏地区政教事务，不符合英帝国主义的利益，因而直至九世班禅大师抱憾圆寂，也未能回到西藏。1936年，国民政府派员带卫队护送班禅回藏，噶厦采取的态度是：一面派人欢迎；一面宣布不让班禅带一个汉官汉兵入藏。1936年12月18日，班禅进抵青海玉树，噶厦在英帝国主义指使下，极力阻止，适逢抗战爆发、平津失陷，国民政府顾不上经营西藏，遂下令班禅一行停止入藏。连日奔波的九世班禅因回藏事宜受阻，忧劳成疾，原

定启程返回西康的计划也因此不得不推迟。1937年12月1日,九世班禅额尔德尼圆寂于青海玉树寺拉加颇章宫中,享年54岁。1941年2月4日,九世班禅灵柩运回后藏,在扎什伦布寺建宝塔供养。

经中央政府批准,5岁的拉木登珠被认定为十三世达赖喇嘛转世灵童,并于1940年2月在布达拉宫进行坐床典礼,继任为十四世达赖喇嘛。贡布慈丹于1949年6月经"中华民国"政府正式批准,认定为九世班禅的转世灵童。同年8月10日,在国民政府蒙藏委员会委员长关吉玉主持下,贡布慈丹在青海塔尔寺举行坐床典礼,继任为十世班禅额尔德尼。

十世班禅返藏和拉萨伪"人民会议"事件

达赖喇嘛、班禅额尔德尼两大活佛世系和解,共同建设西藏,是《中央人民政府和西藏地方政府关于和平解放西藏办法的协议》即"十七条协议"重要内容之一。达赖喇嘛与班禅关系和解在"十七条协议"中得到明确,也正因为"十七条协议"的签订,十世班禅才得以返回日喀则。这是过去北洋政府和国民政府曾经努力过,却一直未能完成的。

1949年10月1日,中华人民共和国成立,十世班禅额尔德尼致电毛泽东主席和朱德总司令,欢呼中华人民共和国的诞生,满腔热情地表示对中国共产党的"拥护爱戴之忱",拥护中国共产党废除民族压迫制度,实行民族平等的政策,坚信在中国共产党的领导下"西藏解放,指日可待"。毛泽东主席和朱德总司令复电勉慰班禅大师,希望大师和西藏爱国人士一致努力,为西藏的解放和汉藏民族的团结而奋斗。1950年6月,十世班禅派其堪厅代表计晋美等专程到西安见彭德怀,提出有关解放西藏办法的建议。为顺利促成班禅和达赖喇嘛两大世系和解、西藏内部团结以及十世班禅返藏等相关事宜,西北局于1951年4月批准正式成立了驻班禅行辕代表办公室,代表范明,副代表牙含章,办公室秘书长李仲西,主要工作对象是班禅堪布会议厅、班禅警卫营、医疗队、文工队。同年6月7日,西北局正式任命范明为西北西藏工作委员会书记。7月,班禅行辕入藏工作委员会成立,计晋美任主任委员，纳旺金巴任副主任委员，编入十八军独立支队的行军序列。8月1日，中央复电同意范明率十八军独立支队及西北工作人员进藏后，牙含章继续留班禅处工作，班禅行辕可派少数人员随范明先行入藏，西北局应注意对班禅处工作的领导。这样，驻班禅处代表如同班禅人员一样，分成了两部分。范明率十八军独立支队进军西藏，计晋美率领班禅堪厅先遣队随行，牙含章则留守西宁，一面积极准备班禅及其主要人员入藏各种事宜，一面等候中央指示班禅返藏日期。

1951年5月23日，中央人民政府和西藏地方政府在北京签订了"十七条协议"，其中第五条写道："班禅额尔德尼的固有地位及职权，应予维持。"第六条写道："达赖喇嘛和班禅额尔德尼的固有地位及职权，系指十三世达赖喇嘛与九世班禅额尔德尼彼此和好相处时的地位和职权。"协议规定的解决办法合情合理，互谅互让，弃捐旧恶，在新的基础上重新团结起来，完全符合西藏广大僧俗人民的愿望。"十七条协议"签订的次日下午，十世班禅率其堪厅主要官员向毛主席和中央人民政府致敬。5月28日，十世班禅及堪厅人员发表声明，称"十七条协议"的签订"宣告了帝国主义对于西藏侵略的失败，西藏民族与中国各民族团结起来，西藏民族内部团结起来，从此西藏民族开始了自己历史的新纪元"，声明中还对十四世达赖喇嘛响应中央号召，派代表来京和谈并签订协议的举动表示"深为敬重"。在此期间，十世班禅还致电十四世达赖喇嘛，"愿竭绵薄"和达赖喇嘛"精诚团结"，协助他和西藏地方政府彻底实行和平解放西藏的协议。

"十七条协议"签订后，就班禅入藏时机问题，中央指示待达赖喇嘛表示欢迎后，再行入藏为宜，以利更好地贯彻协议和促进西藏内部的团结。1951年9月19日，十四世达赖喇嘛通过张经武从拉萨亲自致电十世班禅，欢迎他早日启程返藏回寺，提出在其进入西藏后噶厦将派藏军予以保护，并令沿途各地派乌拉做好运输工作。

1951年12月15日，十世班禅自青海西宁返藏前夕，西北局书记、西北军政委员会副主席习仲勋受中央委托，代表毛泽东主席、中央人民政府和西北军政委员会，由西安专程前往西宁为十世班禅送行。十世班禅在欢迎习仲勋的欢迎会上说："如果没有中国共产党和毛主席的正确领导，与中国各兄弟

民族的热诚帮助，西藏和平解放是根本不可能的，我们返回西藏亦是不可能的。因此，我们说中国共产党和毛主席是西藏人民的大救星，是我们的大恩人。我们只有跟着共产党和毛主席走，只有同祖国各兄弟民族紧密地团结起来，我们西藏民族才能得到彻底的解放，别的道路是没有的。"会后，习仲勋在十世班禅的驻地同他进行了亲切的谈话，习仲勋劝他回西藏后不要急，要照顾全局，首先要搞好藏族内部的团结，这样西藏各方面的工作才有希望。

1951年12月19日，青海各界在西宁城外，举办了隆重的欢送十世班禅启程返藏大会。习仲勋和青海省政府、省军区领导人，塔尔寺的喇嘛与西宁市汉、回各族各界市民共约10000人参加了大会。十世班禅和堪布会议厅的全体僧俗官员在牙含章等人的护送下，从西宁乘汽车出发，经过日月山、青海湖到了香日德。次年，当十世班禅返藏队伍一行到达西藏北部黑河时，正赶上拉萨的亲帝国主义分裂势力闹事。

"十七条协议"签订后，西藏上层统治集团急剧分化，拥护"十七条协议"的爱国上层人士仍为少数；中坚力量对《协议》有待于进一步理解，对人民解放军的到来尚有顾虑，摇摆于内向与外向之间，谨慎地观望事态发展；分裂主义势力虽受到沉重打击，但力量还很强大，并不甘心失败，他们在帝国主义的支持与策划下，拒绝"十七条协议"，千方百计想要困死、饿跑入藏的人民解放军。1952年1月13日，司曹鲁康娃、洛桑扎西等分裂主义分子不情愿执行"十七条协议"的具体事宜和支援驻藏部队的工作，召集西藏地方政府的官员在原西藏"外交局"二楼开会，会上作出了"采取武装行动，把解放军赶跑"的决定，随后就出现了所谓的"西藏人民会议"这一伪组织。

1952年2月15日，张国华将军在西藏军区成立后的首次办公会议上，提出了近期的三项任务：一是继续向边防要地亚东等地进军；在主要地区建立军分区。二是进行生产建设，争取1953年秋后实现粮食自给。三是逐步改编西藏地方部队为人民解放军。第一步，先在藏军中进行"十七条协议"的教育，开始悬挂国旗，学习使用解放军的军事口令，参加"五一""八一""十一"等国家规定的纪念日的集会；开办藏族军事干部培训班，吸收优秀军官及藏族优秀子弟参加训练；在军区司令部下设参事室，以王其梅为主任，藏军正副司令凯墨和噶章为副主任，选一批藏族人士任高级参议。改编后不愿继续供职和不适宜供职的藏军军官以及参加过昌都战役的军官无现职者，均予以妥善安置。这三项任务得到了包括阿沛·阿旺晋美、饶噶夏两位藏族副司令员在内的所有到会人员的赞同。同年2月18日，张经武、张国华、谭冠三、范明等领导人在召开的司曹、噶伦联席会议上，就军区今后的上述任务征询意见，并请给予协助。鲁康娃、洛桑扎西两位司曹对军队生产表示愿意协助外，对设立军分区、对在藏军中进行"十七条协议"的教育和悬挂国旗等提议均持反对态度。鲁康娃等人把藏军武装视为命根子，绝不容许有任何改编和触动，提出"藏军在昌都地区（今昌都市）被打得头破血流，现在血迹未干，仇恨在心，不能进行教育"，甚至在会上大发"西藏独立"谬论，说西藏有自己的"国旗"（即"雪山狮子旗"，实际只是藏军军旗），并在"泛亚洲会议"上悬挂过，更明目张胆地否定"十七条协议"中关于"西藏人民回到中华人民共和国祖国大家庭中来"这最根本的一条。随后，伪"人民会议"100多人在甲热林卡开会，通过请愿书，将请愿日期定在藏历二月六日（3月31日），决定在那天向汉藏官员呈6个条件的呈文（其根本用意是让解放军撤出西藏），若呈文生效最好，如不生效，则定要坚持下去。这次集会还发出了"给哲蚌等寺庙的邀请书和给各界人士信"。同年3月31日，伪"人民会议"分子千余人包围了中央代表张经武在拉萨的驻地，要求人民解放军退出西藏。司曹鲁康娃、洛桑扎西下令拉萨附近几个宗的藏族群众，不准出卖粮食与燃料给解放军。

为安全起见，西藏工委来电要十世班禅一行暂在黑河停留，不要前进，同时要提高警惕，严防当地坏人袭击班禅。班禅对西藏发生的政治事件非常关心，完全同意西藏工委提出的建议，对伪"人民会议"的反动行为表示愤慨。他发电给达赖喇嘛，一方面表示拥护达赖喇嘛，另一方面谴责了伪"人民会议"的骚乱行为。班禅一行在黑河停留约一个月，没有发生任何意外。

张经武根据中央指示精神，又接连给达赖喇嘛写了两封信，敦促他下令制止骚乱，追查幕后策划者，将两个司曹鲁康娃和洛桑扎西撤职查办。4月27日，十四世达赖喇嘛终于下令，撤去鲁康娃等两司曹职务。随着两司曹的

撤职，形成了达赖喇嘛直接领导噶厦的格局。在中央代表的督促下，噶厦又拘捕了50多名伪"人民会议"分子。5月1日，军区和噶厦联合发出布告，宣布伪"人民会议"为非法组织，予以取缔。拉萨伪"人民会议"事件得到和平解决，西藏政治形势趋于缓和。

达赖喇嘛、班禅两大世系言和

1952年4月15日，十世班禅一行从黑河启程前往拉萨。黑河僧俗各界在市郊搭起欢送帐篷，一如来时，黑河寺的活佛、总管、宗本等官员都来给班禅献了哈达，第五团的藏军一直护送十世班禅到拉萨。4月24日，十世班禅一行经过四个月的长途跋涉抵达拉萨东郊的吉日。西藏工委副书记范明、军区参谋长李觉、堪布会议厅扎萨计晋美等从拉萨前来看望班禅，并同堪布会议厅的官员共同讨论有关班禅进入拉萨的一系列问题，特别是十世班禅与十四世达赖喇嘛见面时的仪式程序，以及座位的高低等问题。经过中央代表张经武从中协调，最后达成了双方都能接受的安排。

1952年4月28日，十世班禅额尔德尼一行平安到达拉萨，受到了中央和西藏军政民各界人士的欢迎。噶厦在拉萨市东郊搭了欢迎帐篷，由首席噶伦然巴带领全体噶伦还有西藏地方政府四品以上的僧俗官员向班禅献哈达。十世班禅坐在一个高床上，给每个官员都摸了顶。随后，拉萨三大寺僧众在甘丹赤巴的带领下，向班禅献了哈达，班禅也向他们赠了哈达。中央代表张经武和西藏军区司令员张国华、政委谭冠三、副政委范明等另搭一个欢迎帐篷，也按藏族礼节向班禅献了哈达，班禅也回赠了哈达。当天西藏地方政府出动了藏军1000多人参加欢迎仪式。布达拉宫出动了古典仪仗队骑马出来欢迎。拉萨市民众则按藏族的礼节，家家户户在门口用白灰画了吉祥的图案，不仅有煨桑，而且在房顶上换上了新制的经幡。男女老幼穿了新装，在班禅经过的道路两旁磕头，表示崇敬和虔诚。十世班禅则坐在由噶厦准备的八人抬的黄色轿子里，一直到大昭寺，住在历代班禅来拉萨时居住过的门楼上面。

当天下午，十世班禅在布达拉宫与十四世达赖喇嘛做了具有历史意义的会谈。这是自九世班禅与十三世达赖喇嘛失和后，历经29年才由十四世达赖喇嘛与十世班禅实现了两大活佛的会面，在西藏民族内部大团结的道路上迈出了重要一步。

十世班禅在拉萨停留期间，由噶厦和堪布会议厅各派出代表3人，举行谈判，以便明确恢复班禅的固有地位与职权问题。这是1951年中央人民政府与西藏地方政府的代表在北京进行和平解放西藏的谈判时，原则上达成的协议。而由下而上要具体解决恢复班禅的地位与职权，究竟有哪些内容，仍待具体落实。解决这个问题的前提是先要明确九世班禅与十三世达赖喇嘛和好时期的界限。两大世系均查阅了历史档案，一致认为，以藏历第十五饶迥的火鸡年，即清光绪二十三年（1897）为"彼此和好相处"时的界限。这个问题明确后，其他的问题就都比较容易解决了。随后，在解放军的护送和首席噶伦然巴·土登滚钦的陪同下，十世班禅于同年6月9日启程离开拉萨返回扎什伦布寺。

1954年，十四世达赖喇嘛和十世班禅大师共同前往北京出席全国人民代表大会。为彻底解决两大世系之间的矛盾和隔阂，他们在京期间，毛泽东主席做出专门指示："要达到西藏内部的真正团结，必须以互相信任、互相尊重、互相谅解的精神，来彻底处理未解决的问题。"对此，十四世达赖喇嘛和十世班禅额尔德尼两大世系的全体人员一致表示同意。西藏地方政府代表阿沛·阿旺晋美和柳霞·土登塔巴与班禅堪布会议厅代表詹东·计晋美、德仓·次仁班觉具体协商处理噶厦与堪布会议厅委员会的关系。经友好协商，双方代表分别向十四世达赖喇嘛和十世班禅额尔德尼报告了商谈情况，并与来京各级僧俗官员进行了详细的讨论，最后形成了《西藏地方政府和班禅堪布会议厅委员会之间关于历史和悬案问题的谈判达成的协议》，并报请国务院（第七次国务会议）批准。西藏地方政府和班禅堪布会议厅委员会之间的关系最终得到了改善，实现了西藏民族内部的真正团结。

第九章　平叛改革
——历史转折

1959年春，西藏被叛乱阴云笼罩。叛乱武装在昌都、黑河、山南、林芝、江孜等地，疯狂袭击驻藏人民解放军和中央工作人员，进攻、围困驻藏机关，破坏交通干线，抢劫物资，所到之处，烧杀抢掠，无恶不作。十四世达赖及其追随者在这次叛乱中出逃。随后，人民解放军在广大西藏人民的协助和配合下，展开了全面平叛进剿作战，至1962年3月，西藏平叛斗争全部结束。与此同时，西藏进行了民主改革，推翻了政教合一的封建农奴制，整个社会制度发生了翻天覆地的变化。

武装叛乱及十四世达赖出逃

1959年2月6日，即藏历12月29日，是西藏传统的驱鬼跳神会，十四世达赖请西藏工委、军区领导人前往观看。当时，中共西藏工委副书记、西藏军区政治委员谭冠三，作为中央人民政府驻西藏代理代表，主持全面工作。西藏工委研究后，决定派军区副司令员邓少东、工委秘书长郭锡兰参加。邓少东、郭锡兰在布达拉宫受到十四世达赖的热情接待，邓少东无意中说到文工团最近刚从内地学习回来，排了不少新节目，十四世达赖当即提出："我想看一次，请你安排一下。"邓少东代表工委、军区当即表示欢迎，郭锡兰告诉十四世达赖："这事很好办，只要你确定时间，军区可以随时派出文工团去罗布林卡进行专场演出。"十四世达赖回答说："去罗布林卡不方便，那里没有舞台和设备，就在军区礼堂演出，我去看。"邓少东等当即表示同意。

3月8日，十四世达赖把到西藏军区礼堂看演出的时间确定在3月10日下午3时。军区随后向噶厦四品以上僧俗官员、自治区筹委会处长以上干部以及一些重要的喇嘛活佛发出了观看演出的邀请。

3月10日上午，军区文工团做好了演出的准备，谭冠三等负责人也提前到会场等候。然而就在这时，十四世达赖要去军区礼堂看戏的消息飞快在拉萨街头传扬开来，西藏地方政府上层反动分子鲁康娃、洛桑扎西等人一方面指使一些人借此造谣惑众，四处散布"军区要毒死达赖喇嘛""军区准备了直升机，要把达赖喇嘛劫往北京"等谣言，威逼、驱使2000多人去罗布林卡"请愿"，阻止十四世达赖到军区看戏，一方面又反过来哄骗十四世达赖，说解放军请看节目是假，乘机扣留是真，并以保护达赖喇嘛的安全为由，派藏军封锁了达赖喇嘛的驻地，实际上是将达赖喇嘛软禁起来。被叛乱分子软禁起来的十四世达赖只好写了一个便条，说明他已被反动分子挟持，无行动自由。谭冠三见信，急派西藏地方政府卸任噶伦、西藏军区副司令员桑颇·才旺仁增少将前去看望，鲁康娃等人立即唆使暴乱分子，在罗布林卡门口用石头把桑颇打成重伤，其乘坐的汽车也被砸坏；西藏自治区筹备委员会官员、爱国人士堪穷·索郎降措竟被暴乱分子活活打死，更令人发指的是其惨遭叛匪杀害后遗体还被系于马尾，鞭马拖尸，"示众"达2千米，惨不忍睹；上千僧侣手举小白旗上街游行，呼喊"西藏独立""汉人滚回去"等反动口号，千方百计阻挠达赖喇嘛前往军区。一时间，拉萨街头秩序大乱，藏军武装游行，一些叛乱分子向解放军战士挑衅，不明真相的僧俗人众纷纷走上街头，要求保护达赖喇嘛。当日下午两点半，噶厦派索康、柳霞、夏苏3位噶伦到军区拜会谭冠三，他们谎称事先并不知道达赖喇嘛要到军区看戏，想推卸责任。谭冠三抑制不住内心的愤怒，严肃地指出："今天的事情，显然是西藏地方政府内部的反动分子蓄谋已久的阴谋活动。达赖喇嘛自己决定要来军区观看文艺演出，当时邓副司令员就向噶厦讲了。现在噶厦竟然说不知道此事，显然不能令人置信。"

这一天，叛乱分子在罗布林卡召开了伪"人民代表会议"，将叛乱公开化，打出"西藏独立"的旗帜，宣称"同中央决裂，为争取西藏独立而干到底"。同时，叛乱武装开始向拉萨集结，驻拉萨的藏军进入临战状态，西藏地方政府打开军械库公开发放枪支弹药。

驻守拉萨的谭冠三将军立即将这一天发生的情况向中央、中央军委做了汇报，认为这是一次有组织、有计划的反革命叛乱。党中央、中央军委对事态的发展极为关心。为争取达赖喇嘛摆脱叛乱分子，保证自身安全，当天晚上，谭冠三还以中央人民政府驻西藏代理代表的名义，给十四世达赖写了一封信："您表示愿意来军区，这是一件很好的事，我们表示热烈的欢迎。但是由于反动分子的阴谋挑拨给您造成很大的困难，故可暂时不来。"当时罗布林卡已被叛乱分子包围，一般人进出很困难，谭冠三的信只能通过阿沛·阿旺晋美于11日直接送到十四世达赖手中。

3月11日，正在武昌视察的毛泽东主席接到报告后致电党中央，对西藏上层反动集团发动武装叛乱给了精辟分析，指出："照此形势发展下去，西藏问题有被迫早日解决的可能。"同时他还指出："这种'被迫'是好的。看来，达赖喇嘛是和其他人同谋的，达赖喇嘛是反动派的首领。达赖喇嘛反革命集团的策略是：

（一）以罗布林卡为据点，在拉萨搞暴乱，将人民解放军驱走。这种策略是会被他们首先想到的。他们从我们长期'示弱'，只守不攻这一点，看出'汉人胆怯，中央无能'。他们想，汉人被轰走是'可能的'。

（二）这一批人实际上已与中央决裂，很大可能将不得不继续干下去。一种可能是继续在拉萨示威骚扰，以期把汉人吓走，在若干天或若干个月之后，他们看见汉人吓不走，就会向印度逃走，或者，向山南建立根据地，两者的可能性都有。"毛泽东还分析了印度尼赫鲁政府对西藏问题的插手，认为"达赖喇嘛搞驱汉自立，是与印度通了气的"。同时，毛泽东主席还指示西藏工委："目前策略，应是军事上采守势，政治上采攻势。目的是：分化上层，争取尽可能多的人站在我们一边，包括一部分活佛、喇嘛在内，使他们两派决裂；教育下层，准备群众条件；引诱敌人进攻，准备在拉萨大打一仗"。对如何应对叛乱分子的叛乱活动，中央提出了五条措施。一是在人民群众中传布，着重揭露他们劫持达赖喇嘛进行叛国的阴谋。二是明确告诉一切靠近我们的人，西藏永远是中国的领土，如果反动派叛国，中央将采取坚决的行动予以平定。三是对达赖喇嘛本人仍多方做争取工作。四是对拉萨四周的反动武装进入市区不要阻挡，如果阻挡则在形式上是我们先打，这样在政治上不利。五是注意收集对方的叛国证据。

3月12日，西藏上层反动集团在布达拉宫下面的印经场召开了所谓的"西藏人民代表大会"，诬蔑军区以请达赖喇嘛看戏为名企图劫持达赖喇嘛并加害于他，公然宣称不受关于和平解放西藏的"十七条协议"的约束，公开与中央人民政府决裂。3月13日，叛乱集团以"西藏人民代表大会"的名义，向各宗和豁卡发布命令，要求18岁以上60岁以下的男人，都必须自带武器、弹药和食品，立即到拉萨来，保卫尊贵的十四世达赖，保卫神圣的佛法和民族的利益。拉萨的叛乱武装力量迅速增长，局势有一触即发之势。

3月17日，党中央根据毛泽东的来信，召开了政治局会议，会上一致认为：最好设法让达赖喇嘛留在拉萨，他若硬是出走，这也没有什么不得了。就在这一天，在拉萨发生了一起突发事件。聚集在罗布林卡北侧的叛乱武装向青藏公路拉萨运输站进行了射击，并向运输站的油库、碉堡、汽车等地和目标发射炮弹30多发。该站经济警察曾惠山未向任何人请示，即擅自以六零炮向敌还击炮弹2发，落在罗布林卡北围墙以北200～300米处。西藏军区一面指挥坚守各据点的部队进行自卫，一面向中央军委报告当前的情况。一切如毛泽东主席此前所料，当日夜晚10时左右，西藏上层叛乱集团即按其预谋，将十四世达赖及其家属劫出拉萨，在美国中央情报局协助下、警卫藏军的护拥下以及沿途要地叛乱武装警戒接应下，离开拉萨，去往山南。两周后在美国中央情报局训练的西藏特工帮助下又从那里潜逃至印度，组织起所谓的"流亡政府"，开始了流亡印度之途。

人民解放军受命平息拉萨市区的叛乱

面对数天来叛乱武装的嚣张气焰和疯狂攻击，解放军根据党中央、中央军委和毛泽东主席向西藏军区下达的指示，在遭到猛烈枪炮射击的情况下，首先保持了节制，对叛军的挑衅行动采取忍让的态度，暂不还击，并一再广播喊话警告，却始终无效，解放军和地方工作机关损失很大。对此，西藏地方政府上层反动分子错误地认为解放军软弱可欺，更加疯狂地向解放军进攻。

3月19日上午，全西藏地区公开参加叛乱的人员已达4万多人，聚集在拉萨的叛乱武装已达7000多人，药王山、罗布林卡、布达拉宫和大昭寺，均在他们控制之下，西藏工委各单位及西藏军区机关，已被叛乱分子分割包围，形势一触即发。次日凌晨3点40分，西藏上层分裂分子利用西藏驻军、机关分散的特点，下令叛乱武装向驻拉萨的人民解放军和地方机关、单位、学校、商店发动大规模进攻，时间长达6小时。拉萨河南渡口的叛匪朝西藏军区一五九团打响了第一枪。与此同时，在拉萨市区围困西藏工委、各机关、单位和部队的叛匪，也向被围困的党、政、军机关、企事业单位发起全面进攻。

谭冠三将军一面指挥部队抗击，一面立即将有关情况向中央、中央军委报告，并汇报达赖喇嘛可能逃离拉萨。在湖北视察的毛泽东主席指示中央军委，要求西藏军区把叛乱武装死死吸在拉萨，等待增援部队进藏时对其进行合围，将西藏上层叛乱集团干净、全部、彻底歼灭于拉萨。对于达赖喇嘛可能要逃跑的问题，毛泽东主席指示西藏工委，噶厦集团公开叛乱，达赖喇嘛逃跑，叛乱武装攻击人民解放军，西藏政治形势完全明朗，这是极好的事，对达赖喇嘛逃跑，"人民解放军一概不要拦阻，无论去山南，去印度，让他们去"。

3月20日凌晨5点钟，谭冠三将军在未接到中央答复前主持召开了紧急会议。会议首先分析了当前拉萨敌我形势，研究到底是反击还是不反击，最后决定：20日上午10时，不待增援部队到达，即组织市内现有兵力向盘踞在拉萨的叛匪发起全面反击，进行反击作战。部署是：将驻拉萨的2个步兵团、1个装甲连、1个炮兵团按统一计划，首先保卫拉萨大桥、西藏自治区筹备委员会、西藏军区机关、西郊第49医院，随后集中兵力于10时发起反击，占领药王山后，炮击罗布林卡，并立即将反击方案和炮击罗布林卡的计划上报中央及中央军委。3月20日上午10时05分，红、绿、白三色信号弹从军区司令部腾空而起，早已严阵以待的三〇八炮团朝叛匪占领的药王山制高点开始猛烈炮击，此后一五九团4个步兵连发起冲击，隆隆的炮声向拉萨人民庄严宣告：平叛战斗开始了。当日上午11时56分，解放军歼灭了盘踞在药王山的叛乱武装分子，攻占了药王山。

平叛战役打响后不久，谭冠三将军就接到了毛泽东主席"只准胜，不准败"的指示。与此同时，谭将军自己也下定了只准胜不准败的决心，并仔细分析了平叛形势，把只准胜的关键放在对罗布林卡一战上，于是下达了攻击罗布林卡的命令。当日14时许，攻打罗布林卡的战斗开始。首先以三〇八团和一五五团两个团的火炮，对罗布林卡实施火力急袭。

西藏军区一五五团接到命令后，从西往北向拉萨市中心合围，攻击到小昭寺时，叛匪负隅顽抗，和一五五团展开争夺战。一五五团在三〇八团炮火的支援下，20日21时占领了小昭寺，随后开始向拉萨市中心合围。军区教导营接到命令后，也从北向市中心进击，配合军区主力对市中心形成合围。一五五团和一五九团在汽车十六团和机械营的配合下，从东西两面向罗布林卡实施对进攻击，双方展开激战，至20时30分，叛匪大本营罗布林卡被我军一举攻占，盘踞罗布林卡的叛匪主力大部被歼。就在解放军攻打市中心时，盘踞在布达拉宫的叛匪不停地以炮火支援市区。为保护布达拉宫，谭冠三将军集中军区所有无坐力炮进行直接瞄准射击，下令哪个窗口有敌火力就打哪个窗口，一炮一个，百发百中，屋内的敌人尽被炸死、炸伤，建筑物却几乎没有受任何损伤。为了配合进攻，西藏军区同时还发出了布告，利用装甲车将布告贴在拉萨大街上，要求全西藏人民积极协助人民解放军平息叛乱，并利用广播对叛匪喊话，进行政治瓦解，宣布凡是脱离叛乱武装归顺投降的，一律既往不咎，有立功表现的要给予奖励，对俘虏一律优待，不杀、不辱、不打，对执迷不悟、坚决顽抗者，严惩不贷。22日上午9时，在强大的政治攻势和凌厉的军事打击下，大昭寺、布达拉宫的叛乱武装相继缴械投降。

在这次对拉萨市区进行平叛的行动中，驻拉萨的解放军，除了机关人员，能够投入机动作战的兵力实际上仅有千余人，而拉萨的叛乱武装共约7000人，又有外国势力援助。具有丰富作战经验、英勇善战的解放军指战员，在炮兵火力的支援下，在拉萨平叛斗争中连续战斗46小时55分钟，共计歼灭叛匪司令洛珠格桑、雪若巴·格桑阿旺、仁希夏格巴等以下官兵5360多人，约占其总数的70%，取得了平息西藏叛乱初战的决定性胜利。

此后，西藏军区迅速对从拉萨流窜到林周和甘丹寺的叛匪进行了清剿，对参加叛乱的哲蚌、色拉、噶丹三大寺进行政治攻势，对叛匪进行劝降。4

月6日,拉萨战役胜利结束,歼灭了拉萨地区叛匪。同时解除了各地藏军的武装,控制了主要城镇,获得了初战的胜利,为争取全胜奠定了良好基础。

拉萨发生武装叛乱后,中共西藏工委、西藏军区各单位组织力量,动员在本单位工作、学习的藏族上层人士、干部、工人及其家属迁入机关暂住。仅西藏自治区筹委会机关和军区机关驻地,就掩护了包括帕巴拉·格列朗杰、朗顿·贡噶旺秋、雪康·土登尼玛、江金·索朗杰布等人在内的六七百名藏族各阶层人士和他们的家属。这些爱国藏族同胞在平叛过程中,同军队、地方人员一道积极踊跃地投入到保卫中,有的参加抬土、运石、筑工事,有的帮助观察情况,有的投入有线广播,用藏语宣传,揭露叛乱分子的阴谋。3月20日战斗打响后,雪康·土登尼玛等人还随同部队一道向叛乱武装实施火线喊话,敦促他们停止抵抗,对瓦解叛乱武装起了积极作用。

平定武装叛乱为民主改革创造有利条件

1959年3月28日,周恩来总理发布国务院命令,责成西藏军区彻底平息叛乱,宣布解散西藏地方政府,由西藏自治区筹备委员会行使西藏政府职权,在达赖喇嘛被劫持期间,由班禅额尔德尼代理主任委员职务,任命西藏自治区筹备委员会常务委员帕巴拉·格列朗杰为副主任委员,常务委员兼秘书长阿沛·阿旺晋美为副主任委员兼秘书长,同时撤销索康等18人的自治区筹备委员会委员及一切职务,并按国家法律分别给予惩处。

继拉萨平叛后,人民解放军于4月在山南,7月2日在纳木错,8—9月在麦地卡,4—8月在昌都东北及昌都以南的盐井地区,8—11月在昌都东南地区,分别组织了对反叛武装的清剿作战。1962年3月,人民解放军在广大农奴的支持和配合下,全面结束了西藏的平叛斗争,基本铲除了英、美等帝国主义势力及其支持下的封建农奴制残余势力,也为在西藏顺利进行民主改革创造了有利条件。

总计三年平叛中,经过政治争取投诚来归者,占被解决的叛乱武装人数的42.8%;特别是1961年,占到70%以上。全区三年先后近9万卷入过叛乱行列的人员中，人民政府作为叛乱分子对待的叛首、骨干、坚决分子只有2.3万人，人口只占全西藏的2%。人民解放军认真执行军事打击、政治争取和发动群众三结合的平叛方针，使得叛乱武装的绝大部分人成为被俘、投降和投诚者，而被击伤者是少数，被击毙者更少。

民主改革是西藏社会进步和发展的必然趋势

1959年4月15日和4月19日，第十六次最高国务会议和二届人大一次会议先后在北京举行。西藏平叛和西藏民主改革成为这两个会议的重要议题之一。毛泽东在第十六次最高国务会议上，与参加会议的十世班禅就西藏问题进行了长时间的谈话。周恩来总理在二届人大一次会议的政府工作报告中向代表报告了西藏平叛和西藏民主改革的情况，二届人大一次会议闭幕时就西藏问题专门作出了决议，十世班禅当选为全国人民代表大会常务委员会副委员长。根据全国人大二届一次会议的决定和国务院、中央军委的部署，西藏工委和西藏军区各部队开始发动群众边平叛边改革，西藏肃清残匪的斗争和进行民主改革进入了一个新的阶段。

和平解放初期，西藏社会是一个社会生产力极其落后，人民生活极其贫困，三大领主专政的封建农奴制社会，面对着这样的现实，当时的许多上中层开明人士认识到，如果不改革旧制度，西藏民族绝无繁荣昌盛的可能。阿沛·阿旺晋美就曾针对旧西藏的农奴制说过："照老样子下去，过不了多久，农奴死光了，贵族也活不成，整个社会就将毁灭。"西藏原有的社会制度必须实行民主改革，这既是西藏各族人民的愿望，也是西藏社会进步和发展的必然趋势。然而西藏的自然条件、地理环境、民族特点、经济结构都有着特殊性，尤其是作为民族和宗教现象非常突出的一个少数民族地区，改革的时间和进程需要根据"十七条协议"和上层人士的认识程度来确定，因此如何积极有效地执行党在西藏的民族宗教政策，稳妥而彻底地解决好西藏问题，把百万农奴从封建农奴制的桎梏下解放出来，并逐步引导到社会主义社会，在当时是一项十分艰巨、复杂而又光荣的历史任务。

考虑到西藏历史和现实的特殊情况，1956年9月4日，党中央在客观分析了西藏的政治局势后认为"西藏的改革条件目前还不成熟"，正式发出《关于西藏民主改革问题的指示》，在制定合理且行之有效的治藏方针政策以及社会改革举措方面，特别强调"慎重稳进"，采取了"和平改革""六年不改"的方针。因此，在西藏和平解放初期，中央政府没有马上废除西藏的封建农奴制度，进而立刻向社会主义社会转变，而是遵照"十七条协议"的有关规定，对改革不加强迫，由西藏地方政府自动进行。

民主改革成为历史的转折点

拉萨发动武装叛乱以及十四世达赖等人逃亡国外后，中央人民政府和西藏自治区筹委会顺应西藏广大群众的愿望，于1959年3月下旬至1961年领导西藏人民进行了轰轰烈烈的民主改革运动，彻底摧毁了旧西藏政教合一的封建农奴制度。

西藏的民主改革是分阶段、有步骤进行的。民主改革的第一步是开展"三反"和减租减息运动。1959年3月，西藏民主改革正式开始，开展了"三反"（反对叛乱、反对乌拉差役制度、反对人身依附制度）和减租减息运动。在农牧区实行区别对待的政策，对参与叛乱的领主的土地和牲畜实行"谁种谁收"的政策，放牧收入也归放牧的牧民所有；对未叛乱领主则实行领主得二，佃户得八的"二八减租"，而牧区牲畜仍归牧主所有，在收入比例上则减少了牧主的剥削，使牧民收入得到了增加。与此同时，西藏的民主改革运动解除了农奴对农奴主的人身依附关系，使西藏的百万农奴翻身获得了解放和人身自由。民主改革的第二步是将没收来的参加叛乱农奴主的生产资料分配给一直以来只有极少数生产资料甚至没有生产资料的贫苦农牧民，对未参加叛乱的农奴主则实行和平改革的方针，对他们的土地及其他生产资料采取国家出钱赎买的政策，1300多户未参加叛乱的农奴主和代理人的90万克土地（15克相当于1公顷）和82万多头牲畜由国家支付赎买金4500多万元，赎买后的生产资料则无偿分配给贫苦的农奴和奴隶，同时农牧主们也可

以分得一份生产资料。

拉萨在民主改革中进行了阶级划分和土地分配，以拉萨东郊蔡村（今蔡工公堂）为例：该村于1959年8月20日至9月5日开展阶级划分的准备工作，明确了划分阶级的标准、试划、粗划、初步定案等步骤，共划出了农奴主2户2人，农奴主代理人5户10人，富裕农奴4户25人，中等农户18户113人，贫苦农奴54户166人，奴隶30户67人，贫苦僧人32人。同年9月7日至20日，蔡村开始进行土地分配，期间主要包括反复宣传党的土改政策、组织群众充分讨论分配方案、具体分配等步骤。为更好地开展土地分配工作，工作组除了积极开展宣传工作，认真贯彻党的阶级路线，还充分发挥当地农会的群众组织协调功能。

1960年11月中旬，拉萨在各县复查并进行登记、宣传、教育工作的基础上，历经一个月时间基本完成了办理赎买登记支付手续等工作，全市除了当雄的六个县以及四个城区的赎买对象共计有210户（其中有6户因数字不清等问题暂缓办理），金额共计695192元。在开展赎买工作过程中，出现了一些土地、房屋所有权不清以及试图冒领、多领等情况，故而工作组采取先群众、后上层，一般与重点相结合等方式进行摸底调查，以做到情况明、底数清。一些群众对国家出钱赎买农奴主们财产的政策存在误解，认为领主的所有财产都是剥削来的，理应全部归还给大家，而一些农奴主对赎买政策也存有疑虑，甚至担心国家秋后算账。为此，工作组还一边向群众宣传政策，一边对符合赎买政策的对象加强教育，使大家明白赎买政策是对参加叛乱和未参加叛乱的人两种不同对待，以争取更多的农奴主及农奴主代理人理解、支持民主改革是社会必然，使他们顺应历史趋势，听党话，跟党走，努力改造自己，同时培养广大群众主人翁意识，安心搞好自家生产生活。

中央通过一系列举措，彻底废除了西藏长期以来不平等的封建农奴制，在人权和财产分配上使西藏各阶层获得了平等。西藏劳动人民不受农奴主的沉重差税和高利贷剥削，激发了广大人民群众的积极性，也争取到了许多上层人士的理解和合作，使阻碍已久的生产和生产力重新得到了发展。1960年西藏全区粮食产量比1959年增长了12.6%，牲畜存栏数增长了10%。

1961年，西藏民主改革基本完成，废除了封建农奴制，百万农奴获得彻

底解放。政教合一制度的彻底废除，动摇了以十四世达赖等上层僧侣为首的西藏地方政府的神权统治，结束了西藏政权和神权相结合的残酷压迫与剥削，使得西藏宗教的政治本质发生了根本性的变化。西藏民主改革是一场伟大的社会变革，是当代西藏发展史上的重要转折点，同时也是中国乃至全世界社会改造史上具有典型意义的重要历史事件。

民主改革结束后，西藏百万农奴获得彻底解放，同时随着政教的彻底分离，西藏宗教的政治本质也发生了根本性的变化。总的来说，西藏民主改革的主要特点是，废除了极端腐朽、黑暗的封建农奴制度，真正瓦解了长达700多年之久的"政教合一"制度。通过改革，百万农奴和奴隶获得了解放，获得了人身自由权利和生产资料，成为自己命运和社会的主人，各教派无论僧侣还是信众都开始享受到了真正的宗教信仰自由，在法律面前一律平等。这是西藏历史上划时代的变革，也是人权发展史上伟大的进步。阿沛·阿旺晋美就西藏民主改革曾欣喜地说："民主改革不仅解放了农奴，解放了生产力，同时也拯救了整个西藏。"

同时，西藏轰轰烈烈的民主改革也为1965年正式建立西藏自治区、实行民族区域自治提供了必要前提，西藏百万农奴翻身解放，成为自己命运和社会的主人，也为西藏实行民族区域自治奠定了广泛的社会基础。民主改革期间，西藏自治区筹委会在领导全区各族人民进行平叛和民主改革的同时，也在斗争中培养和锻炼了一批农奴和奴隶出身的藏族干部，积极推进基层民主政权建设，培养和提高广大僧俗人民行使自治权利的觉悟和实际能力，为正式成立自治区创造最基本的条件。

中篇
ZHONG PIAN

拉萨和平解放后，在民主改革中建立了人民政权，获得了新生，开始了最辉煌的历史时期。人民政权建立后，废除了封建农奴制度，实现了社会制度的跨越。从西藏和平解放至今的70多年间，是拉萨巨变的时期，是拉萨经济社会快速发展的时期。在商业贸易、农牧业、工业、旅游业以及教育、卫生、科技等方面，社会经济建设取得了举世瞩目的成就。在文化方面，传承和弘扬藏族优秀传统文化，建立和发展社会主义先进文化，为经济社会发展提供了精神文化支撑。在城市建设规划下，拉萨进行了大规模的城市建设，取得了前所未有的成就，拉萨由一座古老的城市向现代化城市迈进。在70多年的发展中经历了不平凡的过程，拉萨始终存在分裂与反分裂的斗争，拉萨各族人民与分裂势力作斗争，取得了反分裂斗争的胜利，保障了经济社会的稳定与发展。拉萨70多年的发展，得益于中央的特殊关怀、西藏自治区党委政府的直接关心和北京、江苏的大力援助。经过70多年的建设与发展，一座崭新的现代化边疆中心城市屹立于祖国的西南边陲，拉萨成为西藏的经济、政治和文化中心，在全区发挥了首府城市的功能和作用。

第一章 人民政权建立——新拉萨开端

拉萨因拉萨河而得名。拉萨河名"吉曲",因此现在拉萨所在地,被人们称为"吉雪沃塘",意为"吉曲河下游的肥沃坝子"。拉萨是西藏一座古老的城市。根据考古发现,在四五千年前,今天的拉萨地区已有人类活动的踪迹。公元7世纪时,中国的一个边地王朝建立并将政治中心迁址拉萨河谷一带,随之一座古老的城市出现,发展并沿革了上千年。拉萨上千年的历史跌宕起伏,像其他地方一样,伴随着社会的发展,缓缓向前,而追忆历史的进程,当数现代的变化最大、发展步伐最快,这些都源于拉萨社会的变革。社会变革,建立了新的政权——人民政权,这是新拉萨的开端。

拉萨在历代政权中的地位演变

一、吐蕃政权的中心

公元五六世纪时,拉萨河流域的澎波、墨竹工卡、达孜、拉萨、堆龙、曲水一带,各部落的生产已经有了很大发展。拉萨河流域墨竹工卡的止贡一带地方势力比较强大,其首领名叫达甲沃。另外,在拉萨北部的澎波,一支地方势力的首领名叫赤邦松。后来达甲沃被赤邦松消灭,吞并其领地。以赤邦松为首的地方势力逐渐雄踞整个拉萨河流域。与此同时,藏族奴隶制社会有了新的发展,在雅河流域,已经发展成一支实力强盛的地方势力。朗日松赞(《新唐书》作论赞索,是吐蕃政权的奠基者)率兵攻打拉萨地区,征服原属赤邦松管辖的吉曲(拉萨河)流域的曲水、堆龙、拉萨、达孜、墨竹工卡、澎波等地区。

公元7世纪初，朗日松赞开始打通唐蕃古道，与唐朝建立了友好往来关系，中原的医学、历算和先进生产技术源源不断地传入吐蕃。随着吐蕃军事的强盛和土地的扩张，朗日松赞把吐蕃的军政权力中心从雅砻移至吉曲河畔的墨竹工卡一带，由此拉萨吉曲流域成为整个西藏高原的中心。

唐贞观七年（633），松赞干布带着吐蕃贵族和臣僚及众多的兵将战骑，从拉萨河上游甲马米久林迁往拉萨河中游"吉雪沃塘"——拉萨。松赞干布迁址拉萨，主要是因为拉萨具有优越的自然资源和社会条件。拉萨位于雅鲁藏布江中游，平原广阔、土地肥沃、气候温和，雨水充足，适宜农牧业发展，自然资源十分丰富。四面环山、一水中流，形成天然屏障，"万岭回环，宛如城郭"，是易守难攻的战略要地。另外交通方便，水路和陆路畅通无阻，有利于对周边地区的控制和经济交流。尤其是该地区原是苏毗的主要根据地，包括吐蕃在内的各部落首领和名门望族都聚集在此，所以这里形成了青藏高原的政治中心雏形，也是西藏古代社会的政治、经济、宗教、文化和交通中心。

吐蕃政权建立后，拉萨有过四次较大规模的土木建设。第一次是松赞干布迁址后，组织民众兴建宫殿、寺庙、民房、道路和改造河道等。第二次是松赞干布在布达拉宫南侧扎拉鲁普为尼泊尔王妃修建了扎西谢也拉康。第三次是修建位于拉萨北郊9000米处的帕邦卡。第四次是修建大昭寺和小昭寺以及各镇魔寺等。松赞干布迁址拉萨后，稳定内部、巩固王权，设官授职、组编军队，创法立制、刑赏分明，友谊联姻、促进团结，改创文字、繁荣文化，建寺筑宫、改道修路，新建民房，统一度量衡以便利商业等，不仅促进了吐蕃社会的发展，而且也推进了逻些（拉萨）城的兴起和发展。

吐蕃政权中期，拉萨处于发展阶段。永徽元年（650），松赞干布卒于拉萨以北彭城斯莫岗，其孙芒松芒赞（永徽元年至仪凤元年，650—676）继位。赞普年幼，大相禄东赞专掌国政，继承松赞的遗业，拉萨仍作首府，对吐蕃的强盛起到了推动作用。

赤德祖赞晚年，佛教和本教斗争很激烈，他死后，拉萨的形势对佛教不利，其子赤松德赞继位。当时赤松德赞年幼，吐蕃的大权基本上掌握在信奉本教的贵族大臣手中，他们把以拉萨为重点的佛教势力全部铲除，发布了禁佛命令。这就是藏族历史上的第一次"禁佛运动"。赤松德赞成年后，平定叛乱，禁本兴佛，增设大臣，清查田亩户口，扩大领地，规定徭役地租，处理民事诉讼，清理不忠之臣，增定法律，新建桑耶寺，邀请莲花寂护佛，翻译各种经典，制定剃度僧人和外出留学等制度，巩固政权。赤松德赞时期，吐蕃社会的政教中心是雅鲁藏布江北岸一带，但他把拉萨仍当作重要的城镇。在本、佛斗争中，拉萨的地位明显下降。

赤松德赞死后，其长子牟尼赞普继位，发展佛教。牟尼赞晋死后，其弟赤德松赞继位。赤德松赞一生大力发展佛教，巩固世俗王权统治，承继祖业，并发扬光大。这位著名赞普仍把拉萨作为整个吐蕃社会的首府，继承先辈赞普的遗愿，把拉萨作为祖先祭祀圣地。

赤德松赞死后，赤祖德赞（热巴巾）继位。他与松赞干布、赤松德赞在藏文史籍中常被合称为"三大法王"。热巴巾时期，佛法盛行，拉萨也因此成了弘扬佛法和强大政权的所在地。

赤祖德赞是古代唐蕃关系史上影响最大的赞普之一。耸立在古城拉萨大昭寺前的唐蕃会盟碑，也叫舅甥和盟碑，是唐蕃双方派遣大臣会盟，于唐穆宗长庆三年、吐蕃赞普赤祖德赞彝泰九年（823）设立的，是汉藏两族团结友好的历史见证。碑文大意是："松赞干布迎娶唐文成公主，赤德祖赞又迎娶唐金城公主，永崇甥舅之好矣。"父王赤德松赞有意"甥舅商量和协，欲社稷之如一统，与唐皇结大和盟约……然未遑缔结大和盟约也。"今赤祖德赞与唐皇帝"甥舅商量社稷如一统，结大和盟约于唐京师西王会寺前……又盟于吐蕃拉萨东哲堆园……"历史上最早见"拉萨"一词的文献就是在这块碑文中。

热巴巾死后，达玛继位。历史上因达玛灭佛遭人反对，称他为朗达玛，"朗"藏语是公牛的意思。达玛时期禁佛运动范围更大、更为惨烈，重点在拉萨，主要采取了停建、封闭佛寺，破坏寺庙设施、壁画，焚毁佛经、镇压佛教僧人等措施。唐武宗会昌二年（842），达玛在拉萨大昭寺前被于拉萨东郊扎耶巴地方修行秘咒的佛僧拉隆·白吉多杰射杀。达玛死后，其两个儿子欧松和永丹年龄都很小，吐蕃政权的实权便分别落入不同的贵族集团手中。一派操纵欧松，一派控制永丹，互相争夺赞普王位，分裂为两支，互不相让，彼此为敌，长年交兵。统治西藏地区200多年的吐蕃政权四分五裂，彻底崩溃。拉萨作为吐蕃政权的首府也随之衰落。达玛被刺后吐蕃政权分裂，这种形式一直持续到南宋淳祐七年（1247）成吉思汗的孙子阔端授予萨迦班智达统治卫藏十三万户前。西藏地区进入分裂割据时期，大小战争连绵不绝，百姓备受苦难，文物遭受破坏，拉萨悄悄地退出了政治舞台中心。

二、中心地位的旁落

南宋开禧二年（1206），成吉思汗建立蒙古汗国。他很重视笼络卫藏地区的宗教势力，派蒙军驻防拉萨以北的热振寺一带，了解西藏各地方势力和宗教派的特点。多达纳波向阔端建议，迎请萨迦班智达到凉州，以便通过萨迦班智达的势力控制西藏。阔端采纳了多达纳波的建议，写信邀请萨迦班智达到凉州晤面。南宋淳祐四年（1244），萨迦班智达离开萨迦寺，先到拉萨同地方势力就归顺蒙古的有关事宜进行磋商，淳祐六年（1246）到达凉州，议定了西藏归顺蒙古的条件。淳祐七年（1247），萨迦班智达致蕃人书，劝告各僧俗地方势力归顺蒙古，开创了从分裂走向统一的历史时期。

蒙古中统元年（1260），忽必烈封八思巴为国师，派遣以达门为首的官员到西藏，清查沿途各地的户口，设置驿站，在藏区共设置27个驿站，其中拉萨地区设置了4个驿站。蒙古至元五年（1268），忽必烈派阿贡和米林等人，进行了第一次户口清查，确定十三万户，并明确规定了萨迦是十三万户之首，由八思巴提名、皇帝批准任命的萨迦本钦管理十三万户。十三万户中有属拉萨地区的达龙、蔡巴、止贡、嘉玛等四个万户。

1268年，噶尔东赞的后裔蔡巴桑结欧珠获得蔡巴万户长职后，统辖拉萨市区。本勤仁钦杰管理蔡巴事务时，先赴元大都，得到皇帝所赐的诏书，于是蔡巴万户即成了卫藏十三万户中最强盛的万户之一。

13世纪初，西藏成为元朝中央政府直接治理下的一个行政区域。元朝皇帝设立了宣政院，直接管理西藏地区军政要务，并在拉萨成立了地方军政机构，西藏地方由乌斯藏纳里速古鲁孙等三路宣慰使司都元帅府管理，隶属于宣政院。宣慰使司还辖有管理民政的十三万户府、千户所等。同时，元朝在拉萨及西藏各地驻有军队，并由一位王子及其后裔率军驻守西藏地区的东部边缘，逢西藏有事，即刻就近入藏，以尽镇戍边疆的职责。

元朝中央派官员入藏，按照户口多少，生产资源分布状况，设立大小驿站，连接成交通物流线，由拉萨通往都城大都（今北京）。公元1268、1287、1334年，元朝中央还派官员在拉萨进行了3次人口调查，确定各万户属下可支应差役的人口数，决定沿驿路各地必须供给的力驿、物资、运畜。

萨迦地方政权时，蔡巴噶举一时称雄于拉萨一带，为拉萨的政治、经济、文化、宗教等各方面的繁荣昌盛发挥了重大的促进作用。

14世纪初期，帕竹政教首领大司徒·降曲坚赞击败了萨迦地方政权，统一了卫藏地区，建立了帕竹地方政权。随后逐步兴建了日喀则宗、柳梧宗、贡嘎宗、穷结宗等十三大宗，拉萨市区属于柳梧宗。

洪武五年（1372），明朝在西藏地方成立了名为"乌斯藏行都指挥使司"的行政管理机构。拉萨以其宗教发展史上的重要地位和强大的吸引力，仍被帕竹政权高度重视。历任帕竹统治者都来拉萨朝佛、维修寺庙等。

明朝开国初期，洪武、永乐两朝制定了"多封众建，尚用僧徒"的方针政策。洪武朝三十多年间基本上完成了西藏地区行政机构的建置。而利用宗教，大封藏族僧人为王的做法始于永乐年间，后延续到宣德、景泰、成化、正德诸朝。

明朝时期，拉萨不但经济、文化和社会空前繁荣，而且民族手工业也得到了相应发展。15世纪中叶，在明朝技术人员的协作下，拉萨各地区城堡、官邸、寺院、民宅等建筑中广泛应用汉式"斗拱"技术，尤其是冶炼工艺大幅度提高，涌现出了唐东杰布等著名建造师。

元朝以来，中央统一管理西藏地区，元、明和清朝前期，中央扶持的地方政权中心均不在拉萨。此时拉萨虽然仍是重要地区，但其中心地位已经旁落，直到甘丹颇章政权的建立。西藏各地方势力和教派掌握政权时期，首府设在萨迦、乃东、日喀则等地。在那几百年中，拉萨这个盛极一时的首府，变得萧条冷落。

三、中心地位的恢复

明朝时期，宗喀巴大师在噶当派基础上创建藏传佛教格鲁派。宗喀巴及

其弟子在拉萨主持修建了甘丹寺、哲蚌寺、色拉寺，被称为拉萨三大寺或格鲁派三大寺。唐东杰布在拉萨地区的墨竹、止贡、曲水等拉萨河上下游和雅鲁藏布江流域，以表演歌舞剧等形式和化缘的方法，自筹资金修建许多铁链吊桥，并在拉萨药王山上建设了药王庙，发明了能治内科百病之白丸和能治流行性瘟疫之红丸等，对藏医、藏药的发展起到了促进作用。

万历五年（1577），格鲁派转世活佛索南嘉措自拉萨启程，第二年到达青海与俺答汗会面。俺答汗赠送索南嘉措"圣识一切瓦齐尔达喇达赖喇嘛"的尊号，索南嘉措也回赠俺答汗"咱克瓦尔第彻辰汗"的尊号。"达赖"是蒙古语，意思为大海；"喇嘛"是藏语，为上师之意。因此后人就追认根顿珠巴为第一世达赖喇嘛，根敦嘉措为第二世达赖喇嘛，索南嘉措则是第三世达赖喇嘛，居住在拉萨。

17世纪初，第巴[①]吉雪巴是当时拉萨地区的首领，是嘎尔家族及后来蔡巴家族的后裔。第巴吉雪巴在15世纪至17世纪为拉萨地区建桥、修渡口、维修寺庙、加固河堤、改造水渠。

清朝崇德七年（1642），蒙古厄鲁特部首领固始汗统治了全西藏，迎请五世达赖喇嘛到日喀则，将西藏地方的全部权力转给了达赖喇嘛，五世达赖喇嘛得到固始汗的扶持，在拉萨建立了甘丹颇章政权。五世达赖喇嘛新建丹颇章政权后，将首府又建在拉萨。顺治九年（1652），五世达赖喇嘛率领藏官侍众3000人从拉萨出发抵达北京觐见顺治皇帝，顺治帝为达赖喇嘛在北京修建了黄寺，并封他为"西天大善自在佛所领天下释教普通瓦赤喇怛喇达赖喇嘛"。从此，达赖喇嘛的称号和地位得到了清朝的正式确认。

---

①第巴为官名，清初西藏地方政府管理卫藏行政事务最高官员名称的藏语音译，又称第司，原为酋长之意。清初为奉达赖命，代执西藏地方政务的官员；明崇祯十五年（1642）蒙古和硕特部首领固始汗统一卫藏，成为总揽西藏地方行政大权的汗王；顺治十年（1653）经清廷册封，确立了其在西藏的地位。当时，将固始汗及其子孙掌权办事的行政官称为第巴，将第巴掌管的地方政府称为第巴雄。第巴受命于和硕特部汗王和达赖喇嘛，一般由达赖喇嘛的亲信充任。第巴既要遵奉汗王的指挥，成为施政于西藏的具体执行人，又要辅佐达赖喇嘛处理日常行政事务，有时还作为达赖喇嘛的全权代表行使职权。自明崇祯十五年（1642）设置第巴，到清康熙五十九年（1720）废除第巴制度，西藏共设立7任第巴。

清朝在平定准噶尔部侵占西藏的同时，把七世达赖喇嘛格桑嘉措从青海塔尔寺护送到拉萨，于康熙五十九年（1720），在布达拉宫坐床。康熙六十年（1721），清朝废除第巴政权职位后在拉萨设立了四名噶伦。清朝为强化对西藏事务的有效管辖，雍正五年（1727）清朝派遣内阁学士僧格、副都统马喇"往藏办事"，并"总理藏内事务"，驻藏大臣制度由此诞生，在拉萨设立了驻藏办事大臣衙门，直接监督地方政权，留驻藏清军2000人，归驻藏大臣指挥。通常驻藏大臣为两人，一个为办事大臣，一个为帮办大臣。这样一方面可以商议办事，另一方面分别替换，可以使清朝在西藏始终保持有一个比较熟悉情况的大臣。乾隆十六年（1751）因珠尔墨特之乱，清廷废除原封郡王、贝子办理藏事的制度，改由噶伦四人（三俗一僧）在驻藏大臣监督下办理西藏事务，拉萨正式设立噶厦。西藏地方政府架构日趋完善，拉萨成为西藏地方政府首府。

道光二十年（1840）鸦片战争以后，清朝政府走向衰败，西方资本主义势力侵入中国，同时也逐步侵入了西藏地方。拉萨位居西藏地方首府的特殊地位，肩负着反对外国侵略的重任。早在18世纪时，英国便蓄意对西藏进行侵略。19世纪中叶后，英国在逐步控制了喜马拉雅山区诸国的同时，积极派遣特务分子以"游历""传教"为名，进入西藏地区及拉萨进行侦察活动，并直接提出了"通商""划界"等无理要求。由于拉萨各界人士同藏族人民的坚决反对，英国侵略者的上述阴谋始终未能得逞。

光绪十六年（1890），在英国发动第一次侵藏战争中，驻藏大臣有泰上奏清政府和英国签订了《中英会议藏印条约》，拉萨愤怒的群众同三大寺僧人对有泰在签署条约前后的丧权辱国罪行给予了严厉的谴责，表示"无论如何，誓不遵依"的严正爱国态度。

光绪三十年（1904），英国发动第二次侵藏战争，武装进入拉萨。英国迫使西藏当局签订《拉萨条约》。拉萨三大寺僧众同藏族人民一道手持大刀、匕首，出没于拉萨城郊，与英国人斗争。由于西藏人民的坚决反对，清朝政府拒绝在《拉萨条约》上签字。光绪三十三年（1907），清朝政府被迫与英国签订了《中英续藏印条约》，将《拉萨条约》收作附件。

在英帝国主义疯狂侵略西藏的同时，沙皇俄国也把它的侵略魔爪伸向了西藏地方。沙俄间谍分子不仅打着"学术研究"的旗号，多次潜入西藏地区，搜集情报，掠夺文物，杀害藏族人民，还以宗教活动为名，极力挑拨西藏与清朝的关系，散布亲俄思想，策动西藏上层分子背叛祖国，导演了一幕幕破坏我国统一的历史丑剧。

光绪三十二年（1906），张荫棠领副都统衔，以驻藏帮办大臣的身份进藏"查办藏事"。向清朝中央参奏了驻藏大臣有泰等十余名满汉官员昏庸误国、贪污腐化的丑行，接着采取若干革新措施，改组西藏地方行政机构，在拉萨设立督练等九局，但这些措施终因清朝的腐败和英帝国主义者的破坏而未能奏效。

宣统三年（1911），辛亥革命爆发，推翻了清朝统治，建立了民国政府，清朝驻藏大臣衙门撤销。

1924年，十三世达赖喇嘛在爱国力量的支持下，一举粉碎了由英国策动的以擦绒为首的亲帝集团的政变阴谋，取缔了英帝控制的警察局，停止了由英国人担任教练的藏军训练，封闭了英国人操纵的贵族学校，并拒绝了英国政府提出的派遣代表团再来拉萨的请求，沉重打击了帝国主义和西藏地方政府中的"亲英派"反动势力。

1933年，十三世达赖喇嘛在拉萨圆寂。西藏地方政府依历史惯例上报中央政府。国民政府在南京为十三世达赖喇嘛举行追悼会，并任命黄慕松为特使入藏致祭。册封十三世达赖喇嘛为"护国弘化普慈圆觉大师"。第二年热振呼图克图出任西藏地方摄政。1934年在拉萨设立蒙藏委员会驻藏办事处，西藏地方政府与中央政府之间的关系，进一步得到了改善和加强。1940年，十四世达赖喇嘛在布达拉宫坐床，蒙藏委员会委员长吴忠信前往拉萨主持坐床典礼。1941年，爱国的热振活佛被迫辞去摄政职务。西藏地方政府的大权从此落入亲帝势力手中。1942年，西藏地方当局在帝国主义唆使下，突然在拉萨成立"外交局"，并通知国民政府驻藏办事处：此后一切事务与该局接洽。但被国民政府拒绝。1947年，西藏亲英势力制造"热振事件"，将爱国的热振活佛害死狱中。色拉寺杰扎仓的数百名僧人，为营救热振，武装攻入拉萨，同藏军发生冲突，结果色拉寺僧人战败。从此，亲帝势力把控了西藏地方政府的实权。

人民政权诞生

一、拉萨新生

1949年，中国国内形势发生了根本性的变化，西藏地方当局中的少数反动分子，在美英等帝国主义的操纵下，妄图阻挠西藏和平解放。1951年2月，依照中央人民政府提出的西藏地方政府应派出代表进行和谈的要求，西藏地方政府派出以阿沛·阿旺晋美为团长，凯墨·索南旺堆、土登丹达、土登来门、桑颇·丹增顿珠等5人组成的谈判代表团前往北京。4月，西藏代表团抵达北京。中央人民政府任命李维汉为团长，张经武、张国华、孙志远等为全权代表与西藏代表团进行谈判。5月23日，中华人民共和国中央人民政府全权代表和西藏地方政府全权代表在中南海勤政殿正式签订《中央人民政府与西藏地方政府关于和平解放西藏办法协议》（简称"十七条协议"）。由于"十七条协议"中明确规定了中央人民政府与西藏地方政府之间各个方面的关系准则，正确处理了西藏内部历史遗留下的各方面主要问题，因而受到了达赖喇嘛、大多数僧俗官员及广大群众的拥护。根据协议，10月26日，人民解放军抵达拉萨，受到拉萨各阶层僧俗群众2万多人的夹道欢迎。从此，西藏彻底摆脱了帝国主义势力的控制，重新回到祖国的怀抱。

1952年2月，中国人民解放军西藏军区在拉萨正式成立。张国华任司令员，谭冠三为政委，阿沛·阿旺晋美为第一副司令员，朵噶·彭措饶杰为第二副司令员，昌炳桂为第三副司令员，范明、王其梅为副政委，李觉为参谋长。以十八军为主力的四路进藏部队，按照党中央、毛主席"和平解放西藏"的伟大号召，分别由四川、青海、新疆、云南四路挺进西藏，并胜利完成了进军、筑路、建房、生产等各项任务。

和平解放至民主改革前的拉萨是西藏地方政府所在地，同时也是西工委[①]、西藏军区、西藏自治区筹备委员会[②]所在地。根据"十七条协议"规定，西藏保留了旧制度。两种制度、两个政权同时存在。虽然西藏解放了，拉萨解放了，但形势非常复杂。

二、新政权机构的建立

1951年5月，"十七条协议"签订后，地方政府一直在负责西藏事宜，西藏工委、人民解放军进藏部队与地方政府共同执行协议，完成西藏各地的解放任务，进驻边防。1956年4月成立自治区筹备委员会，负责筹备西藏自治区成立工作。此时的拉萨由雪列空和朗孜厦列空管理。雪列空是清朝康熙十四年（1675）第巴洛桑金巴在拉萨设立的管理机构，其办公地点设在布达拉宫城墙内。初建时，其管辖范围是拉萨老城和布达拉宫城墙内外，以后逐步扩大到管辖"雪"和近郊的18个谿卡。乾隆十六年（1751），西藏地方政府在拉萨增设一个与雪列空平行的机构朗孜厦列空，并重新调整划定两个机构的管辖范围。雪列空的管辖范围在原18个谿卡的基础上调整为布达拉宫、宇拓桥以下及"雪"和近郊的9城、18营；乾隆后期，其辖区划分为4宗、20谿；民国时期，调整为7宗、12谿卡。其主要职责是：对所辖区的行政、税收、司法、治安进行管理；负责征收达赖喇嘛食堂所需的青稞、小麦、豌豆、肉、酥油、清油（菜籽油）和制作供佛用品糌粑所用的青稞以及人头粮

---

①中国共产党西藏工作委员会简称西藏工委，是1951年至1965年期间中国共产党在西藏的领导机构，是组织实施中央关于解放西藏、经营西藏方针的领导核心。1950年1月27日至30日，受领了进军西藏任务的十八军党委在四川乐山召开第一次扩大会议。会上宣布了中央关于建立西藏工作委员会的决定，中国共产党西藏工作委员会正式成立。1951年11月底，范明率西北西藏工委抵达拉萨。1951年12月19日，中共中央批复西南局同意组成统一领导的中国共产党西藏工作委员会。

②西藏自治区筹备委员会是负责筹备成立西藏自治区的带政权性质的机关，受国务院领导。其主要任务是依据中国宪法的规定以及关于和平解放西藏办法的协议和西藏的具体情况，筹备在西藏地区实行区域自治。1954年11月，西藏地方政府、班禅堪布会议厅、昌都地区人民解放委员会、中央人民政府4方面的代表组织召开第一次会议，正式成立西藏自治区筹备委员会筹备小组。1956年4月22日，西藏自治区筹备委员会成立大会在新落成的拉萨大礼堂隆重举行。

饷；负责惩罚罪犯、看守囚犯、维持辖区和雪顿节等大型社会活动的治安；还负责对拉萨河堤的巡查、维修管理。朗孜厦列空行政机关设在大昭寺北面的"朗孜厦"（房名，原第巴朗孜娃的住宅），管辖大昭寺及宇拓路（今琉璃桥）以上地区，范围是东至转经路以西，南至转经路以北，西至宇拓桥中心线以东，北至转经路以南。其主要职责是：对拉萨市区的社会治安进行管理，如有杀人、盗窃等重大案件，由负责人呈报西藏地方政府处理，一般案件和纠纷由朗孜厦列空处理；并对所设监狱的囚徒进行看管和处罚；同时负责征收拉萨90家青稞酒店的营业税。

1956年8月，自治区筹备委员会成立拉萨基巧办事处。基巧办事处是西藏和平解放后在中国共产党领导下，由僧俗官员和中共拉萨分工委部分成员组成的拉萨第一个行政办事机关，下设办公室、民政科、财政科、农牧科、工伤科、建设科、文教科、卫生科、公安分处、司法分处等12个工作机构。1957年4月，其所属机构调整为一室（办公室）、二处（公安、司法）五科（民政、卫生、工商、农牧、建设）。1959年3月，拉萨市军事管制委员会成立，撤销雪列空和朗孜厦列空；10月，撤销拉萨市军事管制委员会和基巧办事处，建立拉萨直属市。

1960年1月19日至24日，拉萨地区召开第一次各族各界人民代表大会。自治区筹备委员会副主任阿沛·阿旺晋美到会宣布正式成立拉萨市人民政府。1961年5月27日至6月6日，拉萨地区召开第二次各族各界人民代表大会，总结工作，部署任务。

根据《中华人民共和国全国人大和地方各级人大选举法》和《西藏自治区各级人大选举条例》，1962年5月23日成立拉萨市选举委员会，在基层普选试点工作的基础上，分期、分批地铺开全市基层选举工作，并在曲水、林芝两县进行县级选举工作试点。1965年7月，全市县乡两级普选工作基本完成。市辖的12个县（除了墨脱县）中，10个县（区）分别召开第一届人民代表大会第一次会议、1个县召开各界人民代表大会，选举出了出席拉萨市第一届人民代表大会的代表。8月15日至20日，拉萨市第一届人民代表大会第一次会议在拉萨召开，选举产生了拉萨市人民委员会，拉萨市人民政府更名为拉萨市委员会，下设办公室、公安局、民政人事局、财政局、粮食局、

文教卫生局、工商管理局、中心支行、宗教事务委员会等9个办事机构。至此，由拉萨市各族人民当家做主的人民政权建立起来。

中国共产党的领导

全国各地在新民主主义革命取得胜利后，都建立了中国共产党领导的新型政权，西藏地区也同样如此。西藏和平解放和建立新政权是中国共产党领导的新民主主义革命的一部分。拉萨和平解放后，在中国共产党的领导下建立了新政权。党的领导是西藏各族人民的福祉，大家发自肺腑地唱到"唱支山歌给党听，我把党来比母亲"。没有共产党就没有新西藏，就没有新拉萨。

一、党组织机构的建立

1951年10月31日，经中共中央批准，"中国共产党西藏地区拉萨工作委员会"（简称拉萨工委，对外称中国人民解放军进藏先遣支队政治部）正式成立，内设办公室、组织部、宣传部、公安局等机构。11月，中共拉萨工委及其所属机构撤销，其工作由中共西藏工委统战部负责。1956年8月，中共西藏工委决定并报请中央批准，成立中共西藏工作委员会拉萨分工作委员会（简称拉萨分工委），下设办公室、组织部、宣传部、统战部、财经部、农工部、社会部，统一管理拉萨的28个宗和谿卡。1957年10月，中共西藏工委贯彻中央"西藏至少六年内不进行民主改革"的方针，决定撤销中共拉萨分工委，其工作归由中共西藏工委有关机构承担。

因"十七条协议"规定维护西藏现行制度不变，拉萨依然由旧政府管理。1951年西藏和平解放前后，拉萨墨本管辖拉萨市区中心部分（林廓路以内）；雪巴列空管辖拉萨市郊洛麦谿、朗如谿、札什谿、折布林谿、蔡谿、蚌堆（仲堆）谿、列乌谿、南木杰岗谿、隆巴谿、札谿、昌谷谿、聂当谿、江谿、东嘎宗、南木吉才谿、曲隆谿、古崩堂谿、德庆宗等18宗谿。1954年拉萨墨本管辖拉萨市；卫区总管管辖尼木门喀谿、曲水宗、羊八井郭巴、麻江郭巴、堆龙德庆宗、撒拉豁、朗塘豁、卡孜豁、林周宗、墨竹工卡宗、东嘎宗、德庆宗、达孜宗、蔡豁、列乌豁、南木杰岗豁、洛麦豁、协仲豁、札什豁、曲隆豁、折布林豁、南木豁、聂当豁、朗如豁、蚌堆豁、札豁、隆巴豁、昌谷豁等28宗豁。

1959年3月10日，西藏地方政府上层反动集团在帝国主义和外国干涉者的纵容、支持下，坚持分裂祖国、维护封建农奴制度的反动立场，公开撕毁"十七条协议"，在拉萨发动全面武装叛乱。当天，拉萨"朗孜厦"在市民中对18—60岁的男子进行登记，蛊惑他们拿起刀枪进行反叛。噶厦从布达拉宫底层军械库中取出炮12门、机枪30挺，运给罗布林卡的装备叛乱分子。16—17日，叛乱武装在罗布林卡连续向拉萨运输站开枪、开炮。17日晚，达赖喇嘛及其随员逃离拉萨。同日，人民解放军西藏军区部队遵照党中央和中央军委的指示，在拉萨爱国僧俗人民的积极协助下，对盘踞在拉萨市区的叛乱武装进行反击。经过两天多的战斗，彻底平息了拉萨市区的叛乱。共歼灭叛乱分子5300多人，其中击毙545人，伤、俘4800多人。

3月23日，经中共中央批准，成立中共拉萨市委员会（简称拉萨市委）。西藏工委常委、组织部部长惠毅然兼任拉萨市委书记，何祖荫、宋子元任市委副书记；此后，迅速建立市委秘书处、组织部、宣传部、统战部、财经部。同时，中国人民解放军西藏军区颁发布告宣布：撤销拉萨"朗孜厦列空""雪列空"和郊区及当雄等处所有一切反动政权组织；成立中国人民解放军西藏军区拉萨市军事管理委员会，接管拉萨地区的政治、军事、民政等一切事宜。为了让城市正常运行，西藏贸易总公司拉萨门市部开始营业，西藏贸易总公司大昭寺粮油门市部开业，市民可凭购粮证购买国家供应的粮油；拉萨市土特产门市部、市废品收购门市部也相继开业；选举成立了市工会筹备委员会；市委批准成立拉萨市工商管理处和拉萨市贸易公司。

拉萨市委成立后，陆续设立秘书处、组织部、宣传部、统战部、社会部、农林工作部、财经部等机构和各县（区）党委；以后逐渐健全了党组织的领导职能，组织、宣传、统战、政法、纪检、党员干部培训等工作陆续开展起来，党的领导建立起来。

在党的领导下，拉萨市各项事业发展起来，开始了大规模的经济建设、

文化建设和社会建设，拉萨城旧貌换新颜，各族人民走上了幸福的道路。在党的领导下，拉萨各族人民进行了民主改革，废除了政教合一的封建农奴制度，实行劳动者个体所有制，极大地解放了生产力；西藏自治区成立后，拉萨各族人民与全区各族人民一道走上了社会主义的光明大道，古老的拉萨发生了翻天覆地的变化。

二、政协拉萨市地方组织建立

中国人民政治协商会议（简称人民政协）是中国人民爱国统一战线的组织，是中国共产党领导的多党合作和政治协商的重要机构。中共拉萨市委成立后，立即组建政协拉萨市地方组织。1959年12月8日，中国人民政治协商委员会拉萨市委员会筹备委员会（简称市政协筹委会）正式成立，由中共代表、政府代表、工人代表、农民代表、民族中上层代表、商业界代表、宗教界代表组成。1960年1月17日完成筹备工作。1月18日，中国人民政治协商委员会拉萨市第一届委员会第一次全体会议在拉萨召开，中国人民政治协商委员会拉萨市委员会（简称市政协）正式成立，内设办公室。1962年10月成立中共拉萨市政协党组。拉萨市政协的成立，标志着党的统战工作在拉萨市进入了一个新的阶段。

三、共青团及群众团体的成立

中国共产主义青年团，简称共青团，原名中国社会主义青年团，是中国共产党领导的、由信仰共产主义的中国青年组成的群众性组织。1922年5月，团的第一次代表大会在广州举行，正式成立中国社会主义青年团，1925年1月26日改称中国共产主义青年团。1936年11月，为吸收广大青年参加抗日救国运动，中共中央决定将共青团组织改造为"广大群众的非党的青年组织"。1937年1月，共青团中央宣布结束工作。1946年9月，中共中央提议建立的民主青年团，经过近3年的试建团；1949年4月，中国新民主主义青年团在北平成立；1957年改名为中国共产主义青年团。

西藏和平解放后，1952年5月4日，中国新民主主义青年团西藏工作委员会（简称青年团西藏工委）在拉萨成立。中共西藏工委办公室主任、宣传部部长、新华社西藏分社社长乐于泓担任团委书记。青年团西藏工委下设组织部、宣传部、秘书处等机构。其主要任务是：实现"关于和平解放西藏办法的协议"，解放西藏人民，巩固西南边防，建设新西藏。1957年5月，青年团西藏工委改名为中国共产主义青年团西藏工作委员会，简称共青团西藏工委。

1956年10月，中国新民主主义青年团拉萨分工委成立，共建4个团支部。1959年9月24日，经过平叛斗争后几个月的整顿，并报上级党组织批准，中国共产主义青年团拉萨市委员会（简称团拉萨市委）和拉萨市青年联合会正式成立。经过民主改革，到1965年，全市共建县（区）团委8个、团总支9个、团支部96个，发展团员至2980人。1963年4月24日至29日，共青团拉萨市第一次代表大会召开。这次会议的召开标志着拉萨市青年工作从组织建设到活动方式、活动内容进入了一个新的历史时期。拉萨市团组织建立与发展中，紧密地将各族青年团结起来，为当时拉萨的革命和建设工作发挥了积极的作用，成为党的得力助手。

拉萨解放后，作为党联系群众的桥梁和纽带的群众团体也陆续建立起来。1959年8月，拉萨市职工代表大会召开。1960年5月，拉萨市总工会成立，所属各县（区）陆续成立基层工会组织。1962年9月，中共拉萨市工青妇党组成立。总工会成立后，直到现在都定期召开职工代表大会，其职能是救助困难职工，维护职工权利，调动和发挥职工在革命、建设和改革开放建设中的主力军作用。总工会是"职工之家"，在党联系群众方面起到了桥梁和纽带的作用。妇女联合会是妇女的组织，是党做好妇女工作的机构。1951年，拉萨市妇女委员会（简称妇委会）成立，由中共西藏工委书记谭冠三兼任妇委会主任。1954年，在市妇委会的基础上拉萨爱国妇女联谊会成立。1959年，拉萨妇联组织发展到10县1区；各县（区）的乡村、办事处、居委会都成立了相应的妇女组织。1960年，在拉萨市第一届妇女代表大会上，拉萨爱国妇女联谊会改名为拉萨市妇女联合会。拉萨妇女组织建立以来，开展了宣传贯彻"十七条协议"和平叛改革工作，开展了"巾帼建功"、创建文明单位的活动，开展了维护妇女儿童权益、扶贫济困工作，促进了全市妇女儿童事业的发展。1959年12月，拉萨市工商业联合会筹备委员会成立，并

召开第一次会员会议。"文革"中其受到冲击，停止工作。十一届三中全会后，恢复工作。1994年5月，拉萨市工商业联合会（简称市工商联）正式成立，并召开第一次会员大会。工商联组织的职能主要是服务工商业者和非公经济的发展。

中国共产党组织机构和人民政权机构的建立，表明中国共产党领导下的各族人民当家做主的人民政权建立起来。从此，党领导拉萨各族人民开始了新拉萨的建设。

第二章　经济社会建设
——跨越式发展到长足发展

　　1951年和平解放前，西藏生产力十分低下，社会发育程度很低。据西藏自治区档案馆资料记载，民主改革前，全西藏只有10部磁石电话，主要集中在少数达官贵人家中。[①]西藏和平解放后，拉萨逐渐发展起来，城区面积不断扩大，人口逐渐增多。1959年，民主改革首先在拉萨开始，经过平叛和民主改革，废除了政教合一的封建农奴制度，极大地解放了社会生产力，人民翻身做了主人，选择了社会主义道路和制度。1965年，西藏自治区成立。1966年，拉萨在全区率先基本完成了社会主义改造，初步建立起以社会主义公有制为主体的社会主义经济，并新建了一批工业企业，社会制度实现了跨越，经济社会快速发展起来，取得了巨大的发展成就，人民群众的生产生活日益富足和幸福。60多年来，尤其是改革开放以来，在党中央的亲切关怀下，在西藏自治区党委、政府的正确领导下，在北京、江苏两省市无私援助和拉萨各族人民的共同努力下，拉萨市委、市政府贯彻中央自1980年以来召开的六次西藏工作座谈会精神，团结带领全市各族人民，抢抓机遇，开拓进取，团结拼搏，扎实工作，经济社会发展经历了从初步发展到跨越式发展、长足发展的过程，谱写出小康拉萨、平安拉萨、和谐拉萨、生态拉萨、幸福拉萨建设的崭新篇章。

商业贸易的发展

　　西藏和平解放后，拉萨现代经济的发展首先开端于商业贸易。商业贸易

[①]王珊：《再逛拉萨新城》，载于《中国西藏》2001年第4期。

解决了当时解放军进藏的生活保障问题，也为改善人民生活提供了前提。商业贸易的发展是其他经济发展的基础。

1951—1959年为拉萨国营商业建立时期。拉萨刚解放的前两年，公路未通，贸易比较困难。中共西藏工委贯彻中央"进军西藏，不吃地方"的指示，从其他地区组织了大批物资经中国香港、印度转口到亚东，再靠牛马驮运到拉萨。当时提出了"保证军需，兼顾民用"的贸易方针。1952年4月，在进藏部队采购处的基础上建立了国营西藏贸易公司。不久，拉萨建立起一批国营商业网点，一方面积极扶持民族商业，另一方面争取、团结、利用私商。1954年底，青藏、川藏公路通车，为商业贸易提供了交通条件，拉萨的商业贸易进入了一个新的发展阶段。在西藏国营贸易公司的精心组织下，一批批砖茶、棉花、糖、香烟、日用百货和铁质农具等生活必需品和生产资料源源不断地运到拉萨，保证了军需和民用，对于稳定市场、稳定形势、稳定人心起到了重要作用。同时，国营贸易也帮助民族商人改变了进货渠道、销售获利模式。拉萨也允许外商在遵守中国法律的前提下经营商业。

1959—1978年是社会主义商业从建立、发展到萎缩的时期。民主改革初期，政府大力发展国营商业。1959年7月成立了西藏贸易总公司拉萨市贸易分公司，随后又相继建立了第一、第二、第3个门市部，有近百人的职工。接着，在西藏贸易总公司移交过来一部分单位的基础上，1960年先后修建了拉萨市食品厂、副食加工厂、被服厂等商办工厂。1961年11月，拉萨市商业局成立。在发展国营商业的同时，拉萨市建立了消费社，对生产所需的原材料实行计划供应；对群众所需的生活必需品，如茶、糖、食盐、布、火柴、肥皂、蜡烛，实行定量供应。

1962年5月，商业部、对外贸易部和国家民委联合召开了第5次全国贸易工作会议。会议专门研究了民族贸易工作，指出它既要体现"发展经济，保障供给"的财经工作总方针，又要体现党的民族政策，促进全民所有制和集体所有制经济的巩固；组织消费品供应，逐步改善少数民族地区城乡人民的生活；加强民族团结。会议还决定对边远山区、牧区的民族贸易企业在资金、价格和利润留成上实行"三项照顾"的政策，即给予较多的流动资金、较多的利润留成，对农、牧、副及土特产品实行最低保护价和对工业品销售实现最高限价。根据会议精神，拉萨从1963年开始对国营商业实行"三项照顾"政策，促进了全市国营商业的发展。

为了迎接西藏自治区正式成立，自治区政府和拉萨市政府于1965年初先后拨款修建拉萨市人民路商业街和昂康东路商业街。至此，全市的商业网点基本形成。

从1960年起，拉萨市开展基层供销社的组建工作。这对发展社会主义集体经济，活跃农牧区经济，改善城乡人民的生活，稳定市场、金融、物价等发挥了重要作用。这一时期，私营商业、个体商业、服务业和外商虽然存在，但发展缓慢。1966年"文革"开始后，国营商业的发展也走了曲折的路子。

党的十一届三中全会后，各项工作走上了正轨。拉萨在流通体制改革中，贯彻了"两个为主"的政策：一是以集体、个体经营为主，凡小型的国营零售商业、服务业均可实行集体或个人承包或租赁；二是以市场调节为主，发挥市场机制作用，工、农（牧）业产品，除了极少数几种仍按计划管理，其余的价格一律放开，随行就市。实行了"两个为主"的政策后，在流通领域出现了国家、集体和个体多种所有制结构、多种经营形式并存的局面。

1985年，西藏自治区成立20周年前夕，拉萨修建了拉萨贸易中心和娘热路综合商场；之后，又修建了拉萨外贸大楼、城西医药批发零售经营部、民族贸易商场等。到1990年，拉萨商业系统中（包括市辖7个县在内）国营企业已达29个，大型商场、公司、商店20个，三级批发企业1个，日用工业品储藏库1座，肉食冷冻库2座，医药批发经销部2个，外贸企业1个，石油企业1个，商办工厂3个。国营商业网点由中华人民共和国成立前的10多个发展到262个，经营品种由90多种增加到上万种，商业从业人员由解放初的不足百人增加到2100多人。[1]7县1区县、区供销社33个，乡、村（组）代销点157个，城市供销社12个。[2]同时，私营、个体商业发展起来，到1990年底，市区

---

[1] 傅崇兰：《拉萨史》，北京：中国社会科学出版社，1994年版，第240页。
[2] 傅崇兰：《拉萨史》，北京：中国社会科学出版社，1994年版，第240页。

仅集体、个体商贩就有3379家，从业人员达3800多人。拉萨各类餐饮、商品极大地丰富起来，满足了人民群众的生活需求。

中华人民共和国成立后，拉萨的对外贸易发展起来。1954年，中国与印度签订了通商与交通协定；1956年，中国与尼泊尔签订了通商与交通协定。印、尼两国在拉萨，西藏在新德里和加德满都设立了商务代理处。1953—1961年，西藏对外贸易总额为1.86亿元人民币，平均每年1200万元。其中，拉萨约占1/3。出口商品主要有羊毛、皮张、药材等，进口商品主要有粮食、食品、水果、汽车配件、建筑材料、日用百货、五金交电及民族特需品等。1961年，国务院决定在拉萨设立海关，成立海关总署驻拉萨办事处，1965年改名为拉萨海关管理处。中印边境自卫反击战前，拉萨贸易的主要国家是印度，之后，主要国家为尼泊尔。20世纪80年代后，西藏进行外贸体制改革，进一步扩大贸易。从1984年起，首次实现了对尼泊尔贸易的顺差，初步建立了与德国、意大利、法国、瑞士、奥地利等国的贸易关系。1990年，拉萨利用外资达100多万美元。

进入21世纪，拉萨的商业贸易发展更快。2005年，拉萨召开了有史以来规模最大的招商引资表彰大会，组织了首届招商引资项目推介会，成功举办了2005年拉萨雪顿节经贸洽谈会，加强了与睦邻地区和城市的交往与合作，引进了香港中信等知名企业。2005年，拉萨招商引资引进项目170个，协议资金40亿元，合同资金20.25亿；民营企业注册资金增长41%，个体经济从业人员增至4.48万人。

2001年9月，国家级西藏拉萨经济技术开发区获得国务院批复。2003年8月，位于拉萨堆龙德庆东嘎镇的国家级西藏拉萨经济技术开发区破土动工，开启了西藏探索发展园区经济、走新型工业化道路的序幕。作为全国最后一个国家级经济技术开发区，同时也是西藏唯一一个国家级开发区，国家级西藏拉萨经济技术开发区肩负着西藏产业结构优化、提高对外开放水平、体制改革、机制创新和加速招商引资进程等历史使命。为此，西藏自治区、拉萨市两级党委、政府高度重视开发区建设。2002年，国家级西藏拉萨经济技术开发区正式挂牌启动，规划用地面积5.46平方千米，分为A、B两区。A区面积2.51平方千米，B区面积2.95平方千米。2003年1月，西藏自治区政府第52

号令颁布《国家级西藏拉萨经济技术开发区管理办法（试行）》，明确开发区管委会是拉萨市人民政府派出机构，行使地（市）级行政管理职能，对西藏拉萨经济技术开发区的工作实行统一领导和管理；2004年4月，自治区国税局在开发区成立了建制为正处级的开发区国税局；2008年10月，开发区公安局派出所成立；2009年1月，将2006年设立的开发区工商所升格为工商局……一个"小政府、大社会，小机构、大服务"的现代行政管理格局在国家级西藏拉萨经济技术开发区成形。到2012年，国家级西藏拉萨经济技术开发区在招商引资方面不断创新工作方式，在坚持"优势招商、政策吸商、环境留商、服务感商"的原则上，变"招商"为"选商"，专注于大项目招商，提升支柱产业规模。在招商引资工作中，紧紧围绕西藏当地特色资源的开发利用，以建设藏医药、生物制药、农畜产品深加工、手工艺品、电子信息技术等几大支柱产业基地为目标，努力发展"中国特色、西藏特点"的产业，吸引科技含量高、有一定投资规模、经济效益好、无污染的投资项目，特别是在"大企业引进，大项目带动"上做文章，提高了招商引资的针对性，把世界500强、国内500强、上市公司、知名企业列为重点招商对象，提高招商引资的针对性和成功率。同时，拉萨还积极创造条件，支持企业上市，以期为企业带来充足的资本，从而为开发区实现跨越式发展探索一条有效途径。截至2011年8月，国家级西藏拉萨经济技术开发区累计登记注册企业达374家，累计注册资金55.54亿元。其中，2011年新增注册企业119家，新增注册资本10.54亿元；实现工业总产值3.54亿元，同比增长114%；工业增加值0.95亿元；工业销售产值3.2亿元；新增固定资产投资3.1亿元。目前，已落地建设企业59家，总投资达57亿元。其中工业项目36个，总投资39.8亿元。已投产或者投运项目14个，总投资13亿元。其中工业项目9个，总投资11亿元。今年新开工项目5个，总投资8.6亿元。其中工业项目4个，总投资7.6亿元。[①]2015年，拉萨经开区注册企业达到2786

---

① 田丽：《宏图大展谱华章——国家级西藏拉萨经济技术开发区十年建设成就综述》，载于《西藏日报》2011-09-18。

家，实现财政收入19亿元，占全市财政收入的1/4，占全区财政收入的1/6，成为拉萨乃至全区新的经济增长极。①

农牧业的巨大发展

1959年是西藏历史发展的分水岭。这一年，西藏地方反动上层发动的旨在维护封建农奴制的武装叛乱失败，中央政府发布命令解散西藏地方政府，西藏各族人民发起民主改革运动，一举推翻延续几百年的政教合一的封建农奴制度，开启了西藏历史上最为广泛、最为深刻、最具进步意义的社会变革。民主改革使百万农奴翻身解放，在西藏历史上首次实现人人平等、自由的基本人权，为日后的发展进步奠定了经济、政治和社会基础。民主改革以后，拉萨市实行了个体所有制，分到土地、农具和牲畜的农奴和奴隶，开展互助互利，成立农业生产互助组。1964年，拉萨农牧业互助组发展到4791个，入组户数达到33304户，占总户数的85%。②

1965年，西藏自治区成立，人民代表大会制度、民族区域自治制度等在西藏最终确立，西藏社会制度实现了从政教合一的封建农奴制度向人民当家做主的社会主义制度的跨越。伴随着新型政治制度的建立和民主政治观念的传播，西藏百万农奴和旧时封建贵族等都成为享有平等权利的现代公民，行使平等参与国家事务管理和自主管理本民族本地区事务的政治权利，极大调动了人民创造美好生活的积极性和创造性。拉萨作为西藏的首府，在政治、经济、文化等各方面都发挥了带头示范作用。1965年，拉萨农牧林副业总产值达到4956.65万元，粮油总产量达到5506.21万千克。③1965年7月，堆龙德庆东嘎被定为全区第一个人民公社试点乡，达孜邦堆被定为拉萨第一个人民公社试点乡。到1975年6月，拉萨农牧区286个乡全部建起了人民公社，完成

---

①王晓莉：《驶入经济发展"快车道"——拉萨市2015年经济社会发展综述》，载于中国西藏新闻网2016-01-27。

②傅崇兰：《拉萨史》，北京：中国社会科学出版社，1994年版，第478页。

③傅崇兰：《拉萨史》，北京：中国社会科学出版社，1994年版，第478页。

了全市的农牧业社会主义改造，土地、牧场等主要生产资料由农牧民个体所有制改造为社队两级所有和以队为基础的社会主义公有制。拉萨作为西藏自治区首府和全国其他城市一样，建立了社会主义制度。

1978年以后，西藏和全国一道进入改革开放和现代化建设新时期，经济社会发展呈现新局面。中央政府提出"加快西藏发展、在中国四个现代化建设中走在前列"的目标，并根据西藏实际，制定了新时期西藏工作的指导思想和特殊优惠政策，大力支援西藏建设，有力推进了西藏的发展进步。从1979年开始，全市逐渐实行家庭联产承包责任制。1980年、1984年中央召开了两次西藏工作座谈会，拉萨落实会议精神，实行"土地归户使用，自主经营，长期不变"和"牲畜归户，私有私养，自主经营，长期不变"的政策。1983年，拉萨制订了"用30年时间改善生态环境"的发展规划，同时，体制改革稳步推进，拉萨市委印发了《拉萨市企业承包责任制和企业整顿领导小组会议纪要》《关于搞好农牧区承包合同的意见》等规范性文件。1984—1985年，全市结束了人民公社的建制，全部恢复了乡建制。

拉萨和平解放前，生产方式落后，生产力水平低下，二牛抬杠，牦牛踏场，粗放撒播，农作物品种单一，产量低而不稳。正常年景，亩产一般只有110斤至140斤。西藏和平解放后，广大农奴翻身做了主人，农牧区实行人民当家做主的管理制度，农牧区生产力极大地被解放出来，农牧民的生产积极性被调动起来，农牧业逐渐向现代化方向发展。1952年8月1日，西藏军区正式成立八一农场，开垦农田，解决了当时粮食困难问题。1959年11月成立澎波农场，以新的农业管理模式改变农业发展的状况，推广农业机械化。到和平解放40年即1991年时，拉萨农业总值达9092.93万元，比1952年增长了2.2倍，平均每年递增7.8%。[①]农业获得发展，得益于科学技术的推广。自20世纪80年代以来，全市大力推广了化学灭草、化肥深施、种子精选、良种推广、复种绿肥、土壤处理、种子处理、机耕机播等8项农业技术措施。中华人民共和国成立后，拉萨开始种植冬小麦。1990年，冬小麦占粮食总产量的

[①] 拉萨晚报社：《前进中的拉萨》（内部资料），藏新出准字第0000109号，第80页。

35%。①世纪之交，拉萨农业发展经历了两个阶段：一是1994—1998年，依靠体制转变、政策调整来增加收入，并采用科学技术，以改造中低产田、加强基础设施建设、提高综合生产力为主要内容；二是1999—2004年，发展产业化及商品化农业，开发及增加农副产品的附加值，以优化结构、依靠科技发展高产、优质及高效的现代农业为主要内容。②

西藏和平解放前，拉萨的畜牧业是靠天养畜，逐水草而居的原始放牧、半游牧经营方式，生产水平十分低下，完全听从自然摆布，一旦遇到自然灾害和病疫流行，牧民就要倾家荡产，背井离乡，畜牧业的发展极其缓慢。西藏和平解放后，拉萨加强了畜牧业基础设施建设，引进了畜牧业技术防治病疫，畜牧业发展起来。1989年，畜牧业产值达到3980.11万元，比1952年的1361.22万元增长了65.79%，畜牧业占农业总产值的48%。③

在现代农业发展过程中，拉萨实施了两个项目工程，有力地提高了农业生产现代化水平。一项是"3357项目"工程，另一项是"一江两河"工程。1986年10月，农业部与自治区人民政府研究提出开发"3357"项目，西藏自治区人民政府决定将开发项目选在拉萨河流域，由拉萨负责执行。11月，市政府抽调有关专业人员，到拉萨河两岸的墨竹工卡、达孜、城关、堆龙德庆、曲水、尼木等县（区），对拉萨河流域自然资源状况以及农、牧、林业生产现状和社会经济发展等情况进行调查、研究，提出项目区总体布局意见；经专家论证后，协同区内工程技术人员向自治区人民政府提交关于利用世界粮食计划署援助《拉萨河谷农业综合开发项目文件》；经国务院批准，此项目被列入1988—1990年中国接受WFP（即世界粮食计划署）援助项目计划。1987年10月，WFP统一立项。1988年5月9日至29日，以约翰尼斯·门杰沙为团长的世界粮食计划署评估团，对拉萨河谷农业综合开发项目进行实地考察评估。12月12日，联合国世界粮食计划署在粮食援助政策和计划委员会第26届会议（在罗马召开）上，正式通过了世界粮食计划署援助拉萨河

---

①拉萨晚报社：《前进中的拉萨》（内部资料），藏新出准字第0000109号，第81页。
②格勒、朱春生、雷桂龙：《拉萨十年变迁（1994—2004）》，北京：社会科学文献出版社，2008年版，第93页。
③拉萨晚报社：《前进中的拉萨》（内部资料），藏新出准字第0000109号，第83页。

谷农业综合开发项目计划，项目《实施计划》有21个分项目，因项目编号为"3357"，所以简称"3357项目"工程。项目区位于拉萨河谷下游的墨竹工卡、达孜、堆龙德庆、曲水和城关。在该项目中，世界粮食计划署原计划援助小麦34100吨、黄油558吨，总成本675.396万美元；中国政府配套经费1094万美元。项目执行过程中，世界粮食计划署实际到位小麦22000吨、黄油348吨；中国政府提供了5230万元人民币配套经费。项目总开发面积为6672公顷，其中农业3999公顷、林业2095公顷、牧业578公顷、田间道路199公顷，打井363眼，培训人员36000名。1989年9月，"3357项目"第一期计划正式运行，计划执行11个项目。1993年，这些项目陆续执行完毕。1995年，第二期计划开工，计划执行10个项目。到1997年6月，"3357项目"全部竣工，并验收合格。"3357项目"的实施，部分改善了项目区的农业生产条件，提高了粮食单位产量，增加了农民收入，成效明显。据粗略统计，项目区每户农民的人均粮食增加16.7公斤，增加人民币47.4元。[①]

20世纪80年代末，西藏自治区政府在地区差异很大、财力相对不足的条件下，考虑实施适度非均衡发展战略，采取优势区位发展的模式，对开发建设条件相对较好的"一江两河"地区实行适度倾斜，重点突破，从而带动整个西藏经济起飞。20世纪90年代，"一江两河"工程计划得到国务院的批准，列入国家"八五计划"和10年重点建设项目。"一江两河"指的是雅鲁藏布江、拉萨河和年楚河。"一江两河"工程指的是雅鲁藏布江、拉萨河及年楚河中部流域地区的农牧业开发建设，包含了农业、牧业、林业、水利、能源、交通、工业等多个行业，涉及建设、生产、市场、管理、技术等，是内容广泛、建设宏伟的系统工程。项目从1991年起开始实施，计划用10年左右的时间，投资10亿元，通过兴修水利、改造中低产田、改造草场和植树造林等，使农业生产有一个稳固、坚实的基础和良好的生态屏障；到2000年，实现农业生产综合能力有较大的提高，实现粮食增产15万多千克、肉类增产2.4万千克等目标，将"一江两河"流域建设成为西藏的商品粮基地、畜

[①] 格勒、朱春生、雷桂龙：《拉萨十年变迁（1994—2004）》，北京：社会科学文献出版社，2008年版，第105页。

产品副食基地、轻纺手工业基地和科技示范基地。"一江两河"包括拉萨城关和达孜、林周、墨竹工卡、堆龙德庆、曲水、尼木四县三区。到2000年年底，拉萨完成总投资16708.97万元，其中国家投资16586.41万元，占99.2%；实施开发项目53项，其中水利项目11项、农业项目5项、林业项目16项、畜牧项目6项、能源项目3项、科技及其他项目12项。通过项目建设，加强了拉萨的农牧业生产基础，提高了综合生产能力，拉萨提前实现了粮食自给的目标，初步建立起自治区的商品粮、畜产品、蔬菜及副食品生产基地。[①]

2000年，国家实施"西部大开发"战略，进一步加大扶持力度，增加了农业开发项目，拉萨主要有：墨竹工卡的塔杰干渠、仁多岗电站、朗杰岭干渠、甲玛人畜饮水工程，林周的唐古低产田改造、北部牧区围栏及暖棚建设，曲水的茶巴拉人畜饮水工程，当雄的退化草场治理示范项目，尼木的麻江人工种草项目等。通过项目建设，改变了长期以来基础设施状况脆弱的现状，增强了抗御自然灾害的能力，提高了综合生产的能力，为结构调整、扶持优势农产品生产、发展特色农业创造了条件。从2001年开始，拉萨农业开发重点转入扶持优质青稞、优质油菜、优质蔬菜和畜禽养殖等优势特色产业，形成了区域特色，初步显现出"一县一业""一乡一品"的格局。拉萨围绕农牧民增收这个中心，充分发挥区位、资源两大优势，突出蔬菜、城郊养殖、农区畜牧业、农畜产品加工"四个重点"，建立奶牛养殖、畜牧业优质种源生产、无公害蔬菜生产、短期育肥、优质粮油生产、优质饲料生产、土鸡养殖、水禽养殖、农畜产品加工、水产渔业养殖"十大生产基地"；以市场为导向，以资源为依托，以发展畜牧业、蔬菜产业等特色产业为突破口，进一步优化种植业结构、产业结构和区域布局，加快特色产业开发步伐，全面提高农牧业经济发展水平，着力增加农牧民收入；成立专业合作组织，提高农牧民进入市场的组织化程度和抵御市场风险的能力。拉萨推动传统农业向现代化农业过渡，不断提高机械化水平，到2012年，农机配套率

[①] 格勒、朱春生、雷桂龙：《拉萨十年变迁（1994—2004）》，北京：社会科学文献出版社，2008年版，第105—106页。

达到1∶2.5，耕、种、收综合机械化水平分别达到88%、86%、72%，综合水平达到82%以上。①2015年，拉萨综合机械化水平达到79%。②2016年，拉萨实现农林牧渔业总产值25.72亿元，增长10%；农牧民人均可支配收入达12308元，增长16%。拉萨农牧业经济呈现稳中向好的发展态势，为经济社会发展提供了有力支撑。③

农牧区扶贫工作是拉萨发展农牧业的一项重要工作。1994年，中央启动了"八七扶贫攻坚计划"，西藏自治区政府根据收入、消费、生产条件和其他四项指标，确定了贫困线年人均收入：农区600元、半农半牧区650元、牧区700元，对贫困户建卡帮扶，落到实处。拉萨成立了扶贫开发办公室，开展扶贫工作。2002年，党的十六大确立了全面建设小康社会的目标；2012年，党的十八大确立全面建成小康社会的奋斗目标。在西藏自治区党委、政府的领导下，拉萨开始了扶贫攻坚、全面建成小康社会的工作。2016年，拉萨带动6780名建档立卡贫困群众实现脱贫，发放农牧区最低生活保障、五保供养、医疗救助等各类社会保障补助资金1.23亿元，不断完善综合保障和政策兜底。2016年，经过统计核实和第三方评估，全市35520人越过贫困线，占全市总任务的80.4%。④农村最低生活保障标准分别达到月人均704元和年人均2650元。⑤精准扶贫工作开展以来，拉萨城关建档立卡贫困户394户1212人全部达到贫困人口脱贫标准，贫困户年人均收入由2015年的2153.23元增长到9559元，增长了3.44倍。2017年7月13日至25日，城关顺利通过国务院脱贫摘帽督导组和评估组验收，成为西藏首批全面脱贫摘帽的县（区）。⑥

---

①杨正林、郭歌：《拉萨市农牧业生产四十年发展综述》，载于《西藏日报》2005-09-01。

②裴聪：《拉萨市农牧业工作综述：突出优势抓发展，壮大产业促增收》，载于中国西藏新闻网2016-01-06。

③王珊：《2016年拉萨市农牧业发展综述》，载于《西藏日报》2017-02-16。

④《2017年拉萨市政府工作报告》。

⑤《2017年拉萨市政府工作报告》。

⑥张雪芳：《城关区成为西藏首批脱贫摘帽县（区）》，载于中国西藏新闻网2017-10-30。

党的十六大以来，西藏自治区党委、政府清醒地认识到西藏农牧业农村发展的阶段性特征，把中央精神和西藏区情农情有机结合起来，扎实推进以农牧民安居工程和"八到农家"为主要抓手的社会主义新农村建设，把改善农牧民生产生活条件、增加农牧民收入作为首要任务，正确处理生产生活生态的关系，扎实推进社会主义新农村建设，农牧业生产得到快速发展，农村面貌得到极大改善，农牧民收入实现跨越式增长，农牧业和农村发展实现了历史性跨越，初步探索出了一条具有中国特色、西藏特点的农牧业现代化路子。2006年开始实施农牧民安居工程以来，为更好建设社会主义新农村，西藏提出加快实施水、电、路、气、讯、邮政、广播电视、优美环境"八到农家"工程，力争到"十二五"末，解决所有农牧民的饮水安全问题，基本实现农牧区人口用电全覆盖，有条件的行政建制村和所有农林场、边防站点通公路，建成农村沼气20万户以上，电话入户率达到93%以上，行政建制村通邮率达到90%以上，广播电视人口综合覆盖率达到95%以上，从根本上改变农牧民的生产生活条件和居住环境。拉萨按照西藏自治区的安排，实现了水、电、路、气、讯、邮政、广播电视、优美环境"八到农家"的目标，完成了新农村建设的任务，农牧区生产生活大大改观，社会主义新农村基本建成。

工业的兴起与发展

中华人民共和国成立前，拉萨有少量的手工业，但是发展极其缓慢。到1959年民主改革前夕，拉萨有手工业30多家，从业人员2500多人，主要是缝纫（鞋帽）、手工纺织（氆氇、地毯）、金银雕刻、铜铁器制造等，大多是家庭作坊形式；没有现代工业，连一根火柴、一枚铁钉都造不出来。1931年，西藏地方政府在拉萨夺底沟修建了一座125马力（90多千瓦）的小型水电站、一个维修机械的小型军械厂和一座小铸币厂，但建成不久就因技术不足、管理不善、配件缺乏等，而相继倒闭。

西藏和平解放以后，拉萨的现代工业逐渐发展起来。1955年3月，在原来的基础上，拉萨新修了夺底沟水电站；1960年建成发电，装机容量6600千瓦，这是西藏历史上第一个公用电力事业。1958年拉萨兴建了装机容量为7500千瓦的纳金水电站。1955年拉萨建成第一汽车修配厂。从西藏和平解放到1959年，拉萨在发展工业的道路上迈出了历史性的步伐，能源、交通、建筑材料等领域发展较快。

民主改革后，拉萨的工业发展加快，建立了一批工厂：1960年，建立拉萨皮革厂，建成拉萨水泥厂，兴建拉萨机械修配厂和铁木工厂；1961年建立拉萨食品厂；1964年建立拉萨面粉厂；1965年建成拉萨药王山水厂，拉萨纳金电站正式发电。民主改革后，城关建立了12个手工业生产互助组。

"文革"期间，拉萨工业发展也出现了不切实际的情况，如修建钢铁厂、玻璃厂、纺织厂、造纸厂、糖厂、广播器材厂，但因缺乏燃料、技术和管理，不久都下马了。拉萨经济发展史上最重大的一个项目就是格尔木至拉萨的输油管道项目，1973年动工，1976年全线建成并开始输油。它的建成，对于发展西藏经济、巩固边防，以及西藏特别是拉萨的交通具有重要的意义。另一项重大工程是羊八井地热实验电站第一期工程，1977年，装机容量为1000千瓦的1号机组试运行成功并向拉萨发电，1978年被正式列入国家计划。

1981—1989年，拉萨先后建起了装机容量为1.8万千瓦的羊八井第二期地热电站工程；后来，建成羊卓雍措湖抽水蓄能电站，装机容量为9万千瓦。1987年，德国总理科尔参观拉萨皮革厂，决定提供1000万马克的援助，1992年经过技术改造后投产。1991年，中国西藏与尼泊尔合作建设的"世界屋脊实业有限公司"投产，为西藏羊毛进入国际市场打开了一条通道。1989年拉萨建成啤酒厂；同时，拉萨民族手工业也发展起来，1990年，拉萨民族手工业由1964年的8家发展到40多家，从业人员1500多人。1990年，拉萨的工业总产值达到3599万元。

进入21世纪，拉萨的工业快速发展，以绿色饮品、矿产采掘、新型建材、藏毯藏药、生物能源、民族手工业为支柱的特色工业优势凸显，5100矿泉水在港交所成功上市，娃哈哈饮料、20万吨青稞啤酒、中石油天然气处理等重大项目陆续开工建设，拉萨国家级经济技术开发区成为国家新型工业化产业示范基地，达孜工业园升级为自治区级工业园区，成为拉萨经济发展的新"引擎"。

2013年10月21日，拉萨，工业发展会议召开。会议决定，拉萨将依托西藏特色资源优势，突出主导产业结构的优化升级，逐步加快推进新型工业化进程，做大做强生命健康产业、民族传统产业、新能源产业、高新技术产业、资源型产业、新型建材产业等六大产业。拉萨还将加快新能源基地建设，发展太阳能光伏、光热、地热等新能源企业；同时，还将培养壮大高原特色高新技术产业、资源性产业、新型建材业；等等。

拉萨净土健康产业自2014年启动以来就呈现出良好的发展态势，已逐步成为继文化旅游产业之后的拉萨又一支柱产业。净土健康产业，就是以青藏高原纯天然环境和无污染草原、耕地、水土为条件，以提高高原生态环境服务生命的效能和价值为核心，以推进高原有机农牧业生产为基础，以开发高原有机健康食品、高原有机生命产品、高原地道保健药材、乐活旅游和清洁能源为主体，以先进技术改造和提升传统产业为重点，以聚合多种独特资源，实现产业升级和效益倍增为目标的地域型、复合型产业。净土健康产业是满足社会公共服务、民生服务需求的朝阳产业和科技含量高、消耗低、污染少、可持续发展的低碳产业、绿色产业，涉及横跨第一、第二和第三产业的新兴产业。在《中共拉萨市委员会、拉萨市人民政府关于加快净土健康产业发展的决定》《拉萨市净土健康产业发展2014年工作要点》和《拉萨市健康产业发展规划种植篇（2014—2020）》《拉萨市健康产业发展规划养殖篇（2014—2020）》的统筹规划指导下，2016年，拉萨的净土健康产业支撑体系初步完善，"拉萨净土"品牌系列产品走向全国，形成3个以上国内、国际知名产品，培育了20家自主创新能力较强、发展水平较高的龙头企业。到2016年底，拉萨净土健康产业产值达到300亿元，力争到"十三五"末，净土健康产业产值突破1000亿元大关。

近年来，拉萨市工业发展态势良好。到2016年底，实现工业企业增加值55.43亿元，同比增长27%。其中，五大功能区实现工业总产值44.05亿元，工业销售产值42.35亿元，工业税收5.65亿元，分别增长16.6%、15.3%和25.6%；特色产业发展壮大；净土健康产业提质增效，设立首个"净土健康产业院士工作站",北京、南京等6个产品交流中心建成并投入使用。"拉萨净土"区域公用品牌17类商标成功注册,形成藏鸡标准139项、藏香标准37项。拉萨全市天然饮用水产能达373万吨,产量55.7万吨,销售45.9万吨,实现产值11.6亿元。[①]

旅游业的迅速发展

拉萨是我国首批24个历史文化名城之一,有着深厚的历史积淀。历史留下的丰富遗产,不仅具有时间早、规模大、品位高的特点,也以其极高的历史、艺术和科学价值成为发展旅游业的资源宝库。1985年1月拉萨市旅游局筹备组成立,同时,拉萨市旅游公司成立。1987年4月,拉萨市旅游局筹备组与拉萨市旅游公司政企分开,正式成立拉萨市外事旅游局。拉萨的旅游业逐渐发展起来。进入21世纪后,拉萨当雄开发了"赛马节""纳木错羊年转湖节"等具有地方特色、民族风情的旅游活动。拉萨城关的"娘热民俗风情园",集休闲度假、民族歌舞表演、民风民俗展示于一体,2004年7月被评为"全国农村旅游示范点"。另外,拉萨还开发了蔡公堂支村的牧家乐、夺底沟和次角林的自然和民俗旅游;尼木积极开发了藏文发源地和藏香、藏纸、雕刻"三绝"等旅游项目;达孜大力发展拉萨城郊休闲度假游;墨竹工卡围绕德仲温泉和日多温泉山庄地质公园进行开发;堆龙德庆以农牧民家庭民俗旅游为主线,发展带动农牧民增收的扶贫旅游项目,如桑木民俗村、邱桑温泉;曲水开发聂当大佛和西藏唯一以打鱼为生的俊巴度假村;林周以热振寺游览区和自然保护区的开发为主;拉萨市郊的度假村也成为市民游客过林卡的游乐避暑胜地。游客到五县三区的农村和牧区,可以饱览田园风光、草原景色,融入藏族人家的生活,感受藏族独特的民俗风情。

"十一五"期间,拉萨实施政府主导型旅游发展战略,把旅游业作为新的经济增长点来培植,制定了《拉萨市旅游管理办法》《旅游从业人员管理

[①]《2017拉萨市政府年工作报告》。

办法》《旅游企业服务质量管理积分量化管理办法》《旅游企业诚信经营、规范服务实施细则》《拉萨市一日游管理办法》《拉萨市旅游局工作规则》等优惠扶持政策，促进了旅游业健康有序发展。拉萨的旅游基础设施建设不断加强，公共服务体系不断完善，城市管理水平不断提升，已初步形成了"行、游、住、食、购、娱"六大要素相配套的产业体系，旅游业的龙头带动作用不断增强，在经济社会发展全局中的地位日益突出。

"十二五"期间，拉萨市委、市政府高度重视旅游产业发展，围绕国际旅游目的地建设，充分发挥首府城市首位度作用，按照"优化结构、转型升级、提质增效"的目标要求，凝心聚力、攻坚克难，有力推动旅游产业的发展，全市旅游接待水平和旅游城市形象有效提升，旅游业作为全市支柱产业的地位更加凸显。旅游收入从2010年的42.11亿元增加到2015年的154.93亿元，年均增长近30%，旅游收入占全市生产总值比重持续保持在20%以上；接待游客人数从2010年的413.42万人次增加到2015年的1179.03万人次，年均增长23.32%。2015年，拉萨旅游接待人数和旅游收入两项指标都占到全区的"半壁江山"，游客人数达到全市常住人口的12.41倍，领先于国内绝大多数旅游城市，基本形成服务全区、辐射周边、面向南亚的旅游业发展格局，拉萨作为全区旅游集散地和旅游枢纽的地位更加稳固，在扩大对外开放、拉动经济增长、促进群众致富、推动和谐发展等方面，发挥的作用越来越突出，影响越来越深远。[1]

近年来，拉萨旅游文化产业发展起来。拉萨积极与北京大学、清华大学等国内高校合作，编制《拉萨市特色产业发展规划》《拉萨市"十三五"旅游业发展规划》《拉萨市创建国际文化旅游城市执行规划暨拉萨市全域旅游发展规划》，明确了"整体性布局、差异化发展"的产业发展格局。2013年拉萨正式启动西藏文化旅游创意园区建设。2014—2015年，园区先后被文化部和科技部评为"第五批国家级文化产业示范（试验）园区"和"国家现代服务业文化旅游创意产业化基地"。截至2016年底，园区已签订正式开发协议项目29个，总投资100.4亿元，并正式开工建设西藏非物质文化遗产博物

---

[1] 裴聪：《拉萨旅游支柱地位更加凸显》，载于《西藏日报》2016-01-11。

馆、《金城公主》室内历史舞台剧、藏文化创意孵化中心、拉萨影视城雪顿古镇等14个项目。拉萨还积极推动香雄美朵、林周热振国家森林景区、318国道墨竹工卡段自驾车营地、曲水县净鑫健康动物园等重点产业项目建设。这些项目的实施，实现了旅游与文化、净土健康等产业跨界融合发展，逐步形成了以拉萨古城、西藏文化旅游创意园和香雄美朵生态旅游文化产业园、纳木错、热振湖、思金拉措"一城两园三湖"的精品旅游发展新格局。2015年拉萨净土传媒有限公司正式成立，通过承办雪顿节系列活动，与北京若水彤云文化传媒有限公司和拉萨邦有道文化传媒有限公司共同策划拍摄《金城公主》电视连续剧，与西藏德瑞文化传媒有限公司联合举办"中国新歌声"西藏赛区海选以及举办"你好拉萨"跨年演唱会等活动，市场运营能力逐步增强。拉萨市委宣传部与拉萨国是经纬影视动漫有限公司共同制作的动画片《阿古顿巴》已完成第一季26集的样片审读。拉萨每年组织该市文化企业赴深圳参加中国国际文化产业博览交易会，推介特色藏香、精品唐卡、藏式家具等一批代表拉萨民族特色的文化产品。通过举办"魅力拉萨"旅游摄影图片大赛、"拉萨巧手"旅游商品（设计）大赛、纳木错徒步大会等大型活动，进一步宣传了拉萨的文化旅游资源和产品。拉萨荣获2016年度世界旅行奖——"东亚及东南亚最受欢迎城市"的殊荣，这也是我国唯一一个入围世界旅行奖的城市。[①]

社会各项事业的发展

西藏和平解放前，拉萨没有现代意义的教育。"中华民国"时期，成立国立拉萨小学，但在1949年"七·八事件"发生时被迫解散。国民政府在藏的教育事业也宣告终结。中华人民共和国成立后，拉萨的现代教育体系才建立起来。1952年8月，拉萨第一所小学建成；1956年9月，拉萨第一所中学建成；1958年，拉萨第二所小学建成。学校学生全部是藏族学生，拉萨现

---

① 王珊：《拉萨市旅游文化产业发展势头良好》，载于《西藏日报》2017-07-10。

代意义上的教育兴办了起来。民主改革后，拉萨实行"公办为主、民办为辅"两条腿走路办学的方针，教育事业逐渐发展起来。1965年，拉萨已建立各类学校349所，在校生达到17300多人，藏族学生占90%。1978年，拉萨师范学校建立。1982年4月拉萨实验幼儿园成立，拉萨开始进行幼儿教育。1970—1990年的20年间，自治区在拉萨市区内先后办起2所高校、1所藏学研究机构，办起卫生、银行、财经、邮电、艺术、农牧、体育、师范、武警、藏医学等11所中等专业学校。1985年后，国家在21个省市创建西藏班（校），为拉萨培养了大量人才。1999年10月拉萨特殊学校开始筹建。至此，拉萨建起了包括幼儿教育、特殊教育、小学教育、中学教育、职业教育、成人教育、中等专业教育和高校教育的现代教育体系。拉萨对农牧区学生实行"三包"政策，每生每年2900元。2014年，拉萨受教育平均年限达到8.4年。2016年，拉萨全市高中阶段毛入学率达90%，小学适龄儿童净入学率达99.95%。[1]

西藏和平解放前，拉萨的医疗卫生状况很差。1916年，拉萨建立了门孜康（即藏医院），但那个时候整个西藏都没有现代意义的医疗机构。据记载，1925年天花流行，拉萨就有7000多人丧生；1934年和1937年两次伤寒流行就有5000多人丧生。人均寿命只有30多岁。[2] 1952年，拉萨市人民医院建立，1965年改造为西藏自治区人民医院。1959年，拉萨在"门孜康"和"药王山利众院"基础上建立拉萨市藏医院，1980年改为西藏自治区藏医院。1959年拉萨市军事管制委医务所建立，1962年改为拉萨市人民医院。1963年藏医院制药厂建立，生产藏药。1984年拉萨市妇幼保健院建立。到1990年底，全市医疗机构共有119个。其中，市级医院、防疫站、妇幼保健院各1所，县医院9所，县防疫站8所，卫生院65所，机关、学校、厂矿卫生室83个，形成了以拉萨为中心的卫生网络。[3]进入21世纪后，拉萨的医疗卫生发展更快。"十一五"期间，拉萨医疗服务网络基本实现了全覆盖。2017年，拉

---

[1]王珊：《乘胜跨越绘美景——拉萨市教育发展纪实》，载于《西藏日报》2017-04-27。

[2]傅崇兰：《拉萨史》，北京：中国社会科学出版社，1994年版，第354页。

[3]傅崇兰：《拉萨史》，北京：中国社会科学出版社，1994年版，第356页。

萨市人民医院顺利通过"三甲"评审。由于医疗技术和卫生设施的改善，拉萨人均寿命由中华人民共和国成立前的35岁提高到现在的68.2岁。

西藏和平解放前，西藏现代科技几乎是空白，在拉萨除了藏历天文星算和藏医药，现代的种植业、养殖业、工业、能源等科技都是一片空白。1951年后，中央政府陆续从内地选派科技人员进藏工作，同时也培养了藏族科技人员。西藏和平解放以来，自治区在拉萨相继建立了交通、农业、畜牧、兽医、藏医药、太阳能、高原生物、高原生态、科技情报等研究所，成立了医学、土木建筑、太阳能、农学、林学、气象、公路、教育、机械工程等38个学会，开展科技研究工作。1977年，拉萨市科学技术委员会成立。1985年，拉萨市科学技术协会成立。同年，拉萨市水泥制造厂试制水泥电杆，并于1988年开始批量生产，从此结束了西藏电力、电讯使用木杆的历史。1991年5月，藏历历算开始使用计算机程序处理，可以精确地推算藏历编制所需的历算数据，从此结束了藏历历算过去在沙盘上进行计算的原始方法。农牧业方面，拉萨成功引进和推广了良种、植保和收割、脱粒等技术，成功进行了黄牛改良、牦牛和绵羊的品种选育等，使农牧业生产走向稳步增产和良性发展的轨道。1999年，拉萨实施"光明工程"，向边远农牧区推广太阳能技术，解决了农牧民群众的用电照明问题。20世纪90年代，拉萨开展了拉鲁湿地研究工作，用科学数据说明了拉鲁湿地对拉萨市的保护作用，提出了恢复和保护拉鲁湿地的方案和计划。2013年，拉萨市科技局按照区、市领导的重要批示指示精神，邀请了科技部"国家可持续发展实验区"专家委员会专家到拉萨实地调研讲学，并编制了《西藏自治区拉萨市可持续发展实验区建设规划》和《国家可持续发展议程创新示范区建设规划》。拉萨市科技局以科技进步促进特色产业的发展，结合拉萨实际，整合市内外科技资源，支持企业实施"西藏青稞配制酒的研究与开发""藏毯防蛀工艺流程及工艺标准化研究""西藏低氧液态发酵技术生产青稞醋"等一系列特色产业项目，并开发出了青稞白酒、藏香水、湿巾、紫薯等系列产品，促进了特色农产品加工转化，延长增粗了产业链，提高了农产品附加值，增加了就业，推进了农业产业化、现代化。此外，拉萨市科技局还组织实施了"高效日光温室建设""乡土树种驯化与人工繁殖技术试验与示范""高原型光伏电站逆变器开发与应用""林业害虫综合防治试验示范"等科技项目,破解了拉萨发展难题。2016年7月,拉萨市科技局创立了首家科技众创空间,进一步强化了对拉萨科技众创空间的管理和服务。2017年,拉萨共引进创业团队55家,其中外孵企业29家、内孵企业26家;大学生创业团队30家;储备创新创业项目46项;帮助创业人员151人,其中创业大学生120人;直接带动441人就业;实现产值达1500万元。[①]

西藏和平解放以来,拉萨经济社会快速发展。从1994年,北京和江苏开展对口援助拉萨的援藏工作以来,两省市对拉萨经济社会发展给予了大力支持。因有专门一章叙述对口援藏工作,所以本章中没有提及援藏工作助推拉萨经济社会发展的内容。

60多年在人类历史长河中只是短暂的瞬间,而翻身解放、当家作主的拉萨各族人民在世界屋脊上却创造了跨越千年的人间奇迹,实现了从未有过的梦想。拉萨走过了60多年的发展历程,站在了新的起点。回顾拉萨这座城市所走过的历程,如同观赏一幅波澜壮阔的锦绣画卷。在60多年风雨兼程的探索和实践中,拉萨始终顺势而为、应时而动,锐意进取、抢抓机遇,打造了可持续发展的"拉萨模式"。

[①]裴聪:《创新扬帆风正劲——拉萨市科技事业发展综述》,载于《西藏日报》2017-10-26。

第三章 传承传统文化与建设现代文化
——文明进步

拉萨是一座具有1300多年历史的古城，文化资源十分丰富。但是在旧西藏，拉萨文化建设匮乏，人民群众的文化生活停留在传统基础上，传统文化资源也得不到保护。民主改革以来，拉萨在推进文明进步的工作中，既重视传承传统文化，又重视建设现代文化，传统与现代并举，共同促进了文明进步。拉萨市委、市政府高度重视文化建设，从推进拉萨经济社会发展和长治久安的战略高度，把文化建设摆在更加突出的位置，提出了"文化兴市"战略，并作出"由文化资源大市向文化发展强市转变"的部署，大大推进了拉萨文化建设和文明进步。

大力传承传统文化

拉萨作为西藏自治区首府和藏族文化中心腹地，文化资源丰富、深厚、独特，在中国乃至世界文化中占有重要的地位。随着经济社会的不断发展，传统文化资源得到保护和传承。改革开放以来，拉萨全面传承和保护民族优秀传统文化，使得传统文化得到广泛地继承和弘扬，开创了文化保护发展的新篇章。

一、高度重视传统文化项目建设

从1989年到1994年，国家拨出5500万元资金和大量黄金、白银等物资，对布达拉宫进行了第一次大规模维修。对布达拉宫进行的首次重点维修在中国文物保护史上是空前的，被联合国教科文组织认为是"古建筑保护史上

的奇迹，对藏文化乃至世界文化保护作出了巨大贡献"。从2002年开始实施的布达拉宫二期、罗布林卡、萨迦寺三大文物维修工程历时7年，总投资达3.8亿元。

1989年，西藏藏医学院在拉萨正式成立，这是全国唯一独立设置的藏医药高等院校。它的设立为西藏培养了众多的藏医药专业人才，使藏医藏药得到了很好的传承与发展。

2005年，西藏全面启动非物质文化遗产保护工程，国家和自治区先后投入4000多万元，专项保护西藏非遗代表作。2008年，拉萨尼木的藏香制作技艺被列入国家级非物质文化遗产名录，13岁就开始跟随父亲学习藏香制作技艺的次仁多吉成为这门技艺的国家级代表性传承人。

拉萨重视传统文化的研究工作，到2015年底，拉萨已举办两届象雄文化学术研讨会，对深入挖掘与研究拉萨历史文化资源、推动象雄文化保护、完善拉萨城市文脉和繁荣发展文化事业提供了大量的文献资料和研究成果。

自拉萨八届市委第九十二次常委会议决定拉萨古城申报世界文化遗产工作以来，为加快推进拉萨古城申遗工作，拉萨成立了由市委主要领导为组长的拉萨古城申遗领导小组，至2015年底，投资500多万元启动了拉萨古城申遗工作，完成了拉萨古城申报世界文化遗产工作大事记编写等工作，起草了《拉萨古城申报世界文化遗产工作方案》，编制了《拉萨古城申报世界文化遗产文本》和《拉萨古城遗产地保护管理规划》，完成了《布达拉宫历史建筑群缓冲区范围新建设项目遗产影响评估报告》。

拉萨市委、市政府高度重视非物质文化遗产的抢救保护。自2008年开始，经各县（区）推荐、申报，专家评审委员会评审、社会公示和复审，拉萨市政府先后公布了四批拉萨市级非物质文化遗产项目代表性传承人100多名，涉及民间音乐、民间舞蹈、传统戏剧、曲艺、民间美术、传统手工技艺、传统医药、民俗等保护项目。他们中有的是国家级大师，有的则是草根老艺人，但他们都是从事该技能或传统工艺多年，被公认为具有代表性、权威性和影响力的传承人。2008年拉萨建立了市级非遗代表作名录体系，公布了四批市级代表作项目25个。

到2014年底，拉萨共有非物质文化遗产项目76项，其中以拉萨雪顿节、觉木隆藏戏、拉萨朗玛、藏族矿物质颜料制作等为代表的国家级非物质文化遗产代表作20项；以拉萨堆谐、打阿嘎工序、直贡藏医等为代表的自治区级非物质文化遗产代表作31项。拉萨共有非遗传承人66名，其中国家级传承人12人、自治区级传承人21人、拉萨市级传承人33人。拉萨整理出版了《纳如谐庆》《拉萨朗玛》《当吉仁赛马》《普堆巴宣舞》等非遗音像图书。[①]

随着非物质文化遗产保护工作的不断深入，拉萨在2015年"雪顿节"期间正式开通"中国·拉萨·藏戏网"，并积极推进"非物质文化遗产数据信息系统平台"建设。至2015年底，拉萨有各级重点文物保护单位242处、古建大院56座，布达拉宫、大昭寺、罗布林卡被联合国教科文组织列入"世界文化遗产"保护名录；已有非物质文化遗产项目76个，其中国家级20个、自治区级31个、市级25个，代表性传承人92人，培养出专职非遗技艺人340人，并在全区率先设立市级传承人保护补助资金。[②]

2016年，拉萨完成《拉萨非遗名录图典》前期资料整理汇编和《拉萨珍贵古籍图录》《拉萨古籍目录》再版工作；编制完成《藏族文化（拉萨河流域）生态保护实验区规划纲要（初稿）》，并通过了文化部评审；先后编撰了《拉萨舞蹈艺术》《八大藏戏》《非物质文化遗产乡土教辅》等书籍。[③]

2017年，拉萨对100多处重点文物保护单位进行了保护维修，重点文物单位险情排除率达到了80%；全面建立了国家、自治区、市、县四级文化遗产分级保护体系，出台了文物和非遗保护系列法规。非物质文化遗产唐卡、藏戏、民间歌舞等传统艺术等得到抢救性保护，焕发出新的生机，唐卡、藏香、藏纸等特色技艺实现活态传承，迸发出新的活力；建成了13个非遗传习基地和场所，一些濒临失传、接近断代的优秀传统文化重新焕发出新的光

[①] 王珊：《拉萨市"非遗"保护工作重实效》，载于中国西藏新闻网2015-04-07。
[②] 杨子彦、拉巴桑姆：《拉萨市文化工作：文化让城市更美好》，载于中国西藏新闻网2015-12-23。
[③] 韩海兰：《2017年拉萨市文化工作会议召开已有65家网咖开辟了"读书角"》，载于《西藏商报》，2017-05-11。

彩。①尼木藏纸、吞巴藏香、墨竹直贡刺绣唐卡、曲水郭孜、堆龙觉木隆藏戏等非遗享誉区内外。

到2017年，拉萨共有非物质文化遗产代表性项目167项，其中以拉萨雪顿节、觉木隆藏戏、拉萨朗玛等为代表的国家级非物质文化遗产代表性项目20项，以拉萨堆谐、打阿嘎工序、直贡藏医等为代表的自治区级非物质文化遗产代表性项目31项，以黑帐篷编织技艺、那噶藏戏为代表的拉萨市级非物质文化遗产代表性项目65项，以拉木寺羌姆、氆氇编织技艺为代表的县级非物质文化遗产代表性项目51项，形成了国家、区、市、县四级非物质文化遗产名录体系；有各级代表性非遗传承人181名。②

到2017年，拉萨全市共有文物点934处，非遗项目152项，全国历史文化名街1条（八廓街），全国历史文化名村1座（吞达村），中国民间文化艺术之乡1个（尼木吞巴），世界文化遗产1处3点（布达拉宫、大昭寺、罗布林卡），自治区级民间艺术文化之乡8个；全国重点文物保护单位16处，国家级非遗项目20项；珍贵艺术品、工艺美术品、手稿、户籍等代表性可移动文物数万件；市县级文物保护单位和非遗项目289个，其中文物保护单位188处、非遗项目101项；各级代表性非遗传承人181名，包括国家级代表性传承人12名、自治区级代表性传承人35名、拉萨市级代表性传承人45名、县级代表性传承人89名，非物质文化遗产传承队伍总量接近1万人。③

二、加强传承人培养

拉萨在保护和传承传统文化的过程中，加强了对传统文化传承人的培养。为了鼓励和支持非物质文化遗产代表性传承人带徒传艺、培训讲习、整理出版有关资料、展演展示等，在对国家级、自治区级非物质文化遗产传承人实行保护补助的基础上，2014年，拉萨在全区率先设立了市级传承人专项

---

①西藏自治区人民政府：《拉萨现有各类文物点934处非遗传承队伍总量近万人》，载于中国西藏新闻网2017-02-06。

②韩海兰：《拉萨市级传承人每人每年补助5000元》，载于中国西藏新闻2017-06-16。

③西藏自治区人民政府：《拉萨现有各类文物点934处非遗传承队伍总量近万人》，载于中国西藏新闻网2017-02-06。

补助资金，对经拉萨市政府公布的代表性传承人，每人每年给予3000元的补助。市级非物质文化遗产代表性项目传承人保护经费的设立，不仅能对传承人予以经费补助，更重要的是能加强对传承人履职情况进行了解和掌握，进一步明确传承人的责任和义务，同时增强全社会尊重传承人的意识，促进传承人开展传习活动，纵深推进非物质文化遗产保护和传承。

2015年，在每人每年3000元的市级传承人保护补助资金的基础上，拉萨又率先设立了县级非物质文化遗产名录项目代表性传承人补助资金（每人每年1500—2000元不等）。

为加强对非物质文化遗产名录项目代表性传承人的保护，鼓励和支持代表性传承人开展传习活动，促进拉萨优秀非物质文化遗产的继承和弘扬，2017年，市级传承人补助标准提高至每人每年5000元，累计发放补助经费共计630000元。①

推进现代文化的建设

民主改革后，拉萨的现代文化逐渐发展起来。纵观拉萨现代文化的建设历程，改革开放使拉萨现代文化建设走入了快速发展的时期，取得了巨大的成就。文化建设改变了各族人民的思想观念，为拉萨经济社会发展提供了良好的基础。

一、和平解放后拉萨文化建设取得新成就

拉萨解放后，一些文化机构相继建立。1953年1月，经张经武代表与达赖喇嘛协商共同批准成立"拉萨爱国青年文化联谊会"。同年9月，拉萨有线广播站（西藏人民广播电视台的前身）正式播音。1955年1月2日，新华书店西藏分店拉萨供应站（现在的拉萨新华书店）正式开始营业。

早在民主改革前拉萨就成立了文化管理机构，负责文化建设工作。1956

---

①韩海兰：《拉萨市级传承人每人每年补助5000元》，载于中国西藏新闻2017-06-16。

年8月，拉萨基巧办事处下设了文教科，负责文化工作，拉萨从此有了正式的文化机构。此后虽多次改变文化机构的名称，但不管怎么更名拉萨都始终有专门的文化部门。中华人民共和国成立后，各类文化团体也成立起来。1956年，拉萨各乡农牧民自发组成业余文艺宣传队；1959年更名为拉萨市业余宣传队；1971年更名为拉萨市文化工作队，群众称为"乌兰牧骑演出队"。1977年拉萨市歌舞团正式成立，1996年更名为拉萨市民族艺术团。1960年，拉萨城关的雪居委会组成雪藏戏团，城关蔡公堂次角林村组成了次角林藏戏团等民间艺术表演团。这些团体的建立丰富了各族群众的文化生活。

改革开放以来，拉萨加大了现代文化建设的力度，群众文化生活变得丰富多彩起来。1994年1月，拉萨市文学艺术联合会成立，产生拉萨市作家民间文学家协会、拉萨市美术摄影书法家协会、拉萨市音乐舞蹈戏剧曲艺家协会。20世纪70年代文化馆和少年宫建立；1984年，拉萨市少年宫更名为拉萨市少年活动中心；1987年，拉萨市文化馆更名为拉萨市群众艺术馆。到20世纪80年代，拉萨的文化娱乐场所基本形成市、县、乡（镇）多层次网络化的文化娱乐场所，极大地丰富了各族人民的文化生活。20世纪90年代建立妇女儿童活动中心和老年活动中心。1995年，作为62项工程的拉萨市新华书店交付使用，极大地改善了书店的发展状况。到2003年，拉萨共有各类专业艺术表演机构场所7个、各类报刊19种、杂志34种。[1]至2004年底，全市建有市级电视台1座、市有线网1个、县级电视转播台5座、县级有线电视网6个、县级调频广播转播台6座、乡（镇）村广播电视收转站129座、电视收转站8座、太阳能与交流电电视单收站720座、乡级有线网1个、村级有线网6个，各类广播电视台、站、网共计883座。乡村组收转站、单收站主要收转自治区藏语广播电视节目和中央一套节目。同年，曲水、堆龙德庆、城关、当雄、达孜五县（区）全面实现广播电视行政村"村村通"目标。[2]广播电视网的建

---

[1] 格勒、朱春生、雷桂龙：《拉萨十年变迁（1994—2004）》，北京：社会科学文献出版社，2008年版，第448页、第460页。

[2] 格勒、朱春生、雷桂龙：《拉萨十年变迁（1994—2004）》，北京：社会科学文献出版社，2008年版，第462页。

成，极大地满足了广大农牧民和市民闲暇时的文化生活，让他们更方便、更快捷、更及时、更准确地了解国家的政策和整个世界的变化。现今，拉萨市广播电视覆盖率达到98%以上。

二、文化基础设施建设的新发展

21世纪以来，拉萨在文化基础建设方面不断加大力度，为公共文化建设打下了前提和基础。拉萨农家书屋工程建设从2007年开始试点以来，到2010年底，全市229个行政村已全部覆盖，出版物均已全部到位，农（牧）家书屋覆盖面达100%，提前一年完成了"十一五"农（牧）家书屋建设的规划。2010年，农家书屋工程信息管理系统填报工作已完成。拉萨堆龙德庆东嘎镇桑木村的农家书屋在2010年获得由中共中央宣传部、文化部、国家广电总局、新闻出版总署颁发的全国服务农民服务基层文化建设先进集体。"十二五"期间，拉萨把文化基础设施建设作为民心工程，陆续建设完成4个县民间艺术团排练场项目、1个市群艺馆新建项目、51个乡镇文化站新建项目和5个县级新华书店新建项目，实现乡镇综合文化站全覆盖。[①] 拉萨在制订全市文化建设"十二五"规划的前期调研中，依据调研的实际情况规划下一步建设重点。在项目的设计方案上，本着"突出特色、功能齐全、因地制宜"的原则，与市县两级发改、文化等部门先后多次对设计方案进行修改完善。在实施阶段，拉萨多次召开协调会、推进会，督促各县开展项目选址、方案制订和设计等前期工作。在大力推进新建项目的同时，拉萨也加强了对已建项目的管理，特别是针对文化基础设施闲置、挤占、挪用和出租问题，进一步明确所有综合文化活动中心、文化馆（站）的职能，加强文化设施配备和文化队伍管理，使基层文化设施真正发挥作用。

2016年，拉萨将"书香西藏·全民阅读"活动与互联网上网服务营业场所转型升级相结合，向全市互联网上网服务营业场所免费提供3万多册图书。目前，全市已有65家网吧开辟了"读书角"。

---

① 王珊：《拉萨市大力推进乡镇综合文化站建设》，载于《西藏日报》2013-04-16。

三、全力推进文化大发展大繁荣

经过多年的发展，拉萨文化发展的社会效益和经济效益不断显现出来。拉萨公共文化事业发展突出公益性、基本性、均等性、便利性的要求，充分满足了群众的文化需求，有效保障了群众基本文化权益。2012年，拉萨文化产业占全市生产总值的2.82%。拉萨被评为"全国文明城市""中国文化魅力城市""中国节庆城市"等，连续五年在中央电视台"经济生活大调查"中被评为"百姓幸福感最强"的城市。

拉萨推动文化大发展大繁荣，在以下三个方面取得了成功。一是制订落实《"十二五"文化发展规划纲要》，对文化事业发展进行了规划，明确了文化事业发展的目标和措施。文化产业作为文化与经济相互交融的集中体现，具有资源消耗少、环境污染少、附加价值高、发展潜力大的特点，是构成一个城市的综合实力和软实力的关键因素。拉萨把文化产业作为新的经济增长点甚至是支柱产业，启动了文化产业的专项规划。拉萨整合区内外专家资源，坚持科学规划、合理布局、突出特色和资源优势，突出全局性、前瞻性、可行性，把远景发展和阶段目标结合起来，实施"文化强市"发展战略，并明确了2020年文化产业发展的奋斗目标及实现路径。二是走推进文化领域资源战略性重组、文化产业整体规模和实力日益增强的必由之路。拉萨文化资源异常丰富，有传统文化资源，也有新型文化资源；有本土文化资源，也有输入文化资源；有国有文化资源，也有民营文化资源；有区直文化资源，也有市属文化资源；有藏族文化资源，也有其他民族的文化资源。这些文化资源都是拉萨文化事业和文化产业发展中不可或缺的重要组成部分。通过文化资源的整合，可以促进文化与资本市场的链接、文化内容制作与提供者的链接、文化与其他行业和技术的链接。因此，在推动文化发展中，拉萨以更加开阔的视野和开放的胸襟，树立不求所有、但求发展的理念，推进文化领域资源战略性重组，整合拉萨的文化企业、资本、人才、信息、技术、产品等文化资源要素，促进彼此间资源共享、共融、链接，创造良好的发展环境，推进产业化、规模化、市场化发展，推进文化产业带、产业集群、产业基地和产业园区建设,形成了一批文化产业创新、示范基地,促进各种文化资源合理配置。拉萨整合政府、社会和市场资源,形成了政府主导、专家指导、社会参与、企业主体、市场运作、双效共赢的局面。三是拉萨坚持以发展为主题,以结构调整为主线,推动国有经营性文化单位转企改制,重点抓好专业文艺表演团体改革,解决管理的科学化和文化事业单位的活力问题,调动从事文化的人富有激情、富有活力、能出成果,国有经营性文化单位逐步走上了自主经营、自我约束、自我发展的道路;构建具有中国特色、西藏特点的现代文化市场体系,加快发展文化产品和要素市场,大力推进文化流通组织形式和营销方式,逐步形成统一开放、竞争有序的现代文化市场,促进文化市场繁荣健康发展;实施重大项目带动战略,加快产业园区建设,推动跨地区、跨行业、跨部门、跨所有制兼并重组,着力培育骨干文化企业和战略投资者,鼓励非公有资本进入政策许可的文化产业领域,促进文化产业布局结构优化;积极探索建立大文化管理模式,坚持一手抓繁荣、一手抓管理,完善文化市场法规,健全管理体制,规范市场行为,坚决取缔精神文化垃圾,坚决抵制分裂思想的侵蚀,不断净化社会文化环境。

至2015年底,拉萨共拥有文化企业和单位605家,从业人员4000多人,门类20多种,国家级文化产业示范基地2个、自治区级示范基地(园区)11个。拉萨社会主义文化市场体系的不断完善,促使以文化为核心的旅游、演艺、手工艺等特殊文化产业得到了长足发展,文化产业发展迈上了新的台阶。基层文化队伍建设方面,经西藏自治区文化厅批准,拉萨已组建8支县民间艺术团,每支艺术团人数在20—30人,提前实现了县县有民间艺术团的目标。[①]

四、推进文化惠民工程实施加大普惠力度

2014年,拉萨坚持以公益性、大众性、普惠性为原则,把文化惠民工程作为公共文化服务的着力方位深度推进,全面提升公共文化服务水平,进一

[①] 杨子彦、拉巴桑姆:《拉萨市文化工作:文化让城市更美好》,载于中国西藏新闻网2015-12-23。

步大力实施文化惠民工程，加快完善公共文化服务体系，具体采取了以下几项措施。

一是优先发展市区标志性公共文化服务设施。拉萨以市区标志性文化设施为重点，快速推进中国西藏文化旅游创意园区建设。通过建设市群艺馆新馆、图书馆、歌舞团和拉萨文化大厦、牦牛博物馆、拉萨市文体中心等，拉萨不断完善设施设备，优化服务功能，让市民学习有场所、娱乐有阵地、休闲有去处。

二是夯实基层文化服务阵地。拉萨在进一步完善提升已建基层文化设施的基础上，加强新建成的51个乡（镇）文化站、5个县级新华书店的使用管理，全面夯实以县文化馆为重点、乡（镇）文化站为基础的基层公共文化服务网络。

三是立足阵地，深入推进免费开放。拉萨积极发挥市群艺馆、县（区）文化馆在向农牧民群众提供免费展览、电子信息查询服务方面的引领表率作用，建立健全网上网下、固定与流动、定期与不定期相结合，全面覆盖城乡的综合文化免费服务形态，向农牧民提供更多内涵丰富、形式多样的公共文化产品和服务，着力满足人民群众多层次、多样化文化需求；积极探索场馆长效运行管理机制，确保全市所有公共文化设施全面实现"无障碍、零门槛"。

四是树立文化惠民理念，拓宽文化服务渠道。拉萨把文化服务广泛深入普惠城乡群众，努力推动城乡文化一体；结合建好管好用好农家书屋、寺庙书屋、社区书屋等工作，加大书籍、报刊配送力度，深入开展全民阅读活动，通过举办丰富多彩的活动，倡导多读书、读好书、读正版书的文明风尚，在全市营造浓厚的学习读书氛围。加快城乡阅报栏工程建设，整合农村党员现代远程教育、文化资源信息共享工程，通过政府资助、市场调节、志愿服务等各种形式，促进公共文化服务方式的多样化、社会化。

五、深入推进文化体制改革

充分发挥拉萨文化底蕴优势，传承历史文脉，打造历史文化古城品牌，扩大拉萨文化对外影响力，就要深化文化体制改革。2011年以来，拉萨坚持把深入推进文化体制改革、加快文化产业发展，纳入全市经济社会发展总体布局，作为文化资源转化和经济发展方式转变的战略任务，深化文化体制改革，推动全市文化繁荣、产业发展。拉萨依托资源优势，在对口援助省市的支持下，建设了一批国家级、自治区级文化产业示范基地，以此推动拉萨文化产品的研发，推出一批特色文化产品，打造一批优势文化品牌，其中包括：拉萨民俗风情园文化产业基地建设、吞米岭藏艺文博园区产业基地建设、次角林庄园旅游度假村产业基地建设、娘热乡民间艺术团产业基地建设等，使之成为全市经济新的增长点和服务行业新亮点，成为全市的支柱产业和带动地区经济发展的新型经济。

拉萨大力发展文化产业，按照"产业发展，规划先行"的工作原则，编制和完善了《拉萨市文化产业发展规划》，建成自治区级文化产业示范基地（园区）11个。拉萨岗地经贸有限公司、城关古艺建筑美术公司被命名为国家级文化产业示范基地。《文成公主》大型藏文化史诗剧通过两次升级改造后，演出品质不断提升。拉萨积极开展《金城公主》电视剧和室内历史舞台剧的创编及探索其商业化运作模式。

六、更加注重繁荣先进文化，着力在"文化兴市"上创特色

拉萨深入开展社会主义核心价值观宣传教育。认真贯彻落实西藏自治区《关于培育和践行社会主义核心价值观的意见》，将开展社会主义核心价值观宣传教育工作与强基惠民、"讲文明树新风"、弘扬"老西藏精神""四讲四爱"主题教育实践活动等相结合，不断创新形式、丰富载体，推动了核心价值观教育不断深入；制定了《拉萨市农村精神文明建设工作实施意见》，广泛开展各类文明创建活动，着力培育勤劳节俭、遵德守礼和孝老敬老的良好社会风尚。拉萨坚持用中国特色社会主义理论体系武装党员、教育群众，持续开展"八看、一算账、一揭批、四增强"感党恩主题教育和"中国梦"宣传教育活动，进一步坚定道路自信、理论自信、制度自信、文化自信，夯实各族群众反对分裂、维护稳定、团结发展的思想基础。

进一步加快文化产业发展。拉萨建立健全扶持文化产业发展的配套政策，在资金扶持、资源整合、产品开发、品牌营销等方面给予更多支持。全

力推进西藏文化旅游创意园等文化园区建设，开发吞米岭藏艺文博园、民族风情园、柳梧新区新文化展示区，带动全市特色文化产业发展壮大。培育一批规模大、效益好、特色浓的重点文化企业，提升《文成公主》史诗剧品质，推动群体中心有序运行，成立影视文化中心，打造"一县一特"，形成多头并进、异彩纷呈的文化产业发展格局，力争文化产业占GDP的比重达到3.5%以上。

进一步提升公共文化服务。拉萨完善了四级公共文化服务体系，提高了文化馆（站）、农家（寺庙）书屋利用率，建成了以县文化活动中心为支撑、乡镇综合文化站为节点的基层公共文化服务网络；推进了广播影视公共服务体系建设，加快了有线电视数字化进程，巩固了"户户通""舍舍通"工程和农村电影放映工程；加强了优秀传统文化保护开发，健全了文化遗产保护传承机制，全力推进古城申遗，编制历史文化名城保护规划；强化文化市场管理，加强新型媒体监管，确保文化安全，有效对接文化惠民项目与群众文化需求，创办拉萨日报，开通拉萨藏戏网，免费开放牦牛博物馆，深入开展"五下乡""四进社区"、幸福拉萨规范舞、民间艺术团交流会演、全民阅读等活动，提升人民群众幸福、健康、快乐指数；坚持"双百"方针，立足群众精神文化需求，繁荣文艺创作，推动文艺创新，评选第三届"圣地文艺奖"，举办第六届拉萨书画摄影艺术展，创作生产更多贴近人民生活、群众喜闻乐见的优秀作品，把最好的精神食粮奉献给各族群众；制定了《文化站服务承诺制度》《信息资源共享室管理制度》等，进一步加强乡镇文化站标准化建设。为加强与区内各市（地）之间的文化交流，分享文化建设成果，拉萨还主办了全区首个公共文化季刊《拉萨公共文化》，到2017年6月已推出3期。

积极促进传统媒体和新兴媒体融合发展。拉萨制定出台了《关于推动传统媒体和新兴媒体融合发展的实施意见》；以拉萨晚报和拉萨广播电视台为龙头，以创刊拉萨日报为契机，以全媒体信息资源共享平台建设项目为抓手，以设施提升与技术改造为支撑，推动传统媒体和新兴媒体在内容、渠道、平台、经营和管理等方面深度融合发展，不断扩大新媒体宣传阵地影响力，初步形成覆盖较广、形式多样、内容丰富、运行安全的网络宣传阵地集群。

传统文化的传承与现代文化的建设促进文明进步

民主改革以来，特别是改革开放以来，拉萨在传承传统文化方面走在了全区的前列，现代文化的建设更是成就显著。传承传统文化使拉萨成为一座历史文化底蕴深厚的魅力城市，现代文化的建设使拉萨走进了现代化的前列。文化的发展深深地改变了各族人民的思想观念，社会主义文化观的确立，社会主义核心价值观的践行，表明各族人民的精神生活进入了现代的文明时代。

一、传统文化的传承提升了民族自信心

西藏传统文化是西藏各族人民长期同自然与社会交往及其实践活动的成果，是他们智慧的结晶。作为中华民族传统文化的重要组成部分，西藏传统文化贯穿于西藏民族社会历史的全过程，渗透于人们的思想和精神的本质之中，既反映了历史的社会，又反映着现实的社会。坚韧达观、爱护自然、真诚友善、宽容和谐等优秀文化传统，对西藏人民在恶劣自然环境下生存、繁衍、壮大产生了重要作用，是西藏各族人民奔向全面小康的宝贵财富和精神动力。

"愈是民族的，愈是世界的。"在经济全球化趋势中，一个民族的所长、特色，正是其他民族所稀缺的。拉萨凭借着"民族的"稀缺性，在"世界的"资源配置中获得了配置效率和市场竞争的机会或优势。拉萨注重传承发展，深入挖掘继承西藏传统文化并进一步发扬光大。在传承传统文化方面，拉萨重视打造民族文化品牌，做好文化与城市建设的加法。拉萨具有鲜明的地域特色，这是拉萨打造文化品牌得天独厚的条件。大型藏文化史诗剧《文成公主》就是拉萨打造的文化品牌。这一品牌的打造是对"文化兴市"战略的大力实施，在加快拉萨经济发展方式转变、培育壮大第三产业等方面发挥了有力的推动作用。文化是城市品牌的灵魂，拉萨在传承传统文化的基础上打造出的文化品牌，不仅具有良好的经济效益，更具有良好的社会效

益。通过对传统文化的弘扬与提升，提升了民族的自信心与自豪感，成为一个城市发展的强大精神动力。

二、现代文化的建设促进各族人民新思想新观念的确立

21世纪以来，拉萨现代文化的建设力度大大增强，公共文化建设促进现代文化建设迈上了一个新台阶。2015年，拉萨创建国家公共文化服务体系示范区工作全面启动。拉萨相关部门按照《中共中央办公厅、国务院办公厅关于加快构建现代公共文化服务体系的意见》和《国家基本公共文化服务指导标准》要求，为进一步促进拉萨公共文化服务标准化、均等化、社会化和数字化发展，全面提高服务效能、质量和免费开放水平，成立了创建第三批国家公共文化服务体系示范区工作领导小组，制订了《拉萨市创建公共文化服务体系示范区实施方案》，编制了《拉萨市创建国家公共文化服务体系示范区建设规划（2015—2017年）》，起草了《拉萨市基层公共文化设施和管理服务标准化建设指标》。2015年8月，国家公共文化服务体系示范区（项目）创建工作领导小组下发了《关于公布第三批创建国家公共文化服务体系示范区（项目）名单的通知》，拉萨获得第三批国家公共文化服务体系示范区创建资格。

"十二五"以来，拉萨全市投资6251万元建设了51个乡（镇）综合文化站和4个县级民族艺术团排练场，全市基本形成市有图书馆、博物馆、群艺馆，县有综合文化活动中心，乡（镇）有文化站，村（居）有文化室的四级公共文化服务设施网络，农家书屋、寺庙书屋、社区书屋建设基本实现了全覆盖，并配备了流动图书车和售书车，向各族群众提供"阵地＋流动＋数字"公共文化服务，最大限度保障了群众的基本文化权益。拉萨投资7.35亿元建成了市文化体育中心（包括体育场、体育馆、西藏牦牛博物馆），投资2500万元的拉萨市文化产业大厦已完成主体建设，投资1.52亿元的市群众文化活动中心项目（新建市群艺馆、市歌舞团项目）已于2015年4月开工。拉萨投资4.2亿元建成清政府驻藏大臣衙门旧址陈列馆、根敦群培纪念馆和朗孜厦陈列馆等爱国主义教育基地。投资1500万元的林周综合文化活动中心已经建成并投入使用，投资2970万元的堆龙德庆综合文化活动中心项目完成主

体建设。[①]

至2015年底，拉萨共有图书馆1个、博物馆2个，各级文化馆（站）、群众艺术馆75个；已建成县级综合文化活动中心8个、乡镇文化站65个、村级文化室228个；建成农家书屋228个、寺庙书屋231个、社区书屋17个，农家书屋和寺庙书屋建设在全区率先实现了全覆盖。[②]按照文化部关于公共文化服务设施免费开放的工作要求，拉萨各级各类群艺馆、图书馆、博物馆、纪念馆、综合文化馆（站）等公共文化设施全部实行了面向社会免费开放，最大限度地发挥了公共文化资源的社会效益。同时，以"雪顿节""望果节"等节庆活动和"五下乡""百万农奴解放纪念日""四进社区"等主题活动为契机，拉萨大力开展了民间艺术团交流会演、歌手大赛、藏戏展演、幸福拉萨规范舞等一系列丰富多彩的群众性文化文艺活动。"十二五"以来，全市累计投入资金5661万元，用于民间艺术团运行和文化活动开展。全市举办各类培训班160多期，培训辅导10多万人次；开展有规模的文化惠民活动1800多场次，观众达710多万人次；幸福拉萨规范舞学跳活动达9800多场次，丰富了人民群众的精神文化生活。[③]

公共文化场所成为弘扬社会主义先进文化的平台，这些平台的建设极大地丰富了各族人民的文化生活，逐渐改变了各族群众把精神寄托于宗教的单一的文化生活状况，现代文化成为各族人民重要的生活内容，各族群众的思想观念也随之发生了巨大变化，崇尚科学生活成为浓厚的社会风气。

---

①赵慧：《聚焦"十二五"拉萨市文化事业呈现勃勃生机》，载于《拉萨晚报》2015-12-07。

②杨子彦、拉巴桑姆：《拉萨市文化工作：文化让城市更美好》，载于中国西藏新闻网2015-12-23。

③赵慧：《聚焦"十二五"拉萨市文化事业呈现勃勃生机》，载于《拉萨晚报》2015-12-07。

三、精神文明建设引领各族人民走向健康文明的生活道路

拉萨以培育和践行社会主义核心价值观为根本，以巩固深化全国文明城市创建成果为抓手，精神文明建设成绩显著。2011年12月20日拉萨被中央文明委正式授予"全国文明城市"荣誉称号；在2015年2月28日召开的全国精神文明建设工作表彰暨学雷锋志愿服务大会上，拉萨蝉联"全国文明城市"荣誉称号；拉萨师专、当雄羊八井等6个单位、村镇被评选为"全国文明单位""全国文明村镇"；拉萨市文明办荣获"全国未成年人思想道德建设工作先进单位"。拉萨市成功创建全国文明村镇（单位）21个、自治区级文明村镇（单位）71个、市文明村镇（单位）267个。精神文明创建活动的扎实开展，进一步巩固了全国文明城市创建成果，提升了人民群众的文化素质，夯实了物质和精神文明建设的基础。

第四章　城市规划与建设
——走向现代

　　1951年西藏和平解放后，由于经济极不发达、交通困难、物资匮乏、技术力量缺乏等，拉萨还无法推进较大规模的城市建设。从西藏和平解放到民主改革的八年间，拉萨城内建成了一些必要的供电、医疗、文教卫生等公共设施，在城市建设方面迈出了第一步。1959年西藏民主改革后，为迅速改变拉萨地区贫穷落后的面貌，党中央从全国各地抽调了大批干部、工人、知识分子、工程技术人员进藏工作。1965年，拉萨大桥和贡嘎机场的建成通车、通航，加快了拉萨的城市建设步伐。拉萨城市基础设施从无到有，城市功能日益完善，城市管理秩序井然，城市面貌发生了翻天覆地的变化。

城市建设规划回顾

　　拉萨城市规划从1961年开始着手，到1983年国务院正式批准"拉萨市城市总体规划"，历时20多年。1961年，拉萨组织人员编制城市规划，1962年提出初步方案，确定了文化宫、革命展览馆、新华书店、百货商店、拉萨影剧院、银行、邮电等建设位置，规划了城市的初步道路，指导了自治区成立前的城市建设，这时拉萨城市规划处于探索阶段。

　　1972年，拉萨根据西藏自治区党委的指示，对城市规划进行了调整，比1962年的方案深入了一步，考虑周全了一些，提出了一些改进意见，如流沙河改道、建立防风林带、控制建筑密度。

　　1975年，拉萨又组织力量修改规划，时限为10年，城市人口控制在30万，城区用地面积为21平方千米，生活居住用地每人为36平方米。1975年拉

萨规划的指导思想是坚决贯彻毛泽东同志提出的建设小城镇的方针，反对"大、洋、全"，贯彻"备战、备荒、为人民"指示，并根据城市为生产建设、为劳动人民服务的方针和工农结合、城乡结合、有利生产、方便生活的原则进行；在建设上要节约用地，不占良田，少占农田；在可能的情况下要结合施工造田，支援农业。拉萨城市性质确定为西藏自治区的政治、经济、文化、工业中心和交通枢纽，并力争15年内基本建成独立的中、小型工业体系，农业基本实现机械化和园田、水利化。规划还划分了拉萨城市功能区：市中心主要是行政办公、文化体育和全市性的商业服务中心，同时也是市民的主要居住地；北郊为机械、仪表、电气工业区；西郊为交通运输事业区，火车客运站设在"七一农场"一带。

1979—1981年，拉萨对1975年规划又进行了修改，正式编制了《拉萨市1980—2000年城市总体规划》（简称《规划》），1982年初上报国务院，1983年4月13日，被国务院正式批准。《规划》确定，拉萨是西藏自治区的政治、经济、文化中心和历史文化名城。拉萨城市建设要体现民族风格和地方特色，认真保护好历史文化遗产、名胜古迹和传统的园林绿地，新建筑要与原有的建筑相协调，保护历史文化名城的风貌；要注意合理使用土地，按规划分片紧凑发展；工业生产应根据当地资源和市场需要，努力发展轻工、手工业和地方建材工业；同时要注意搞好环境保护，注意发展文教、卫生和科研事业；城市人口规模可按到2000年20万左右考虑。《规划》还规定，开发能源是发展拉萨地区经济、解决民用燃料、保护森林的重要措施；要求做好羊卓雍措湖工程的前期工作，力争尽快建设；要利用"阳光城"优越的自然条件，研究和实现太阳能的利用。《规划》还规定，拉萨近期的建设项目应根据西藏自治区经济和社会发展计划，逐渐解决群众聚居的城区的市政公共设施落后问题，努力改善群众居住环境，提高生活用水普及率，并积极开辟城市郊区副食基地，改善副食供应；要求今后拉萨的建设都要遵循城市规划，有步骤有秩序地进行；必须加强城市管理，努力把拉萨建设成为民族团结、文明整洁、繁荣富裕和具有历史文化名城特色的社会主义城市。

拉萨实施规划分为近期、中期和远期。1980—1985年为近期，主要解决民用建筑和市政设施的"欠账"问题，以改善市民居住环境，提高生活用水普及率，进一步改善城市人民的物资供应条件。1985—1990年为中期，主要着手准备一些较大的工程，特别是交通运输、燃料动力和建材生产等。1990年以后为远期。《规划》实施后，历经1985年自治区成立30周年大庆和1991年和平解放40周年大庆两次大的庆祝活动，拉萨城市建设和市政设施得到了进一步的改善，街道和市容发生了很大的变化，特别是北京西路一带，人们将之称为拉萨新城区。1980年城区面积为25平方千米，到2000年城区面积为42平方千米。这次规划还有专业规划，包括道路交通、市政工程设施、公共服务设施、市郊田园化和城市绿化等；具体有旧城改造和居住建筑、科技文教卫生、商业服务中心，及网点、城市交通、给排水工程及河道治理、能源、邮政和电信、园林绿地、名胜古迹和风景点、农牧业、人防、抗震、消防等十多个大部分。专业规划涉及面广，但是深度和广度不够，很多只是个设想，在实施中发挥不了指导和控制的作用，还需要加以修改、补充和深化。

拉萨是一座历史名城，宏伟的布达拉宫闻名于中外，大昭寺和八廓街负有盛名。拉萨的城市规划中，凸显了布达拉宫的中心地位，东面和西面都是繁华的商业贸易街道，南侧和北侧是劳动人民文化宫和龙王潭公园，正对面是自治区首脑机关所在地。周围的建筑都与布达拉宫相协调，在建筑风格上，凡位于市中心的建筑都要求体现民族风格和地方特色，保留八廓街和以大昭寺为中心的旧城格局和风貌，要求八廓街临街面的建筑原拆原建，不能做大的变动。

进入20世纪90年代后，随着改革开放的进一步深化和经济的快速发展，拉萨城市不断扩大，《规划》已不能适应新的发展。1993年，拉萨市人民政府决定修订《规划》，1996年拉萨组织专家、学者对《规划》进行了修订。修订《规划》的指导思想是：结合拉萨新的发展战略，统筹兼顾，综合部署，优化城市布局，强化首府城市功能，加快城市建设步伐，并将基本目标定为：努力把拉萨建设成为经济繁荣、科技进步、规模合理、功能齐全、设施配套、风景宜人、环境优美的具有独特风貌的现代化城市。1999年，国务院批准了修订后的《拉萨市1995—2015年城市总体规划》（草案）。根据国务院批复精神，拉萨确定了城市性质与发展目标，即拉萨是西藏自治区首

府、国家历史文化名城，是在世界上具有一定影响、独具民族地方特色的高原城市。拉萨建设与发展要遵循人口、经济、社会、环境和资源相协调的可持续发展战略，依托旅游等资源优势，积极发展第三产业，逐步把拉萨建设成为民族团结、社会进步、设施完善、生态环境良好并具有浓郁民族特色的现代城市。这个规划是在《拉萨市1980—2000年总体规划》的基础上进行修编的，新编的总体规划在深度、广度上都有所提高，对原有的总体规划进行了调整和补充，使拉萨总体规划进一步完善，更适合拉萨经济社会发展的需要。新规划后的拉萨分为7个大区：以工业为主的东嘎区，以城市生活、产业为主的西城分区，以交通枢纽、城市物流为主的柳梧区，以自治区行政中心、历史文化保护为主的市中区，以文教、体育设施为主的北城区，以市级行政中心为主的综合性的东城区，以城市开发为主的白定区。1998年以来，拉萨还先后制订了历史名城保护规划、土地利用总体规划和矿产资源开发规划，实施了城市分区规划和生态规划。

根据《拉萨市1995—2015年城市总体规划》和拉萨的发展战略，2003年，拉萨市委、市政府确立了"东延西扩、跨越发展"的城市发展战略，坚持以人为本的指导思想，较好地处理了民族风格与现代化的关系，注意城市发展与生态环境保护相结合，保持了拉萨作为历史文化名城的完整性和统一性，强化了城市规划管理。

五次建设高潮促进城市的繁荣发展

自1951年西藏和平解放以来，拉萨先后经历了5次建设高潮。进入21世纪后，拉萨又与江苏合作进行了新的规划建设。5次建设高潮大大促进了拉萨的建设和发展，拉萨以崭新的面貌出现在了世人面前。

第一次高潮是迎接西藏自治区成立时期。自1964年开始，区、市组成市政建设指挥部，调集区内外的施工队伍，用了1年时间修筑了5条路，建成日产500吨的药王山供水站和15万平方米的两条商业街，首次修筑了2千米的地下排水管。此时布达拉宫前面的新城区初具规模。西藏自治区成立后的10多年间，拉萨先后建起水力发电厂4座、火电厂1座，柏油路5条，新建、改造拉萨河堤18千米，并于1975年修通了从青海格尔木到拉萨长达1080千米的输油管道，大大缓解了拉萨用油难的问题。

第二次高潮是《拉萨城市总体规划》编制和实施前后。1979年西藏自治区建委同拉萨成立了规划办公室，历时3年完成了总体规划的编制，于1983年被国务院予以批准实施，由此拉萨的城市建设步入了快车道。通过几年努力，打通、改造了市内和市郊的主要干道，形成了城市道路交通网，大大改善了城市交通条件。1984—1987年的3年间，拉萨完成了270平方千米的大比尺地形图的测图任务和地下管线的测量工作，为后来拉萨城市规划、建设、管理工作提供了可靠的基础资料。

第三次高潮是建设43项重点工程时期。1984年春，中央召开了第二次西藏工作座谈会。为迎接西藏自治区成立20周年，中央决定由北京、上海、天津、江苏、浙江、四川、福建、山东、广东九省市援建西藏43项重点工程。其中拉萨市区内就有18项，这些工程绝大多数是公共服务设施，相继在1985年底竣工交付使用。在不到2年的时间里，一批以拉萨饭店、拉萨剧院、体育馆为代表的具有浓郁民族风格、地方特色的现代化建筑群出现在世界屋脊上，使拉萨变得更加多姿多彩。新城区与老城区形成了鲜明的对比格调。43项重点工程建成后，拉萨城市规模迅速扩大。

第四次高潮是1987—1991年的4年间。这几年主要按照市领导提出的"抢救、维修、保护、新建"的八字原则推行了一系列的建设。拉萨首先大规模维修、改造了老城区，统一规划安排了2个统建小区和13个自建居住小区。几年中，拉萨还改造、拓宽、新建城市道路11条，完善了相应的配套设施。

第五次高潮是从1994年62项重点工程开始。国家加大对基础设施的投资力度，拉萨的城市建设进入了一个持续高速发展时期，一批对城市环境和城市功能有重大影响的公共设施建成，布达拉宫广场及电信枢纽大楼、西藏博物馆等为拉萨增添了现代气息。到2005年，拉萨无论是在建设水平和规模上，还是在城市功能和品位上都有所提升，城区面积已达54.8平方千米；六横十五纵的市政道路网已形成，已建成道路241.13千米；市自来水日供能力达到12.5万吨，用水普及率达到85.5%；城区相应的排水管网已经形成，市区排水主支管网达223.19千米……照明、绿化等市政基础设施的功能得到有效发挥，城市建设已达中等城市水平。①"十一五"期间，拉萨着重建设新区，加大老城保护和环境整治力度，加快实施"东延西扩、跨河发展"战略，推动城市建设由功能向提升品位和注重环境效益转变。拉萨这座古城逐步被建设成为"基础设施现代化，城市环境生态化，城市形象特色化，城市社会文明化"的高原明珠。

21世纪拉萨市进一步完善城市总体规划

进入21世纪，拉萨城乡面貌发生了巨大变化，基本迈进了现代化城市。为了进一步推进拉萨的现代建设，2009年，在江苏和拉萨参编人员的辛勤努力下，历时2年多时间，拉萨有史以来规模最大、投入最多、组织严谨、影响深远的《拉萨市城市总体规划（2009—2020年）》（以下简称《总体规划》），经过"前期准备、规划编制、成果报批"三个阶段的精雕、21项重要步骤细刻，上报国务院审批。同年3月12日，国务院批复同意实施。这使拉萨城市发展和建设有了新的"指南"和"依据"。《总体规划》是拉萨发展的蓝图。

《总体规划》确定了"以十七大精神为指导，根据自治区主题功能区规划的要求，结合拉萨市实际，深入贯彻落实科学发展观，走有中国特色、西藏特点的发展路子，实现拉萨国民经济又好又快发展和社会和谐，将拉萨建设成为传统文化和现代文明交相辉映的特色城市"的指导思想，坚持保持特色、保护文化、保障生态、科学发展的原则，对市域、规划区和中心城区三

---

①达琼、德庆白珍：《西藏拉萨：40年5次建设高原新生城市欣欣向荣》，载于新华网2005-06-02。

个区域[①]进行规划，重点修编了优先关注生态环境的建设与恢复、充分重视历史文化的保护和利用、综合确定城市景观的控制与引导、深入研究交通体系的构建与优化、科学规划城市空间的供给与布局；规划分为三个时期：近期，2009—2010年；远期，2011—2020年；远景展望，至21世纪中叶。《总体规划》确定了明确的城市发展目标，即稳步推进拉萨旅游和经贸领域的开放，加强交通基础设施建设，实现经济社会跨越式发展，2017年在全区率先全面建成小康社会，远期建设成为经济更加发展、社会更加和谐、文化更加繁荣、生态更加优良、人民生活更加殷实的社会主义新拉萨。《总体规划》从经济水平、生活质量、社会结构、人口素质、生活环境、社会保障与安全等六个方面制定了全面建成小康社会的指标体系。《总体规划》定位"四个拉萨"的城市发展目标，即特色拉萨——景观独特、风光大美的国际旅游胜地，人文拉萨——底蕴深厚、人文荟萃的历史文化名城，生态拉萨——山青水碧、天蓝城靓的高原生态绿城，现代拉萨——人民幸福、社会和谐的现代繁荣都市；统筹创建"中国最佳旅游城市""国家环保模范城市""国家卫生城市""国家生态园林城市""全国双拥模范城市""全国文明城市"。《总体规划》提出了经济发展、社会发展、人口发展和城市发展战略，从市域城乡统筹、资源节约、保护与利用，规划区统筹、中心城区建设用地、综合交通体系、环境保护、历史文化保护、城市景观控制与引导、旅游、市政公共设施、综合防灾体系等十二个方面做了具体的规划。《总体规划》在"分期建设"中，提出近期发展的目标是：经济规模不断扩大，社会事业更加进步，生态环境更加友好，人民生活更加殷实，产业结构更加优化，基础设施更加完善。全市经济、社会、环境协调发展，城市功能进一步完善。

[①]市域包括城关区、堆龙德庆区、达孜区、墨竹工卡县、曲水县、尼木县、当雄县和林周县在内的3区5县，总面积约29612平方千米。规划区包括城关区，堆龙德庆区的东嘎镇、乃琼镇、柳梧乡和羊达乡，曲水县的聂当乡，拉贡公路西侧1千米至新拉贡公路东侧1千米之间地带，总面积约1480平方千米。中心城区指南北山脉之间的河谷地带，东至城关区至达孜区边界，西至羊达乡，南至堆龙德庆区与曲水县边界，北至娘热沟和夺底沟，包括城关区冲赛康、八廓、吉日、吉崩岗、扎细、功德林、嘎玛贡桑等7个街道办事处和纳金乡的全部，娘热乡、夺底乡、蔡公堂乡的局部，堆龙德庆区东嘎镇、乃琼镇、柳梧乡、羊达乡的局部，总面积约为295平方千米。

《总体规划》提出远景发展的目标是：到21世纪中叶，同全国一道基本实现现代化，把拉萨建设成为经济更加繁荣、社会更加和谐、城市更加协调、生态更加优良的高原名城。《总体规划》提出远景发展的策略是：中心城区以调整优化为主，从规模扩张转向质量提升；把握发展机遇，合理拓展东嘎新区、柳梧新区（开发建设柳南片区）和东城新区规模，加强东嘎新区和柳梧新区之间的功能互补和内在联系，提升东嘎新区功能和地位。

《总体规划》统筹城乡协调发展，将拉萨市域划分为生态功能保护与禁止开发地区、生态功能维护与限制开发地区、生态功能协调与引导开发地区等三类生态功能地区。

《总体规划》使城区布局更加合理，明确了拉萨中心城区"东延西扩南跨、一城两岸三区"的空间结构。"东延西扩南跨"是指贯彻实施"东延西扩、跨河发展"的城市空间发展战略，分别在主城东侧、西侧、南侧建设东城新区、东嘎新区和柳梧新区，疏散旧城功能。"一城"指拉萨河以北、藏热路与流沙河之间的主城，包含中心片区、北城片区、西城片区和拉鲁湿地保护区；"两岸"指中心城区以拉萨河为轴带，沿河发展；"三区"指藏热路以东的东城新区、拉萨河以南的柳梧新区和流沙河以西的东嘎新区。拉萨中心城区的空间发展策略为"一个疏散、两个引导、三个集中"。"一个疏散"指人口与功能从旧城逐步向外疏散。旧城大力发展与其定位匹配的文化、旅游等功能，在新区建设现代化的居住社区和完善的商务网络。"两个引导"指特色引导，主城体现拉萨传统风貌，新区体现拉萨现代风貌，传统与现代交相辉映；交通引导，拉开城市交通骨架，强化交通对城市空间布局的引导。"三个集中"指：新的建设包括居住、工业、公共服务设施、市政公用设施应逐步向新区集中，使新区发展具有必要的规模效应，切实缓解主城发展的压力。主城建设应以置换、改造、提高为主，不断完善其服务功能；改变传统的"大院"式办公——住宅格局，集中建设成规模的居住社区，并加强配套建设设施和社区管理；城市工业用地集中布置在东嘎新区和百淀片区，形成各具特色的工业园区，主城内不再新增工业用地。

《总体规划》使综合交通更趋便捷，"交通有序、外畅内达、结构和谐、集约生态"是交通发展的目标。在对外交通方面，拉萨火车站为区域性

客运枢纽，要完善相关配套功能，实现铁路与公路、城市公交的方便换乘；拉萨西站为区域性货运枢纽，要实现铁路与公路运输的高效联运，建设区域性物流园区。近期形成"四桥三射"（含1座铁路大桥），远期形成"八桥五射"（含1座铁路大桥、1座步行大桥）的对外交通体系，构建拉萨大交通格局，进一步拉开城市发展框架，启用柳梧客运总站（一级站），调整拉萨客运总站为客运西站（二级站），新建东城客运站（二级站）、东嘎客运站（二级站）和色拉客运站（二级站）；取消拉萨货运总站，结合拉萨火车西站新建物流中心，为区域物流集散和中心城区货物配送服务，占地约50公顷。

城市道路交通由主干道、次干道和支路构成，规划形成"二环、七横、九纵"的城市交通骨架网络；大力发展公共交通，使城市总体公交客运分担率不低于30%，公交走廊内上下班高峰期公交分担率不低于60%，历史城区内公交分担率不低于40%。万人公交车拥有量为16标台，公交线网总体密度达到3—5千米/平方千米，居民步行5分钟内到达公交车站，高峰期间公交车发车频率不超过5分钟。

《总体规划》高度重视环境保护，将环境保护放在一个突出的位置来考虑，指出周边山体是拉萨市物种多样性和中心城区生态环境质量的重要保证，必须严格保护其自然生态格局，重点保护哲蚌寺、色拉寺周边绿化现状，其他有条件的区域分步实施山体绿化，根据土壤状况，宜林则林、宜灌则灌、宜草则草，并加强与中心城区的生态联通，中心城区规划用地范围内以及旅游线路沿线可视范围禁止开山采石、采矿。城市内部的红山、药王山与磨盘山既是重要的景观节点，又是重要的生态节点，应在保护现有绿化的基础上，进一步绿化山体，丰富城市景观，保护生态环境。

《总体规划》重视保护历史文化，力图通过市域历史文化资源保护、历史文化名城整体保护、历史文化街区保护、世界文化遗产保护和非物质文化遗产保护等，将拉萨塑造成为特色之城、保护文化之城、建设活力之城。

2009年3月12日，国务院批准了这个《总体规划》，确定拉萨是西藏自治区首府，国家历史文化名城，具有高原和民族特色的国际旅游城市。同时，国务院要求西藏自治区政府要以科学发展观为指导，坚持经济、社会、

人口、环境和资源相协调的可持续发展战略，统筹做好拉萨城市规划、建设和管理的各项工作；要有重点地发展特色产业，按照合理布局、集约发展的原则，不断完善公共服务设施和城市功能，逐步把拉萨建设成为经济繁荣、社会和谐、生态良好，富有鲜明历史文化特色和浓郁民族风貌的现代化城市。国务院也对拉萨提出了城市建设的具体要求：一是科学引导城市空间布局。在《总体规划》确定的1480平方千米的城市规划区范围内，实行城乡统一规划管理。二是合理确定城市人口和建设用地规模。到2020年，中心城区城市人口控制在45万人以内，城市建设用地控制在75平方千米以内。三是完善城市基础设施体系。要加快公路、铁路和民航等交通基础设施建设，改善城市与周边地区交通运输条件。四是建设资源节约型和环境友好型城市。城市发展要走节约资源、保护环境的集约化道路，坚持节流、开源、保护并重的原则，节约和集约利用资源。五是创造良好的人居环境。坚持以人为本，创建宜居环境。六是重视历史文化和风貌特色保护。要统筹协调古代文明与现代文明、旧城区与新城区、人文资源与自然资源的关系。七是严格实施《总体规划》。城市建设要实现经济社会协调发展，物质文明和精神文明共同进步；城市管理要健全民主法制，坚持依法治市，构建和谐社会。《总体规划》是拉萨城市发展、建设和管理的基本依据，城市规划区内的一切建设活动都必须符合《总体规划》的要求。拉萨要结合国民经济和社会发展规划，明确实施《总体规划》的重点和建设时序。

《总体规划》是依法编制的。2001年11月23日，拉萨市第七届人民代表大会常务委员会第二十三次会议审议通过了《拉萨市城市规划条例》；2007年6月30日拉萨市人民政府常务会议审议通过2007年7月15日公布的拉萨市人民政府令第15号《拉萨市城市规划条例实施细则》，自2007年8月1日起施行。编制《总体规划》还依据了《中华人民共和国城乡规划法》《中华人民共和国环境保护法》《中华人民共和国民族区域自治法》《城市规划编制办法》（建设部令第146号）《西藏自治区"十一五"时期国民经济和社会发展规划纲要》《拉萨市"十一五"时期国民经济和社会发展规划纲要》《关于拉萨市城市总体规划修编工作有关问题的函》（建规函[2007]103号）。

拉萨城市《总体规划》通篇贯穿了科学发展观的理念，充分尊重科学、尊重历史、尊重文化、尊重特色，是拉萨城市发展和建设的"法"。《总体规划》注重地域特色、民族特色、生态特点、生活特色，是西藏和平解放以来拉萨最规范、最齐全的城市规划，对拉萨城市建设起到了全面指导的作用。拉萨按照《总体规划》大力开展城市建设，取得了巨大的成就。

城市建设的成就

1961年以来，拉萨根据城市发展状况不断制订和修编各个时期的城市建设规划，从未间断，相互连接。拉萨市委、市政府执行落实各类规划，大力推进城市建设项目，加快市政基础设施建设步伐，道路交通四通八达，藏式建筑布局合理，城市总体规划全面实施，城市建设日趋规范、合理，城市公用设施不断完善，拉萨的市容市貌正在发生翻天覆地的变化。

一、供排水建设

西藏和平解放前，拉萨城内没有现代供水设施。城镇居民的饮用水全靠打土井或从河溪中汲水，用水困难且极不卫生。中华人民共和国成立后，拉萨开始建设供水设施。1965年，西藏自治区成立前夕建成日产500吨的药王山自来水供水站。1979年，拉萨市建设局下设拉萨市自来水公司，供水普及率达27%。1985年，属于43项工程项目的第二次扩建药王山水厂项目开工，投资130万元，1986年竣工，日供水能力达1.5万吨。1988年开始新建北郊水厂，1990年竣工，日供水能力达2.5万吨，全市供水普及率达70%。

1965年，在西藏自治区成立前夕的城市大会战中，拉萨首次在人民路等路段修筑了2千米的地下排水管道。1984年，在43项工程中，拉萨排水工程被列为重点工程之一。到1991年底，城区已建成排水管沟94千米，排水面积达20多平方千米，普及率为建成区的50%。

进入21世纪以来，在执行新的城市规划中，实现了全市供水、排水全覆盖，供水普及率达100%。到2013年，拉萨排水设施的主、支管网总长为190.6264千米，排水管网为雨污合流管道。2017年，拉萨主供水管网全长

979千米，共有4座水厂，日供水能力达34.8万吨，供水范围东至教育城，南至柳梧新区，西至堆龙德庆区、拉萨经开区，北至娘热乡。

二、道路交通建设

西藏和平解放前，拉萨城市公路属于空白，运输全靠人背畜驮。1954年青藏、川藏公路在拉萨合拢通车后，城市建设以道路建设先行。当年修通了公园路、人民路（今宇拓路）、北京中路西段及康昂东路，总长3.2千米；1964年，拉萨组建公共汽车公司，以解决市区内交通问题；1965年西藏自治区成立前夕，拉萨修通了金珠东路、北京西路、青年路（今朵森格路）南路等市中区的道路；1980年前又相继修通了金珠西路、夺底路、娘热路、纳金路、北京东路；1980年后修通了林廓西路、林聚路、色拉路、拉鲁路、巴尔库路等；1991年拓宽改造了八廓街、娘热路南段、民族路、林聚南路、夺底路。拉萨的道路建设分为四个阶段：1951年至西藏自治区成立前，建成市中区的道路；1965—1980年，完成城区主干道和郊区道路建设，主干道加铺柏油；1980年后对城区道路进行全面拓宽改造，完善配套设施，大大提高了道路质量，改善了市区对外交通，提高了通行能力，完善了道路功能。2000年后新建二环，2017年建成环城路，大大改善了市区的交通状况。拉萨道路交通网形成并日益完善，市民城市现代意识大大增强。到2011年，拉萨共新建、改扩建、改造城市道路50多条，总长70多千米，使市区大部分道路面貌焕然一新。在这些新建或改扩建的城市道路中，排水、电照、绿化、交通标志等配套设施比较齐全，尤其是2010年以来，拉萨城市道路基础设施中增加了公交停靠站、盲道、线路综合管沟等设施，极大地改善了市容市貌，提升了城市形象，基本满足了拉萨城市交通体系的发展需求，为拉萨城市的扩展提供了更加有利的条件，有效推动了拉萨经济社会的快速发展。2011年，拉萨共完成100多个市政基础设施建设项目，完成投资20多亿元。在城区道路建设中，投入资金达10多亿元，对市区20多条道路进行了改造、加宽，并根据现有路况，大力加强道路改造，有效缓解城区交通不顺畅的问题。"十二五"期间，拉萨按照"建新城、保老城"的方针，不断完善和优化城市交通网，加大市政主次干道建设，建成纳金大桥、北环线和柳东大桥，构建"二环七横九纵"的城市交通骨架。同时，拉萨还完善了城市公共交通网络，规范设置公交站点，大力发展公益性城市公交。

拉萨不断加大农村道路建设力度。"十二五"期间，拉萨通过农村公路建设项目的实施，8个县（区）、57个乡镇、261个建制村、1399个自然村，以及221个依法登记寺庙的道路已全部实现通达，共计解决约12万农牧民群众出行难问题。其中，8个县（区）57个乡（镇）已通沥青（水泥）路，通畅率达100%；223个建制村已通沥青（水泥）路，通畅率达85.4%。拉萨农村公路通车总里程达3250.03千米，通达、通畅率均居全区第一位。[1]

中华人民共和国成立前，拉萨没有一条公路通往外界。1954年12月，举世闻名的川藏公路（2416千米）和青藏公路（2100千米）在拉萨合拢通车，结束了西藏没有公路的历史。1965年9月修通了拉萨有史以来第一座钢筋混凝土大桥——拉萨大桥，全长536米。川藏、青藏公路通车后，又修建了中尼公路、新藏公路等15条公路干线和315条公路支线，形成了以拉萨为中心的公路交通网。

1956年西藏自治区筹备委员会成立前夕，在离拉萨市区180多千米、海拔4300米的当雄境内，10000多名进藏官兵和650多名藏族民工，奋战4个多月在"世界屋脊"上修建了当雄机场。5月26日，北京至拉萨航线试航成功，突破了号称世界屋脊"空中禁区"，架起了北京通往西藏的"空中金桥"，揭开了世界航空史的新篇章。当雄机场的建设，为日后贡嘎机场的建设积累了丰富的经验，奠定了基础。1965年西藏自治区成立前夕，拉萨贡嘎机场建成，从此，拉萨通往内地的商业客运正式开航。直至现今，西藏已建成5个机场，开辟国内外航线71条，通达41个城市。

对西藏地区以及拉萨来说，修建铁路和通火车是从来不敢想象的事情。在党中央的关心和直接部署下，从未通过铁路的西藏在进入21世纪后通了铁路，有了火车。2006年7月1日，作为我国西部大开发标志性工程之一的青藏铁路全线通车运营。经过10多万筑路大军历时5年的艰苦奋战，青海格尔木至拉萨的铁路全线通车，结束了西藏没有铁路的历史，创造了高原铁路建设

---

[1]《拉萨市加快农村公路建设步伐》，载于搜狐网2015-03-19。

的奇迹。青藏铁路全长1956千米，东起青海西宁，南抵西藏拉萨。第一期工程西宁至格尔木814千米于1958年分段开工建设，1979年铺通，1984年正式投入运行；2006年7月1日通车的是青藏铁路第二期工程，从青海格尔木至西藏首府拉萨，全长1142千米。这条自北向南纵穿青藏高原腹地的神奇铁路大动脉，自开始建设运行就举世瞩目，被世人公认为是一条神奇的"天路"。青藏铁路的开通极大方便了西藏各族人民的出行，促进了西藏经济社会的快速发展，具有里程碑意义。2010年9月26日开工修建拉萨至日喀则铁路，历时4年，2014年8月16日上午9点正式通车。拉日铁路全长253千米，全程3个小时，投资108亿元，全线设拉萨、曲水、尼木、仁布、日喀则等14个客运站、汇让站。拉日铁路建成通车，使西藏境内有了第一条铁路支线。到2020年，拉日铁路将建设延伸支线日吉铁路，成为中尼铁路的中国路段；还将建设到亚东口岸的支线即日亚铁路。2012年3月，拉萨至林芝铁路建设列入了国家《"十二五"综合交通运输体系规划》；2014年12月19日，拉林铁路开工建设，全长436千米，与拉日铁路共线长33千米，新建里程403千米。拉林铁路是川藏铁路、滇藏铁路、甘藏铁路的共同路段，建成后拉萨将与四川、云南和甘肃的铁路直接连通。

三、能源建设

1928年，西藏地方政府在拉萨北郊10千米处的夺底沟建起一座92千瓦的小型水力发电站，但很快就报废了，中华人民共和国成立后又恢复生产；1956年12月改建了该电站，装机容量达到660千瓦。1958年纳金电厂开始修建，1965年建成投产，装机容量达7500千瓦。纳金电厂的建成为后来其他电厂的建设与联网奠定了基础。1973年在西郊建成装机容量为4080千瓦的梯级水电站；1976年在东郊建成装机容量为2600千瓦的献多水电站；同年，在西郊建成装机容量为12000千瓦的火力发电厂，后经1985年扩建，装机容量达16000千瓦；1989年建成装机容量为5000千瓦的平措水电厂。位于拉萨当雄境内羊八井的地热发电站是中国最大的地热能发电站。1975年，中央政府决定把羊八井地热田的开发列为国家"五五计划"重点工程。同年9月23日，西藏自治区人民政府决定成立地热开发建设的专门机构——"9·23"

工程处，也就是后来的羊八井地热电厂。羊八井海拔4306米，其地热田地下深200米，地热蒸气温度高达172℃。电站自1977年第一台机组投入运行，到1986年装机容量达1.3万千瓦；由5眼地热井供水，单井产量为75～160立方米/小时，水温为145～170℃；每年二、三季度水量丰富时靠水力发电，一、四季度靠水热发电，能源互补。其第一台1MW试验机组于1977年发电成功，至1991年陆续完成另外8台3MW机组投运，同时1MW试验机组退役，此后维持总装机容量24.18MW，占拉萨电网总装机容量的41.5%，在冬季枯水季节，地热发电出力占拉萨电网的60.0%，成为其主力电源之一。羊八井地热电站每年发电在1亿度上下，近几年不断挖掘潜力，增大出力，屡创历史最高纪录，2009年发电达1.419亿度。羊湖电站1990年被国家计委正式列入基建年度计划新开工项目。1991年5月25日，主体工程开工，1997年正式投产，有效地调节了拉萨电网谷峰。从2006年开始青藏联网工程进行可行性研究，2008年4月29日取得国家发改委批准，开展前期工作，到正式开工建设历经5年的全面论证和精心准备，2010年6月17日国家发改委以发改能源〔2010〕1322号批准该工程建设；2010年7月29日全面开工建设，2011年底竣工投运。2014年2月27日19点45分，青藏联网工程±400千伏直流双极输送功率首次由190兆瓦提升至210兆瓦，达到自工程投运以来的最高输送功率。青藏联网工程运行，大大解决了拉萨的用电紧张问题。

拉萨是著名的阳光城。1983年，太阳能开发利用进入了拉萨市场，1985年被列入国家重点项目，到1991年底，居民们使用了3000多台太阳灶。后来，拉萨建成了太阳能浴室，方便了居民生活。1999年拉萨实施了"光明工程"，利用太阳能资源解决了居民的用电问题。进入21世纪后，各种太阳能热水器进入拉萨市场，大部分居民使用太阳能热水器，解决了洗浴问题。

四、邮电电信建设

中华人民共和国成立前，拉萨没有邮政通信设备，公文、信件的传递靠各级政府派乌拉差役传递，民间通信全靠托人捎带，拉萨同各地区的联络靠驿站的马班。西藏地方政府给中央的报告派人携带，骑马、步行，翻山越岭送到北京，至少需要3个月。驿站的业务服务对象仅限地方政府和极大寺庙，以传递公文为主，年业务量微乎其微。中华人民共和国成立后，拉萨的邮政事业才起步发展。1952年2月，拉萨、日喀则、江孜、亚东等地组建邮电局、所。1954年2月，人民邮车才从其他地区千里迢迢开到拉萨。1961年7月1日，拉萨邮政局和西藏邮电局开始分设。拉萨共有军区、东郊、北郊和八廓街4个邮电所，各县由一名邮电业务员办理各项业务。1983年1月1日，邮政、电信分设，拉萨邮政局和电信局成立，至此拉萨的邮电事业才走上正轨。1986年10月1日开办了邮政储蓄业务。同年，拉萨集邮协会和邮票公司成立。1987年11月，拉萨邮政局与内地的196个大中城市开办了快件业务。1991年春，国家邮电部批准建设的拉萨邮政通信枢纽，破土动工，投资1149万元，到1992年建成使用，拉萨邮政管理系统由此进入现代化行列。20世纪90年代，西藏进入光缆通讯的快速发展时期。1995年，西藏区内建成了首条光缆，即拉萨至日喀则之间的光缆。1998年，拉萨首次与全国通信光缆兰州—西宁—拉萨接通。

中华人民共和国成立前，拉萨仅有几部电话，只有少数上层才能使用。1951年，我们的邮电前辈，带着从敌人手里缴获来的笨重的15瓦短波电台，随着解放军抵达拉萨而落户。1952年7月1日拉萨市邮电局成立，在八廓街一户普通民房里架起这部15瓦的电台，便在门口挂起了"西藏拉萨市邮电局"的牌子。因受经济发展制约，到20世纪70年代，拉萨总共只有1000多部电话。1983年1月1日，拉萨市电信局成立，拉萨电信事业才走上发展的道路。1985年，国家邮电部和拉萨地方财政投资近2000万元，决定在拉萨建设地面卫星站，1986年底卫星通信业务建成并开通。1990年9月拉萨开通了长途直拨电话，同国内外180多个国家和地区通上了长途直拨电话，同时还开通了国际卫星通信，拉萨的电讯事业快速发展起来。20世纪90年代拉萨开通了程控电话。21世纪初，拉萨开通了互联网。

五、老城区维修与保护

拉萨老城区是指以大昭寺为中心方圆1平方千米左右的古建筑群，北起林廓北路，南至金珠东路，东起林廓东路，西到朵森格路。老城区的古建筑群和居民房屋都是石木结构和土木结构，墙体以花岗石和土坯等地方建材为主。其中，居民的房屋普遍低矮、昏暗、潮湿，建筑极不规则，主次混乱，人口密度大。中华人民共和国成立前拉萨没有市政设施和消防设备。房屋改造前，拉萨危房占90%，中等级占20%。从1979年到1990年，拉萨对老城区危房、上下水道、路灯、街道等设施进行了一揽子的维修改造，总投资达5050.5万元，共维修危房235842平方米，铺设给水管道13928米，下水管道13415米，铺筑花岗石板路面75711平方米，安装各种路灯260盏。[①]各族群众打心里感谢政府、感谢党。

1985年，国家投资850万元修建大昭寺广场，建成了既有民族特色、又有现代气息的新建筑群。1991年，在庆祝西藏和平解放40周年前夕，拉萨市政府投资123万元，将八廓街柏油路面改造成花岗石板路面，改造面积8786平方米。2012年12月20日，拉萨再次启动了老城区保护工程，对以八廓街为核心的拉萨老城区（含3个街道办事处15个居委会）实施给排水改造、电力线路改造、管线综合改造、整治消防安全隐患、老城区供暖工程、古城特色风貌保护工程、路灯改造、规范各种标识标牌、完善环卫设施、整治违章建筑等，总投资超过12亿元。为了保护好老城区，2013年6月17日经拉萨市第十届人大常委会第九次会议通过了《拉萨市老城区保护条例》，2013年7月25日经西藏自治区第十届人大常委会第五次会议批准公布，2013年10月1日起施行。《拉萨市老城区保护条例》的颁布实施标志着拉萨走上了依法保护老城区的道路。

六、住宅建设

中华人民共和国成立前，拉萨城区仅有22万平方米的住宅，且大多数为"三大领主"（官家、贵族和寺院上层僧侣）所有。中华人民共和国成立以来，到1991年，拉萨市政府投入住宅建设和危房改造的资金达2亿多元，人均已达1500元。[②]1985年，经西藏自治区人民政府和拉萨市政府批准，拉萨建设了第一个统建小区——团结新村，占地18万平方米，投资4291万元，

---

① 傅崇兰：《拉萨史》，北京：中国社会科学出版社，1994年版，第335页。
② 傅崇兰：《拉萨史》，北京：中国社会科学出版社，1994年版，第338页。

建住宅94500平方米。1986年底，拉萨城关统建了扎吉新村，投资360.48万元，建起15020平方米的藏式住宅。1987—1990年的4年间，拉萨城关还统建了夏吉焦、达孜仓、雄岗林卡等12处住宅，投资620.05万元，住宅面积达20515平方米。1987年后，在北郊、东郊和西郊安排自建小区13个，总占地达70.28万平方米，解决了离退休干部职工的住房问题。从20世纪80年代起，拉萨新建了安居工程。1986年，政府投资8050万元，修建第一期安居小区，占地面积约为104666.67平方米，建筑面积为76000平方米，解决了527户低收入者的住房问题。1990年修建第二期安居小区，投资7400万元，占地面积为110000平方米，建筑面积为65000平方米，安置415户入住。2000年修建第四期安居小区，投资1亿元，建筑面积70000平方米，安置600户入住。此后，拉萨又建立14个安居苑，解决市民的住房问题。至今，拉萨已建设四期安居工程，解决居民居住问题。

2011年以来，拉萨逐步在城关和农牧区实施安居工程配套提升工程，大力推行水、电、路、讯、气、广播电视、邮政和优美环境"八到农家"工程；同时，推进了农家书屋、碘盐推广和校舍安全等民心工程。

"十二五"期间，拉萨已建成或在建各类保障性安居工程项目23727套（户），建筑面积为1855647.12平方米，总投资25.1亿元。

"十三五"期间，拉萨计划完成75719套（户）保障性住房建设任务。其中，干部职工周转房18826套，基层干部职工周转房9877套，公租房15352套，棚户区（危旧房）改造12087户。

在加强住宅建设的同时，拉萨从2012年起实施了一项重大的民心工程——城市供暖工程。2012年拉萨成立了城市供暖工程领导小组、供暖工程项目建设指挥部，设立了供气系统技术咨询、供热系统技术咨询、设计及图纸管理、材料供应、监督、外联协调6个组，建设中严把材料质量关、施工流程关、监督管理关、工程检测关、安全管理关、运营管理关、工程廉政关等"七道关口"。2015年，供暖工程竣工，拉萨供暖覆盖率达到100%。拉萨供暖工程的建成，解决了拉萨居民家庭取暖问题，广大居民用上了安全便捷的天然气取暖设施，这是拉萨居民过去想都不敢想的事情，拉萨居民对此非常满意。这项工程被称为"暖心工程"。

七、城市绿化和环保

20世纪90年代，拉萨以建设旅游经济城市为目标，加快了城市绿化的建设。到2005年，绿地总面积达14.2793平方千米，建成区绿化覆盖率达32.28%，绿地率达28.56%，人均公共绿地面积达9.52平方米。[1]长期以来，拉萨都把生态建设和环境保护当作重中之重，"树上山""河变湖"，是拉萨实施的重大生态工程建设的一部分。"十二五"期间，拉萨投资35.5亿元实施系列重大生态工程，投资额是"十一五"期间的8倍多。"十三五"期间，拉萨将继续坚持"环境立市"战略，大力实施"蓝天工程""碧水工程""绿地工程""生物保护工程"等，创建国家生态城市。

建设力度不断加大，绿色延伸的速度不断加快。2016年，拉萨完成造林绿化任务59.13平方千米，完成率达到100%。2017年，全市将造林任务确定为117.33平方千米，并实施拉萨河流域造林绿化、重点区域生态公益林建设、退耕还林、防沙治沙等林业生态建设。绿色已成为拉萨的主色调。

绿草苍苍、水鸟翔集的拉鲁湿地，是拉萨的城市之肺，每年释放氧气6万多吨，许多市民都感受到空气变得湿润，舒适度明显提高。15年来，拉萨空气质量优良率一直保持在96%以上。相比30多年前，如今拉萨的风沙天气每年减少32天。"河变湖"完工后将使拉萨城区的湿度提升10%。拉萨已获得全国文明城市、全国卫生城市等数十项荣誉。[2]

为了保障拉萨城市绿化工作持续、顺利开展，2014年2月17日，拉萨市第十届人大常委会第十四次会议审议通过了《拉萨市城市绿化条例》。《条例》分为总则、规划和建设、保护和管理、法律责任和附则共5章37条，主要包括城市绿化专项规划、计划和实施，城市绿化用地的建设，城市绿化用地的保护管理等三方面。

---

[1] 格勒、朱春生、雷桂龙主编：《拉萨十年变迁》，北京：社会科学文献出版社，2008年，第289页。

[2] 陈沸宇、韩俊杰：《树上山 河变湖 地生金 富农户——拉萨全程绿起来》，载于《人民日报》2016-06-09。

在城市环境保护方面，21世纪以来拉萨取得了良好的成绩，先后提交了《拉萨市区环境空气质量功能区划分技术报告》《拉萨市城市区域环境噪声适用区划分技术报告》，编制了《拉萨市拉鲁湿地自然保护区总体规划》，先后出台了《拉萨市拉鲁湿地自然保护区管理办法》《拉萨市环境噪声污染防治办法》等法规。自然生态环境得到有效保护，生态拉萨、绿色拉萨、花园拉萨、和谐拉萨建设成效明显。自然保护区以及拉鲁湿地生态功能保护区工作力度不断加大。从2006年开始，拉萨共投入环保资金106亿元，新建1座污水处理厂、1座危废处置中心、3座垃圾填埋场、3个压缩式垃圾中转站，新建供水管网近60千米、排水管网120多千米，实现了城市环境基础设施从无到有的突破。2007年，拉萨已建立自然保护区及生态功能区26个，面积达到8207平方千米。以创建国家生态园林城市工作为契机，拉萨不断加强绿化建设。[①]2011年，拉萨城市绿化覆盖率达到43.13%，人均公共绿地面积达10.26平方米。拉萨市城市园林绿化总量、质量、特色明显提升，城市生态、人居环境不断改善，全市已基本形成了步步见绿、路路有景的城市道路绿化新面貌。2012年，在国家环保模范城市26项考核指标中，拉萨有24项指标已经达到或者基本达到考核要求。2013年，全国74个重点城市只有3个城市空气质量达标，拉萨就名列其中。拉萨的地表水全面达到Ⅲ类标准，集中式饮用水水源地水质达标率100%。2014年，拉萨历时8年创建国家环境保护模范城市通过环保部考核验收。拉萨按照"布局合理、绿量适宜、生物多样、景观优美、特色鲜明、功能完善"的设计理念，使城区绿化既人性化又具美感。广场绿化、道路绿化和公园绿化等各具特色，柳梧新区、东城区建设及新建、改扩建单位和居住区的绿化力争达到国家相关标准。截至2017年7月中旬，拉萨相继完成包括河坝林公园、金珠中路绿化改造等6处公园绿地的建设。拉萨在城市规划与建设当中，结合本地实际、充分考虑乡风民俗方面的因素，为现代化都市的建设贡献了拉萨的经验与智慧。

2010年以来，拉萨开展了全国文明城市、国家卫生城市、国际旅游城

---

① 裴聪：《拉萨市生态环境保护建成效》，载于《西藏日报》2008-07-03。

市、全国双拥模范城市、国家环保模范城市、国家生态园林城市"六城同创",全面提升城市管理功能,使城市人居环境显著改善,城市建设事业取得新的突破。随着城市建设步伐的加快,现在的拉萨,道路交通四通八达,藏式建筑布局合理,城市总体规划全面实施,城市建设日趋规范、合理,城市公共设施不断完善,市容市貌正发生翻天覆地的变化。

"十一五"期间,随着国家西部大开发战略的全面实施,拉萨和其他西部省会城市一样,步入了改革开放以来经济发展最快、城乡面貌变化最大、人民生活改善最为明显的历史时期。"十二五"期间,拉萨按照城镇形象特色化、规模适度化、城乡发展互动化的要求,打造以拉萨城区为中心,以县城为依托、以重点乡镇为节点的高原民族特色城镇体系,推进城乡协调发展和一体化进程。"十二五"期间,拉萨严格执行《拉萨市城市总体规划》,加强东城区、柳梧新区、东嘎区控制性规划以及各级各类规划的管理与实施,完成历史文化名城保护规划、重点文物保护规划和重要街区街景设计及重要市政道路交叉口建筑外观设计工作,编制了《老城区特色风貌整治与保护规划》。按照"东延西扩南跨、一城两岸三区"的城市空间布局,拉萨加强了广场、休闲和绿地空间规划以及城乡接合部的规划管理,加大土地储备力度,坚持建设向新区集中、居住向社区集中、工业向园区集中,加快推进城市由单中心结构向多单元、多中心、多功能格局转变。

城市管理与建设同步发展

伴随着拉萨的建设步伐,拉萨建立了新的社会管理制度。旧西藏,拉萨市政管理由朗孜厦列空负责,具体由杜辛吉巴(土木协会)集中民间优秀工匠修建寺庙和官邸。中华人民共和国成立后,中共西藏工委和拉萨工委协助地方政府开展市政管理工作,新的建设项目由国营建筑公司承担。1953年3月,市军管会下设财经处交通建设科。1960年,市政府在交通建设科的基础上成立交通建设处,1964年4月改称交通建设局。1976年1月拉萨市建设局建立,1984年5月改称市城乡建设环境保护局,1987年,改称市城市建设环境保护局，1994年10月改称为市城市建设环境保护委员会（简称"市城建委"）。

与此同时，城市建设的一些企业组建起来。20世纪80年代拉萨相继成立了市房地产管理局、拉萨市建筑工程质量监督站、拉萨市设计院。中华人民共和国成立以来，拉萨建立了建筑工程公司、水泥制品厂、地材公司、房地产开发公司、自来水公司、城建档案馆、城管监察队。在环境保护方面，拉萨成立了环境保护局、环境卫生管理局、园林局等机构。

城市建设管理机构建立的同时，拉萨城市管理体制也逐渐形成。中华人民共和国成立后，拉萨与全国其他城市一样，逐渐建立起了一套以"政府—单位"制为主、"政府—街居"为辅的社会管理体制。在这种社会管理体制下，国家通过单位这一组织形式管理职工，通过街道居委会体系管理社会闲散人员、民政救济和社会优抚对象等。在计划经济体制下，单位是城市社会的基本单元。政府通过单位实施社会管理的体制在计划经济体制时期发挥了重要的作用，结束了旧西藏一盘散沙的状态，建立了社会的组织新形式，强化了国家对社会的控制力和组织动员力，这种社会管理体制一直延续到改革开放初期。因拉萨居民住宅市场化程度缓慢，较多的单位职工居住在单位院内，所以拉萨至今仍保留了较强的计划经济体制下的社会管理方式，即单位组织管理在社会管理中依然占有较大的比例。

改革开放后，拉萨私营经济不断发展，其他地市的务工、经商人员陆续来到拉萨。随着商品房的增多，"单位人"逐渐变成"社会人"，拉萨的城市管理体制发生转变，逐渐形成以"政府—社区"制为主、"政府—社区"制和"政府—单位"制并存的社会管理体制。在社会转型时期，针对社会管理问题，2004年，党的十六届四中全会提出"加强社会建设和管理，推进社会管理体制创新"的任务。2007年党的十七大报告进一步强调"完善社会管理，维护社会安定团结"，提出要建立健全党委领导、政府负责、社会协同、公众参与的社会管理格局，健全基层社会管理体制。进入21世纪以来，拉萨加强了社会管理，但是2008年拉萨发生的"3·14"暴力事件，仍暴露出了拉萨对流动人口的管理存在问题，即基本情况不清、管理混乱。2011年以来，拉萨加强了社会管理创新，吸收借鉴北京东城区网格化管理模式，转变社会管理理念，建立健全体制机制，制订实施创新管理方案，通过网格化管理创新综合试点先行，建立起了具有本地政治、经济、文化特色的社会管理体系。2011年拉萨成立了创新办，选定城关区八廓街街道办事处、扎细街道办事处作为全市城镇社区社会管理创新综合试点，创立了广覆盖、宽口径的村居社区网格化服务管理模式，将全市划分为750个工作网格，综合考虑辖区内的人、地、物、组织、房屋等情况划分网格，将全市共分为住宅、商住混合、机关企事业单位、宗教活动场所、综合等五个类型，若辖区没有宗教活动场所的则以住宅分类，并根据网格内部件、事件进行分级管理，即日常管理、重点管理和综合治理。根据拉萨总体特点以及网格划分类型，每个居委会大致不超过5个不同特点的网格类型，每个网格配有格长、格警、协管员、宗教事务管理员、网格治保员、居民事务联络员，有商业区的网格甚至还配有市场管理员，确立了"1+5+x"的网格工作力量配置；建成全市综合治理信息系统和城关区网格化管理信息系统，以网格为单位，逐人、逐地、逐事明确工作任务，责任到人，做到精确到位、精选定人、精准定责，实现网格全覆盖、工作无缝隙。对各类社会管理问题及时发现、移交、办理、监督、评价和归档，实现了社会管理的无缝隙、无盲点、无空白；同时创立了互通协作、联络有序的单位社区网格化服务管理模式，将"机关人"纳入"社会人"的服务管理范畴，解决了社会服务管理延伸不到单位社区的问题；建立了快速反应及时处置的街面防控警务网格化服务管理模式，在全市建成189个便民警务站，配备民警、辅警、武警等工作力量4000多人，全天候执勤巡逻，打造"核心区1分钟，其他区3分钟"的便民警务圈，实现了拉萨治安稳定由被动防控向主动防控、分时段防控向全天候防控、局部重点防控向全方位防控的转变，社会治安问题发现率、盘查率、抓获率和管事率明显上升，最大限度地优化了警务布局，有效增强了人民群众的安全感和治安的威慑力，建立了相互配合、上下联动的社区警务网格化服务管理模式。2012年，拉萨对城区派出所辖区进行重新调整，形成了各派出所辖区与所在街道辖区相对应、各村（居）委员会设置一个社区警务室的工作格局。各警务室按照"点对点、点对店、店对警、警对社区"的工作模式，将各类重点人群纳入管控视线，确保不脱管、不漏管；建立了组织健全、职能明确的寺庙精细化服务管理模式。拉萨加强和创新寺庙管理，开展了"六建""六个一""9＋5"等活动，[①]研发了拉萨寺庙档案数据库管理系统。2011年以来，拉萨开展了驻村工作，派出267个驻村工作队，帮助强建基层组织。2013年以来，拉萨探索出了"双联户"社会治理模式，即联户平安、联户小康。拉萨加强了社会治理创新，形成了党委领导、政府负责、公众参与、社会协调的多元社会治理格局，促进了经济发展和社会稳定，实现了城市建设与城市管理同步发展的目标。

"十二五"期间，拉萨按照"两级政府、三级管理、四级网络"的要求，突出属地管理，进一步理顺了市、区、街道和社区的城市管理体制，建立了以市为核心、区为重点、街道为基础、专业部门为指导、社区为配合的分工科学、责权明确、规范高效、运行有序的城市管理框架，不断建立和完善城市管理经费保障机制，建成了以人口、单位、环境和市政设施等为主要内容的数字化城管平台，实现了在时间、地域上的全覆盖、精细化和无缝隙管理。

---

① "六建"：建管理机构、建党组织、建班子、建队伍、建职能、建机制。"六个一"：要交一个朋友，开展一次家访，办一件实事，建一套档案，畅通一条渠道，形成一套机制。"9＋5"：9指有领袖像、有国旗、有道路、有水、有电、有广播电视、有电影、有书屋、有报纸；5指在20人以上的寺庙增加五项工作：修建一个食堂、一个澡堂、一个垃圾池、一栋温室，培养培训一名卫生员。

第五章　中央关心和兄弟省市援助
——缩小差距

在党中央的特殊关怀与北京、江苏的无私援助下，拉萨经济社会得到快速发展，人民群众生活指数日益提高，幸福指数位居全国前列，取得了短短几十年跨越上千年的人间奇迹，进一步缩小了与国内其他省会城市的差距。

中央的特殊关怀

以毛泽东、邓小平、江泽民同志为核心的党的三代中央领导集体、以胡锦涛同志为总书记的党中央和以习近平同志为核心的党中央，高瞻远瞩，运筹帷幄，为西藏制定了一系列特殊政策和灵活措施，实现了西藏社会制度的历史跨越，开创了西藏社会主义建设事业的新局面，促进了西藏从加快发展走向跨越式发展、长足发展，从基本稳定走向长治久安。

20世纪50年代，西藏仍然维持着政教合一的封建农奴制度，广大西藏劳苦大众遭受着历史上罕见的压迫和剥削。为了尽早将西藏人民从苦难中解放出来，以毛泽东同志为核心的党的第一代中央领导集体审时度势，制订了和平解放西藏的方针。1951年5月23日，中央人民政府与西藏地方政府签订了具有伟大历史意义的《中央人民政府与西藏地方政府关于和平解放西藏办法的协议》，西藏实现和平解放，从此摆脱了帝国主义的侵略和羁绊，与祖国大家庭更紧密地团结在一起。在这一协议的基础上，毛泽东同志提出："西藏和平解放后的头8年，西藏工作的中心任务是执行协议、维护协议，指导方针是慎重稳进。"其成为当时西藏工作的总方针。1959年3月，西藏上层反动集团发动全面武装叛乱。这时，以毛泽东同志为核心的党的第一代中央

领导集体，采取果断措施平息了这场叛乱，并顺应西藏人民的意愿，进行了民主改革，使西藏实现了由封建农奴制社会向社会主义社会的历史性跨越。在党的领导下，西藏百万农奴翻身当家做了主人。

  西藏和平解放之初，邓小平同志身处西藏工作最前沿。从进军西藏、筹备进藏的党的组织机构、制定和谈条件、实施昌都战役，到平息叛乱、民主改革，从大政方针的确定、舆论宣传分寸的把握，到迎来送往的具体细节，他都精心筹谋。20世纪80年代，邓小平同志提出了衡量西藏工作标准的著名论断："关键是看怎样对西藏人民有利，怎样才能使西藏很快发展起来，在中国四个现代化建设中走进前列。"1992年初，邓小平同志在深圳湾"锦绣中华"微缩景区的"布达拉宫"前，驻足良久，感慨地对陪同人员说："这辈子我是去不了西藏了，就在这座'布达拉宫'前照张相，权作纪念吧。"西藏的发展始终牵动着以邓小平同志为核心的党的第二代中央领导集体的心。改革开放之初，1980年和1984年，在邓小平同志的关怀下，中央在4年时间内两次召开西藏工作座谈会，为西藏制定了一系列特殊政策和灵活措施，为西藏发展注入了活力。

  以江泽民同志为核心的党的第三代中央领导集体十分关心西藏各族人民，高度重视西藏工作。1989年10月，江泽民同志主持召开中共中央政治局常委会议，专门研究西藏问题，作出了一系列重要指示。1990年，江泽民同志不顾高原缺氧，亲临西藏视察指导工作，他动情地表示："我们这次进藏，一定要为西藏人民多办点实事，解决些问题。"1994年7月，江泽民同志主持召开第三次西藏工作座谈会，确定了"一个中心、两件大事、三个确保"的新时期西藏工作指导方针。2001年6月，在第四次西藏工作座谈会上，江泽民同志又提出了21世纪西藏工作的主要任务：紧紧抓住实施西部大开发战略和西藏社会局势基本稳定的良好机遇，着眼于西藏的繁荣进步和长治久安，集中力量解决事关西藏发展稳定全局的重大问题，促进西藏经济从加快发展到跨越式发展，促进西藏社会局势从基本稳定到长治久安。

  自西藏和平解放以来，党的三代中央领导集体创造性地制定了一系列正确的方针政策，成功解决了西藏工作中许多极其复杂的问题，使西藏一步一个脚印地走过了光辉历程。

进入21世纪，以胡锦涛同志为总书记的党中央，结合新形势、新任务对西藏发展和稳定提出了新的指导意见。2005年7月，胡锦涛同志主持召开中央政治局会议，研究西藏工作，形成了《中共中央、国务院关于进一步做好西藏发展稳定工作的意见》，进一步明确了新形势下西藏工作的指导思想、发展战略、目标任务和政策措施。2005年8月，在西藏自治区成立40周年庆典之际，胡锦涛同志主持召开中央政治局会议，专门研究21世纪新阶段西藏工作，强调要坚持中央关心、全国支援和西藏艰苦奋斗相结合，加快西藏全面建设小康社会步伐。2008年3月，胡锦涛同志在参加十一届全国人大一次会议西藏代表团审议时指出，要把中央方针政策同西藏实际紧密结合起来，走有中国特色、西藏特点的发展路子。2010年1月18日，胡锦涛同志在第五次西藏工作座谈会上发表重要讲话，强调"要进一步认识做好西藏工作的重要性和紧迫性，认真落实中央关于西藏工作的一系列方针政策，不断开创西藏工作新局面"。会议进一步明确了援藏资金稳定增长机制，规定对口支援省市年度援藏投资实物工作量，并将中央援藏政策延长至2020年。

以习近平同志为核心的党中央，着眼党和国家战略全局，审时度势提出了"治国必治边、治边先稳藏"的重要战略思想和"努力实现西藏持续稳定、长期稳定、全面稳定"的重要指示，明确了"依法治藏、富民兴藏、长期建藏、凝聚人心、夯实基础"的西藏工作重要原则，开辟了我们党治藏方略的新纪元，开创了西藏工作新的里程碑。2013年3月9日，习近平总书记在参加十二届全国人大一次会议西藏代表团审议时，深情地回忆起两次进藏的情形，让代表团的每一个人倍感温暖和亲切。1998年6月，时任福建省委副书记的习近平同志率队进藏，赴拉萨、林芝、山南、日喀则等地考察，并亲自安排部署福建对口援藏工作。2011年7月17日13时许，一架飞机平稳降落在拉萨贡嘎机场。这是习近平同志率中央代表团抵达拉萨，出席西藏和平解放60周年庆祝活动，习近平同志带来了党中央对西藏各族人民的亲切关怀，带来了全国人民的深情厚谊。在庆祝大会上，习近平同志强调，西藏各族干部群众要坚持中央关于西藏工作的指导思想，抓住历史机遇，用好全国支援，继续艰苦奋斗，围绕建设团结、民主、富裕、文明、和谐的社会主义新西藏这个宏伟目标，加快经济发展，着力保障和改善民生，大力弘扬社会主

义先进文化，切实维护社会稳定，推进西藏实现跨越式发展和长治久安，努力完成到2020年全面建成小康社会的任务，创造西藏各族人民更加幸福美好的新生活。2011年7月，对口支援西藏工作座谈会在拉萨召开。会上习近平同志就如何做好对口支援西藏工作提出了"五个始终"的要求，即始终按照全面、协调、可持续发展的要求，着眼于建立健全对口支援长效机制；始终把保障和改善民生作为对口支援工作的首要任务；始终坚持国家支持与提高自我发展能力相结合；始终加强对口支援干部工作；始终注重总结对口支援工作经验。

党的十八大以来，以习近平同志为核心的党中央高度重视西藏的稳定发展，提出了"治国必治边、治边先稳藏"的重要战略思想和"努力实现西藏持续稳定、长期稳定、全面稳定"的重要指示，明确了"依法治藏、富民兴藏、长期建藏、凝聚人心、夯实基础"的西藏工作重要原则，为西藏的跨越式发展和长治久安指明了道路。在参加十二届全国人大一次会议西藏代表团审议时，习近平总书记强调，要努力让西藏各族群众享有更好的教育、更稳定的工作、更满意的收入、更可靠的社会保障、更高水平的医疗服务、更舒适的居住条件、更优美的环境，过上更加幸福美好的生活。这一切，无不凝结着以习近平同志为核心的党中央对西藏工作的科学把握和战略思考，集中体现了党中央关于推进西藏发展稳定工作的新要求，充分体现了党中央对西藏工作的高度重视，对西藏各族人民的特殊关爱。

2015年7月30日，习近平总书记主持召开中央政治局会议，专题研究进一步推进西藏经济社会发展和长治久安工作。他指出："做好新形势下的西藏工作，必须坚持党的治藏方略，把维护祖国统一、加强民族团结作为工作的着眼点和着力点，坚定不移开展反分裂斗争，坚定不移促进经济社会发展，坚定不移保障和改善民生，坚定不移促进各民族交往交流交融，依法治藏、富民兴藏、长期建藏、凝聚人心、夯实基础，确保国家安全和长治久安，确保经济社会持续健康发展，确保各族人民物质文化生活水平不断提高，确保生态环境良好。"习近平总书记要求："要坚持把改善民生、凝聚人心作为经济社会发展的出发点和落脚点，以基础设施、特色优势产业、生态保护与建设为重点，推进经济社会协调发展、走向全面小康，推进民生显著改善、走向人民生活富裕幸福,推进生态安全屏障建设、走向生态全面改善。要加强民族团结工作,全面贯彻党的宗教工作基本方针,发展壮大爱国统一战线,着力做好凝聚人心、汇聚力量工作。要坚持把中央关心、全国支援同西藏各族干部群众艰苦奋斗紧密结合起来,加大对口支援西藏工作力度。西藏各族干部群众要紧紧抓住机遇,充分发挥积极性、主动性、创造性,开创西藏工作新局面。"习近平总书记的重要讲话,充分肯定了中央第五次西藏工作座谈会以来西藏工作取得的成绩和经验,深刻分析了当前西藏工作面临的形势和任务,科学部署了当前和今后一个时期推进西藏经济社会发展和长治久安的主要任务。

2015年8月24日至25日,中央第六次西藏工作座谈会在北京召开,明确了当前和今后一个时期西藏工作的指导思想、目标要求、重大举措。习近平总书记的重要讲话实现了我们党治边稳藏理论的新飞跃,开辟了新时代党的治藏方略的新纪元。他指出:"必须坚持中国共产党领导,坚持社会主义制度,坚持民族区域自治制度;必须坚持治国必治边、治边先稳藏的战略思想,坚持依法治藏、富民兴藏、长期建藏、凝聚人心、夯实基础的重要原则;必须牢牢把握西藏社会的主要矛盾和特殊矛盾,把改善民生、凝聚人心作为经济社会发展的出发点和落脚点,坚持对十四世达赖集团斗争的方针政策不动摇;必须全面正确贯彻党的民族政策和宗教政策,加强民族团结,不断增进各族群众对伟大祖国、中华民族、中华文化、中国共产党、中国特色社会主义的认同;必须把中央关心、全国支援同西藏各族干部群众艰苦奋斗紧密结合起来,在统筹国内国际两个大局中做好西藏工作;必须加强各级党组织和干部人才队伍建设,巩固党在西藏的执政基础。"

总书记的重要讲话明确了做好西藏工作的重要原则。他指出:"依法治藏,就是要维护宪法法律权威,坚持法律面前人人平等。富民兴藏,就是要把增进各族群众福祉作为兴藏的基本出发点和落脚点,紧紧围绕民族团结和民生改善推动经济发展、促进社会全面进步,让各族群众更好共享改革发展成果。长期建藏,就是要坚持慎重稳进方针,一切工作从长计议,一切措施具有可持续性。凝聚人心,就是要把物质力量和精神力量结合起来,把人心

和力量凝聚到实现'两个一百年'奋斗目标、实现中华民族伟大复兴的中国梦上来。夯实基础，就是要标本兼治、重在治本，多做打基础、利长远的工作，把基层组织搞强，把基础工作做实。"

习近平总书记的重要讲话，科学分析了西藏面临的形势和任务，深刻阐述了一系列重大理论和现实问题，明确指出了西藏工作的着眼点和着力点，对西藏形势任务作出了新论断，开启了西藏全面建成小康社会的新征程，作出了推进西藏长治久安的新部署，提出了夯实党在西藏执政根基的新要求，为推进西藏经济社会发展和长治久安指明了方向路径、提供了根本遵循和强大动力，因此必将推动西藏工作在以习近平同志为核心的党中央坚强领导下，沿着正确的方向、向着光明的前景阔步前进。

和平解放以来，西藏在祖国大家庭里前途光明，祖国为西藏的发展插上了腾飞的翅膀。西藏在每一个历史时期取得的辉煌成就，无不凝聚着党中央、国务院的亲切关怀，无不凝结着全国人民的无私援助。

改革开放30多年来，中央先后6次召开西藏工作座谈会，充分体现了对西藏工作的高度重视。第三次西藏工作座谈会提出了"对口援藏"政策，明确了分片负责、对口支援、定期轮换的援藏方式，明确提出在西藏实现跨越式发展的战略。43、62、117、188、226，一批又一批关乎西藏长远发展和人民生活的援建项目，一个又一个重点工程的建成投入使用，助力西藏从一个辉煌走向另一个辉煌。

半个多世纪以来，中南海深情关怀的目光一如既往；全国人民无私援助的步履铿锵有力。全国共有17个省市、17家中央企业、70个中央国家部委，倾情对口支援西藏发展。各对口援藏省市、国家部委和企业先后选派8批次、7000多名优秀干部和人才进藏工作，投入援藏资金260亿元，实施援藏项目7000多个。一批批援藏干部、一个个援藏项目、一笔笔援藏资金，犹如金秋硕果，挂满了雪域高原，加快了西藏跨越式发展和长治久安的步伐，为西藏经济快速健康发展与社会大局和谐稳定提供了有力支撑、注入了强大动力、发挥了不可替代的历史作用。

伟大的成就源自伟大的创举，正是党中央的亲切关怀和英明决策，以及全国人民的无私援助和倾力支持，才有了西藏发展的伟大跨越，才有了令世人赞叹的"西藏速度"。从毛泽东到邓小平，从江泽民、胡锦涛到习近平，每一代的党中央领导核心都非常关心、关爱拉萨。党中央对拉萨始终如一的高度关怀，让拉萨迎来了发展的良好时机。2011年，西藏自治区党委提出了要拉萨发挥首府城市首位度作用的指示，对拉萨发展提出了新要求。加上北京、江苏等省市对拉萨的无私援助，拉萨具有得天独厚的发展条件。

用好中央给予的特殊优惠政策，用好对口支援的强大优势，抓住"十二五"支持西藏发展的200多个重大项目建设，西藏经济不断实现跨越式发展。青藏铁路全线通车、阿里昆莎等民用机场投入运行、拉日铁路通车运营，拉萨至林芝铁路和高等级公路全面开工，一个由铁路、公路、航空、邮政等多种运输方式组成的现代综合交通运输体系，正以崭新的面貌呈现在"世界屋脊"上。

拉萨城市供暖工程充分体现了以习近平同志为核心的党中央对西藏各族人民特别是拉萨人民的特殊关怀，是一项民生工程、民心工程、德政工程、幸福工程。该工程是西藏自治区党委、政府面对拉萨人民的新期盼作出的一项重大决策部署，工程关注程度之高、涉及面之广、工期要求之紧、施工难度之大、技术标准之严，在拉萨、西藏乃至全国都是前所未有。在党中央、国务院的特殊关怀下，工程于2012年4月开工建设。截至2014年底，已建成燃气主干管网63千米，次干管网256千米，庭院管网1200多千米；城市供暖规划区内居民供暖总户数为10.7万户，已完成居民小区及单位供暖项目建设768个、10.52万户、2136万平方米，供暖率达到98%。2012—2014年预计完成投资约92.4亿元，预计结余资金约7亿元。①

---

①肖涛：《中央特殊关怀：拉萨约10.5万户居民实现供暖》，载于《西藏日报》2014-12-25。

北京大力援助，推动拉萨迈上新台阶

1994年7月，中央召开第三次西藏工作座谈会，做出了全国对口支援西藏的重大决策，确定北京对口援助拉萨。"北京西藏大厦"项目，正式拉开了北京对口拉萨及下辖的城关、堆龙德庆、尼木和当雄（简称"一区三县"，下同，堆龙德庆已经改"县"为"区"）援藏工作序幕。

23年来，历届北京市委、市政府坚决贯彻落实党中央的决策部署，始终把做好对口支援工作作为光荣使命、作为全市工作的重要组成部分来谋划和推动，先后选派8批援藏工作队，落实援藏资金33.6亿元，实施援藏项目318个，从人才、技术、产业、资金等方面全方位对口支援拉萨，为推进拉萨经济持续快速健康发展与社会持续和谐稳定提供了有力支撑、注入了强劲动力。特别是党的十八大以来，北京市委、市政府认真贯彻落实习近平总书记"治国必治边、治边先稳藏"的重要战略思想，按照习近平总书记"要优化援藏干部人才结构、增加专业技术人才援藏比重"的重要指示精神，坚持首善标准、融入真情厚谊，始终把拉萨的事当作自己的事，想拉萨之所想、急拉萨之所急、办拉萨之所需，不断创新援藏模式、加大援藏力度、提升援藏实效，有力巩固和发展了以干部人才援藏为龙头的全方位、宽领域、多层次的援藏工作格局。"十三五"时期，北京在规划内安排对口援助资金12.91亿元的基础上，额外安排援助资金5.34亿元，全力支持拉萨脱贫攻坚。[①]

一、改变了拉萨各族人民的生活方式

北京对口支援拉萨的20多年，是拉萨历史上经济社会发展最快、百姓获得实惠最多的时期。20年多来，北京共投入援建资金28亿元，实施了8大类

[①] 赵慧：《北京市领导慰问援藏干部人才座谈会召开》，载于《拉萨日报》2017-08-08。

200多个项目，填补了拉萨城市功能的空白，促进了拉萨经济社会的发展，改善了拉萨农牧民的生产生活条件。拉萨这座"日光城"多了一个"幸福城"的美名。拉萨连续7年被评为百姓幸福感最强城市，中国社科院2013年发布了《公共服务蓝皮书》，拉萨在我国38个主要城市基本公共服务满意度评价排名中高居榜首，2014年，拉萨被评为首批全国民生典范城市。这种种荣誉的背后凝聚了北京援藏的成果。如今，一条条宽阔的水泥马路代替了"风吹一身土、雨天一身泥"的土路；农牧民住上了安居房，喝上了干净水，用上了电，通上了网，过上了现代化的生活；一座座现代化校园拔地而起，农牧民子女走进了学校，走进了建设新西藏的行列；柳梧新区、经济开发区、拉萨文化体育中心、牦牛博物馆、德吉罗布儿童乐园等项目坐落在了"日光城"，填补了一个个城市功能空白，让拉萨人民切身感受到了北京援藏的成果。

二、改善基础设施，让群众过上幸福生活

"风一吹，塑料袋满天飞，冬天眼睛都睁不开"，这是20多年前很多人记忆中的拉萨。20多年来，北京市委、市政府围绕"水、电、路、医、学、住"等民生工程，解决了拉萨人畜饮水及农业用水问题，支持养老院、福利院建设，基本实现孤残儿童集中供养，新建乡村水泥公路、实施"县城供排水及防洪工程"等，力度之大、范围之广、速度之快、受益群众之多、影响之深，让"二区二县"的农牧民群众亲身感受到了身边的巨变，极大地温暖了人心、提振了信心，凝聚起了全面建成小康社会的强大力量。

援建之初，北京就把基础设施尤其是道路建设摆在了援建工作的首位。拉萨北京大道、北京东路、东嘎西路、地下人行通道、柳梧基础设施、宗角禄康公园、市政道路改造、主城区范围内街景改造等102个重点工程相继竣工并投入使用。

在北京的支持下，拉萨大力推进以农牧民安居工程为突破口的社会主义新农村建设，加大村容村貌整治工程，推进"八到农家"工程，农牧民人均住房面积达到30平方米。

实施"一区三县"国道沿线安居房整治改造项目，1587户近万名国道沿线城乡居民住房条件得到根本性改善，促进了城乡面貌明显改观，加快了城镇化进程。北京援建的农村配套设施，将社会主义新农村建设和农牧民安居工程相结合。塔玛新村是新农村建设小康示范工程的一期工程，占地116666.67平方米，总投资7300多万元，建设户数234户。二期工程已经入住，三期工程总投资1.7亿元，将解决1443户村民的安居问题。年逾古稀的洛桑和老伴在塔玛村生活了几十年，两年前老两口赶上了塔玛村的小康示范村建设，搬进了新家，不仅用上了干净的自来水，家里还通上了电。

北京援藏医生在拉萨人民心中拥有极高的地位。北京先后派出8期78名援藏医生到拉萨各级医院工作，发挥"传帮带"作用。他们经常深入城乡开展免费义诊和体检活动，启动先天性心脏病患儿免费救治工作，筛查1万多例，成功治愈100多例，城乡居民和寺庙僧尼免费体检率分别达到99.9%、100%。

北京援藏工作促进了京藏双向就业。通过建设藏餐培训基地、设施农业和人才培训等方式促进就业，北京市先后提供500多个岗位，帮助拉萨籍应届大学生在京就业。

三、文化建设架起友谊桥梁

北京通过加大援藏资金投入、开展文化交流、提供智力支持、输送精神产品、进行实物捐赠等工作力度，全面提升拉萨文化设施条件和文化产品供给能力，为文化兴市战略作出了突出贡献。

在对口支援面广、财政压力增大的情况下，北京积极主动大幅增加了援藏资金，远远超过了中央规定的数额。仅"十二五"期间，北京在中央规定的1‰基本资金外，又拿出了7个多亿资金支持拉萨文化重点项目建设。

北京先后投入10多亿元援藏资金，建设拉萨群众文化体育中心、德吉罗布儿童乐园、牦牛博物馆、拉萨文化大厦、拉萨电视台、拉萨歌舞团剧场、拉萨人民艺术宫、数字文博等10多个文化项目，使拉萨这座古老的历史文化名城增添了众多文化地标。

文化交流是增进京藏人民友谊的桥梁。首都艺术家拉萨行、首都媒体拉萨行、京藏手拉手读书活动、京藏儿童手牵手夏令营、全国少数民族运动会、网络媒体红色故土行、北京奥运文化展、首博珍品展览等一批文化品牌活动，促进了两地文化交流和人民感情交融。

在北京援藏资金支持和援藏干部的努力下，"非物质文化保护""文化馆站室建设""万里边疆文化长廊建设"等一大批国家级重点文化建设工程得以实施，《拉萨百科全书》《西藏岁月丛书（10本）》《文成公主》《雪域长歌》《援藏岁月》等一批文化产品陆续出版，拉萨文化事业发展成就斐然。目前，拉萨全市拥有8个县级文化馆、57个乡级文化站、241个村级文化室、4个老年文化活动中心。拉萨市电视台的硬软件建设、开播藏语和文化旅游频道等等，无不凝聚了北京的无私支援和援藏干部的辛勤努力。生活在这座文化底蕴丰富、文化气息浓厚、文化设施日臻完善的高原古城，拉萨人民感到非常幸福。拉萨群众文化体育中心由北京援建，总投资7.35亿元，是援建项目中单体规模最大、投资最大的建设项目，填补了西藏没有现代化大型体育场所的空白。

四、教育援助创造未来

从1995年开始，北京市委、市政府坚持"以援藏干部为龙头，以项目为载体，利用首都优质教育资源支援拉萨发展教育事业"，并结合西藏实际，发挥自身优势，到2014年6月，共派出14位教育管理干部赴拉萨工作，正在选派90多名教师赴拉萨支教。

20年多来，北京共投入援建资金6亿元用于教育事业发展，援建了北京西藏中学、北京中学、北京小学、拉萨北京实验学校等10多所学校，有力地改善了拉萨教育条件和教学水平。在教育基础设施建设方面，北京从幼儿园到高中，累计投入经费超过7900万元，为孩子们建造了美丽安全的校园，不断完善教育体系。1984年，中央第二次西藏工作座谈会，提出了在内地创办西藏学校和举办西藏班培养人才的指示。1987年，北京西藏中学应运而生，招收的学生全部来自西藏，2014年6月，有在校生810名，已培养5000多名毕

业生，有4000多名大学生毕业后返回西藏工作，他们为西藏的繁荣、进步、稳定和团结发挥了重要作用。

北京多领域援藏，全面促进拉萨教育发展，开展教研活动，推广先进教学法：2001年，北京选派了两位经验丰富的教研员援藏。他们以高度的责任感和使命感，指导拉萨中小学开展教学研究工作，屡创佳绩；创建北京夏令营活动，播撒民族团结的种子：2011—2013年连续3年成功举办拉萨青少年赴北京夏令营活动，90多名优秀中小学学生参加；创办西藏第一所残疾人学校——拉萨特殊教育学校：1998年以前，西藏没有一所专门接收残疾人的特殊教育学校，很多残疾孩子因此失去了学习的机会。教育援藏干部经过多方奔走呼吁，在各级领导的重视下，1999年底，西藏开始试办第一所专门接收盲、聋儿童的特殊教育学校，填补了西藏特殊教育的空白……

五、民族团结硕果累累

北京援藏干部视西藏为第二故乡，舍小家、顾大家，身体力行维护民族团结，深入开展结对认亲帮扶活动，深入农牧区与农牧民群众同吃住、同学习、同劳动，先后有200多人次获得全国、北京市、西藏自治区和拉萨市的表彰，涌现出陈北信等一批先进典型。援藏干部充分发挥桥梁纽带作用，组织开展了首都56个民族拉萨行等10大品牌活动，积极搭建起拉京两地交流合作平台，与拉萨各族干部群众建立了血浓于水的兄弟情谊，以实际行动赢得了广泛赞誉，建立了一座座民族团结的丰碑。

20年多来，北京社会各界主动到拉萨捐赠资金、物资和设备1000多批次，折合人民币2.15亿元。北京援藏干部发起"温暖行动"，踊跃捐款60多万元，购买了4000多套衣物，为高海拔学校的农牧民学生送去温暖。开展"奉献爱心，结对帮扶"活动，每名援藏干部结对帮扶1—2户困难家庭，共帮扶困难农牧民群众500多户，捐款捐物50多万元，与儿童村和福利院结对帮扶，定期为孤儿院送去温暖，解决了群众困难，加深了民族感情。北京援藏医生利用周末节假日，经常深入农牧区和寺庙，开展义诊、免费体检及送医送药活动，受到了农牧民群众及僧尼的高度赞誉。

六、全面助推拉萨发展稳定

注重产业援藏，增强自我造血功能，是北京援藏工作的重点。从编制产业规划入手，设立产业支持专项资金，编制了县域经济规划、拉萨商业网点规划等产业规划项目。同时，北京加大了产业扶持力度，扎实推进拉萨净土健康产业、城关奶牛养殖基地、当雄育肥基地、尼木藏鸡养殖基地、堆龙德庆设施农业建设和工业园等产业扶持项目建设，帮助农牧民增收致富，经济带动效益初步显现。另外，北京注重发挥援藏干部的桥梁纽带作用，组织开展首都企业家拉萨行、北京拉萨商品大集等品牌活动，吸引首都知名企业投资拉萨，先后招商引资100多个项目，投资200多亿元，促进了拉萨的产业发展能力不断提高、基础更加巩固。

北京把提升拉萨干部素质能力作为战略性工作来抓。围绕拉萨"五大战略"的实施，北京安排专项资金，实施智力援助项目，组织赴京培训各类急需紧缺人才2600多名；先后派出500多位专家学者到拉萨指导工作和开展专题讲座，参加听课干部群众超过10万人次；邀请各类专业人才到拉萨帮助开展课题研究和规划建设工作；通过挂职锻炼、考察学习等方式培训800多名专业人才，有效提升了拉萨干部人才素质。

借鉴北京的成功经验，北京支持建设拉萨网格化管理模式、数字城管系统、护城河工程和市民服务中心，投入专项资金建设拉萨四大检查站、公检法备勤房，优化了城市交通管理，创新了社会管理模式。多年来，拉萨公众安全满意度保持在95%以上，成为全国38个主要城市中安全指数最高的城市，为全市各族群众营造了安居乐业的良好环境。[①]

[①] 王晓莉、王珊、王立：《二十载风雨同舟路 二十载手足兄弟情——北京市援助拉萨20年成果综述》，载于《西藏日报》2014-06-18。

江苏鼎力援助，拉萨步入发展快车道[①]

江苏对口援助达孜、曲水、林周和墨竹工卡等区县。对口支援拉萨以来，一批批江苏援藏干部人才，情系高原、主动作为，以着力保障和改善民生为出发点，以着力培育受援地经济社会发展"造血机制"为落脚点，聚力精准援藏、聚焦富民兴藏，一任接着一任干，不断创新援藏模式、拓展援藏领域，推动形成了产业援藏、教育援藏、医疗援藏、智力援藏等全方位、宽领域、多层次的援藏工作新格局，为推动拉萨经济社会长足发展和长治久安发挥了积极作用。

一、发展壮大受援县域经济

江苏援藏结合受援地资源禀赋条件，以项目援建为抓手，加强受援地优势产业发展能力建设，着力发展壮大县域经济。

在曲水，江苏依托设施农业基地所形成的农牧资源集聚优势，着力引进带动作用强、产品附加值高的龙头企业，组织实施农畜产品深加工等项目。同时，江苏加大曲水才纳乡净土健康产业园区援建项目后期营运管理援助力度，结合精准扶贫工作，使得援藏项目带动效益明显。

在达孜，江苏整合援藏资金投入农牧业配套设施建设，着力培育发展农牧业产业化龙头企业，延伸农牧业产业链、提高农牧产品附加值，促进农牧民增收、农牧业增效。"十三五"期间，江苏继续加大产业援藏资金投入力度，规划安排计划内援藏资金5.6亿元，约占"十三五"规划援藏资金总规模的30%，安排产业发展及扶持项目18个。其中，进一步加大了对达孜农牧科技园援建力度，开工建设育苗基地、冷藏室等项目，打通农牧业产业链条，助推现代化农牧业产业基地建设。

在林周，江苏组织实施鲜食玉米有机种植与产业化开发项目，扩大种植

[①] 王珊：《江苏援藏工作纪实》，载于《西藏日报》2017-07-20。

规模并进行深加工；组织实施林周热振片区环境优化项目，将村容村貌整治与旅游扶贫相结合，带动北部偏远山区农牧民增收。

在墨竹工卡，江苏围绕本地重大工程项目引入配套企业，围绕园区发展引入内地园区开展共建合作。

目前，江苏对口支援的四县经济总量、财政收入、农牧民人均纯收入等各项指标均获得较快增长，县域经济综合实力显著增强。

二、增强区域发展"造血"功能

江苏援藏一开始便坚持把做好产业援藏工作作为重要抓手，注重"输血"与"造血"并举，积极探索受援县域经济结构转型和发展动能培育。

江苏援藏积极引入江苏园区建设发展理念，因地制宜在对口支援县发展不同类型的产业园区，先后组织实施了达孜工业园区、达孜现代农业园区、曲水雅江工业园区、曲水才纳净土健康产业园区、林周澎博健康产业园区、墨竹工卡净土健康产业园区等援藏项目，着力增强园区对产业项目的吸纳能力，提升园区产业集聚功能。

在达孜，"十二五"期间，江苏共安排援藏资金6.5亿元用于达孜工业园区建设，援建近12条道路和5大重点配套工程，达孜工业园区已建设成为西藏首家自治区级工业园区。近两年来，为建设达孜现代农业产业园区，江苏投入援藏资金约8000万元用于建设完善产业园智能连栋温室、高效保鲜冷藏室、工厂化种苗育苗基地、农产品检测站、休闲体验中心，以及农田水利、道路、绿化工程等配套设施。

在曲水，近年来，江苏投入援藏资金近6000万元，在才纳乡净土健康产业示范园建设了160多栋智能温室、玛咖加工厂、食用菌加工厂、现代农业科技服务中心和仓储中心、冷链库等设施。"十三五"期间，精神还将投入1亿多元，建设才纳净土健康产业园6.67平方千米，包括土地整理、灌排系统、大棚、田间设施、道路系统、展示展销区域等建设项目，推动实现农产品从传统单一的种植结构转变为多品种、高附加值的种植结构，促进产业结构的转型升级，带动沿线百姓的身份向产业工人转变，园区已发展成为引领曲水产业发展、百姓致富的示范项目。

在林周，江苏组织实施道路、研发中心等援建项目，澎博健康产业园区基础设施日益完善、承载能力不断增强。园区依托当地良好的农牧业和矿泉水等资源优势，实现了快速发展。"十三五"期间，江苏将继续安排援藏资金用于道路、污水处理等基础设施项目，不断提升园区承载能力。

如今，江苏援建的产业园区已成为受援县域经济的重要增长点、高原特色农牧产品生产加工重要基地和群众脱贫致富的重要载体。

三、做精做强拉萨特色产品

伴随着拉萨全力推进净土健康产业发展的部署，江苏援藏工作迅速跟进。为了让高原特色产业优势迅速转化为产品优势、市场优势、经济优势，江苏帮助推动了拉萨净土商标品牌战略和产业标准化体系建设。

在江苏援藏干部和相关单位的努力下，2016年12月，拉萨净土商标成功注册，17类商标全部通过国家工商总局审核，并拿到《商标注册证》，全面覆盖拉萨净土健康产业九大主导产业，全力打造高原、民族、文化、绿色、原生态牌，推动了饮品、食品、药品、饰品等优势资源产品规模化、品牌化发展。江苏援藏干部在3年内牵头完成了9大类拉萨净土健康产业的标准体系表编制工作，从养殖（选料）、运输、生产加工、检验检测等方面，建立健全产业链的标准化体系。2016年底，拉萨藏香、藏鸡和拉萨好水三大净土健康产业标准体系制定工作已完成，有力推动了拉萨净土健康产业提档升级。

为做响做亮拉萨特色产业品牌，江苏援藏工作大力实施"走出去"战略，加强拉萨特色优势产品流通平台和市场体系建设，初步建成集电商、微商、电视购物、直销店、大宗通道等多渠道的综合销售网络。2014年11月11日，江苏华润苏果超市的拉萨净土健康产品专卖专柜正式运营，开辟了净土健康产品走向全国大市场的新通道。2016年9月20日，拉萨（秦淮）产业交流中心在南京举行奠基仪式，并在多处商业繁华地段开设旗舰店、展销店、社区店，拉萨净土健康产品正式走进南京市场。2016年12月18日，拉萨净土健康产品发布会在南京举行，此次活动共达成签约项目60多个，总额近10亿元。2016年12月23日，安徽卫视家家购物频道与拉萨净土投资开发有限公司签署战略合作协议，充分发挥媒体渠道优势，在产、销、宣等环节上建立全面有效合作。2017年7月，镇江达孜产业交流中心正式运营，积极拓展江苏乃至长三角市场，成为拉萨净土品牌宣传的重要阵地。随着自治区内外市场的不断拓展，拉萨净土健康产业发展的市场更广、品牌更响，逐渐展现出强大的发展潜力，已成为经济社会发展新亮点。

四、加大民生领域援建力度

江苏援藏工作牢牢抓住富民兴藏这个关键，始终服从和服务于脱贫攻坚工作大局，坚持以"精准援藏"助力"精准扶贫、精准脱贫"。

江苏制订出台了《强化精准对口支援助力拉萨打赢脱贫攻坚战实施方案》，围绕产业、就业、教育、医疗、生态、人才智力援藏，科学组织、强力推进、重点倾斜，切实做到"四个纳入"，即主动把拉萨扶贫需求纳入整个援藏工作统筹考虑，把扶贫项目资金纳入整个援藏规划统筹安排，把参与扶贫工作纳入每位江苏援藏干部人才的工作职责，把扶贫成效纳入检验援藏工作成效的考核体系，做到因地因事、因人制宜，在更大范围、更大力度和更高水平上发挥对口支援在拉萨打赢脱贫攻坚战中的重要作用。"十三五"期间，江苏规划安排计划内援藏资金20亿元，规划用于基层和民生领域的比例分别达82.8%和81.2%，其中直接用于精准扶贫项目资金占比超过30%，重点对教育、医疗等民生领域加大援建力度，实现贫困群众搬得出、留得住、能致富。

在医疗援藏上，江苏支援实施新建拉萨白定医院、县级人民医院提升改造、乡镇卫生院标准化改造等项目，继续深化医疗人才"组团式"援藏。目前，共有22名江苏援藏医生在受援4县的人民医院和拉萨妇幼保健医院开展援藏工作。

在教育援藏上，江苏组织实施温暖校园工程、学校信息化与远程教育平台建设等项目，依托拉萨第二职业技术学校开展职业教育"组团式"援藏，江苏6所职业院校联合开展"6+1"对口合作援助。江苏将继续加大对拉萨江苏实验中学基础设施建设，不断深化"组团式"教育援藏工作并取得了一定成效，在近两年高考中取得了骄人成绩。2017年，拉萨江苏实验中学636

名学生参加高考，大专及以上上线率达97.8%、本科上线率达66.3%；284名学生参加中考，全校平均分496.8，其中藏族班256人，平均分505.6，均在全市名列前茅，让拉萨孩子在家门口享受到了优质教育。

五、推进城乡特色村镇建设

江苏援藏工作充分发挥了江苏在城乡发展、特色小镇、美丽乡村建设等方面的经验优势，以"优化环境、产城融合"为核心理念，以拉萨城乡建设重点难点为突破点，自我加压、迎难而上，规范城市规划和国土管理，推动城区十大市场搬迁，打造"美丽藏乡"特色小镇。

同时，江苏援助修编完成的《拉萨城市总体规划》通过了国家审查；援助编制完成的《西藏空港新区规划》已完成专家评审并已报送拉萨市城市规划委员会审查；配合拉萨林周新机场建设，启动林周乡镇规划编制项目。通过规划引领和援藏项目实施，江苏积极推进将曲水才纳打造成为"产学研旅"一体发展的现代化特色西藏小镇；推进打造以唐古特色小镇为核心的环热振湖旅游线路；推进曲水俊巴渔村美丽乡村建设，努力将俊巴渔村这一西藏自治区仅有的以打鱼为生的渔村，打造成为展示高原渔文化的美丽村庄。

曲水的才纳、墨竹工卡的甲玛、林周的热振片区、达孜的叶巴村特色小镇打造已取得阶段性成果，城乡发展面貌得到美化，城市空间布局不断优化，拉萨城市和县域环境综合整治取得明显提升。

六、推动江苏与拉萨交往交流交融

江苏援藏工作始终以增进民族团结为落脚点，把推进民族交往交流交融作为做好援藏工作的重要内容，组织开展全方位、多层次、宽领域的交流交往活动，以理念更新推动受援地改革发展。

苏拉两地交流交往频繁，"十三五"以来，共有100多个党政代表团携文化、旅游、工商等领域代表进藏开展交流，两地干部人才互派挂职达252人次。拉萨安排赴江苏集中培训和岗位锻炼50批次838人次。江苏每年培训拉萨扶贫系统干部30名，现已培训3批90人次；每年培训150名贫困家庭青壮年劳动力并确保取得相关从业资质证书。在江苏省委党校、河海大学、南京农业大学等省内6所院校建立拉萨人才培养基地；在江苏选聘100名专家学者和领军人才成立拉萨江苏专家服务团，深入开展援受两地县（区）、乡（镇）、村结对帮扶活动，为拉萨特色优势产业乃至经济社会发展提供坚强的人才智力支撑。

通过20多年兄弟省市的大力援助，拉萨在经济社会、民生、医疗体系、教育事业等方面取得了较大的改善与发展，拉近了拉萨与国内其他城市之间的距离，缩小了与国内其他城市之间的差距。在北京和江苏的大力援助下，在拉萨各族人民的奋斗下，拉萨生产总值由1994年的14.37亿元增加到2016年的422亿元；地方财政预算收入由0.66亿元跃升到70.79亿元；农牧民人均纯收入由830元增长到12038元；城镇居民人均可支配收入由4014元增长到29968元。2012年，拉萨全力实施环境立市、文化兴市、产业强市、民生安市、法治稳市五大战略，经济社会取得突破性进展，引领了全区七地市的经济发展，在全国39个首府城市及二级城市中经济发展增速位居前列，社会建设、公共安全指标在全国38个城市中高居榜首。

第六章　反对分裂祖国
——维护统一

　　拉萨是今西藏自治区首府，也是旧西藏地方政府所在地。19世纪末以来，这座古老的城市上空弥漫了帝国主义与分裂主义势力分裂国家的阴霾。从1888年第一次抗英战争以来，拉萨各族人民就开始了反对帝国主义分裂西藏的斗争。西藏和平解放时期，拉萨各族人民同分裂主义势力作斗争，拥护"十七条协议"，为国家实现统一做出了贡献；民主改革时期，拉萨各族人民投入平叛与民主改革中，粉碎了帝国主义和分裂势力的图谋，建立和捍卫了人民政权，维护了国家统一和民族团结，取得了反分裂斗争的胜利。20世纪80年代以来，尤其是2008年3月，在拉萨快速发展时期，西方反华势力支持境外分裂主义势力在拉萨不断制造骚乱事件，破坏了拉萨安定的社会秩序和各族人民祥和的生活环境，给人民生命和财产带来了较大的损失。在拉萨各族人民的大力支持和共同努力下，拉萨市人民政府迅速平定骚乱，恢复了社会秩序，保证了社会稳定，促进了经济的长足发展和社会的长治久安。

和平解放，粉碎了帝国主义分裂中国的阴谋

　　在全国人民解放战争即将胜利的时刻，解放西藏被提上了党中央的议程。1949年12月中旬，毛泽东致信在京的中央负责人和刘伯承、邓小平、贺龙，提出"进军西藏宜早不宜迟"的主张。在全国各地获得解放的大势下，西藏解放指日可待。但是，西藏地方政府中的亲帝分子却在英美国家的支持下加紧了分裂活动，企图阻挠西藏解放。

近代以来，英国两次侵略西藏，获取了诸多利益，之后又不断策动"西藏独立"。西藏地方政府在英帝国主义分子贝尔和黎吉生的教唆下，制造了一系列所谓"独立"的活动，与"中华民国"政府疏远。虽然，民国政府派人进藏与西藏地方政府联系，在一定程度上改善了关系，在拉萨设立了办事处，处理西藏地方事务，但是，西藏地方政府中的一些亲帝分子，顽固地坚持"西藏独立"的立场。1942年，在黎吉生的策动下，噶厦突然在拉萨成立"外交局"。噶厦通知蒙藏委员会驻藏办事处所有事务与"外交局"接洽，把国民政府等同尼泊尔、英国等外国，当即遭到国民政府严厉拒绝和抵制，公开表示不承认西藏地方的"外交局"，坚持所谓事务与噶厦直接接洽，挫败了英帝国的阴谋。在英帝国的授意下，1947—1948年，西藏地方政府派出了所谓的"商务代表团"出访英国、法国、美国等欧美国家，游说这些国家承认西藏是一个独立国家，意图制造西藏是"独立国家"的事实，实现"西藏独立"。但是，在中国国民政府与英美等国的严厉交涉下，"商务代表团"没有取得什么收获而返回，他们企图依靠欧美国家支持实现"西藏独立"的打算落空。1949年6月下旬，英帝国主义分子黎吉生蛊惑噶厦说，拉萨城来了许多共产党的人，他们会把共军引进拉萨，并提供了共产党人的名单。西藏上层惶恐不安，经过商讨，决定于7月8日由首席噶伦然巴·土登滚钦通知国民政府蒙藏委员会驻藏办事处处长陈锡璋，限令办事处及其下属单位人员必须在两周内离开拉萨，同时通知了国民政府。当时的蒙藏委员会驻藏办事处及其下属的小学、电台和气象测候所等单位人员共300多人，在藏军的威逼下，分批经亚东撤离西藏。广州的国民政府迅速发表声明，希望噶厦撤销前议，恢复中央与西藏地方的关系。这就是民国末年西藏地方制造的"驱中央官员"出藏的事件。这是西藏地方政府中上层反动人士制造的分裂事件。

1949年底至1950年初，在印度驻拉萨代表黎吉生的策划下，噶厦决定派出几个"亲善使团"，分赴美国、英国、印度、尼泊尔等国，寻求"独立"的支持和军事援助。对此，刚刚成立的中华人民共和国中央人民政府对西藏地方当局的非法行径予以严厉斥责。中国外交部于1950年1月20日发表声明指出："西藏是中华人民共和国领土，拉萨当局没有权利擅自派出任何'使

团'，更没有权利表明它的所谓'独立'。""中央人民政府将不能容忍拉萨当局这种背叛祖国的行为，而任何接待这种非法'使团'的国家，将被认为对于中华人民共和国怀抱敌意。"因中国政府表明了严正的立场，英、美等国也考虑自身利益，均表示不接纳西藏"使团"。这样，"使团"只秘密地去了印度，其他国家未能成行。在西藏地方政府加紧分裂活动的同时，印度驻拉萨代表处的电台台长英国人福克斯为藏军策划编制、兵力部署、训练计划、军队装备、士兵给养、指挥安全等事宜，提出要噶厦派遣各级军官去印度接受训练，然后派往昌都担任指挥，阻止解放军进藏。

针对西藏地方政府加紧分裂活动的种种行为，党中央和中央人民政府决定进军西藏，但同时也考虑西藏的具体情况，提出争取和平解放西藏的方针。中央人民政府通过宗教人士进藏劝说、驻印使馆人员与噶厦接触等政治争取方法，希望与西藏地方政府谈判，和平解放西藏。但是，在帝国主义支持下，西藏地方政府将藏军部署于昌都，企图阻止解放军进藏。中共中央、中央人民政府在争取和平解放西藏的种种努力均遭到外国反华势力和西藏当局拒绝后，决定以打促和，实施昌都战役。昌都战役的胜利，使西藏地方政府内部一片混乱。西藏地方政府经过密谋，决定一面向昌都派出谈判代表，试探中央；另一面劝导达赖喇嘛出走亚东，观察事态，或与中央合作，或伺机逃亡印度。1951年1月初，达赖喇嘛到达亚东，召回在印度的官员夏格巴，在知晓美国、英国的态度后，感到失望，最后决定派出谈判代表，与中央人民政府谈判。

1951年4月下旬，西藏地方代表团到达北京。以阿沛·阿旺晋美为首席代表的西藏地方代表团和以李维汉为首席代表的中央人民政府代表团进行了近一个月的谈判。1951年5月23日，中央人民政府代表和西藏地方政府代表签订《中央人民政府和西藏地方政府关于和平解放西藏办法的协议》（简称"十七条协议"），序言中指出，藏族是中国境内具有悠久历史的民族之一，与其他许多民族一样，在伟大祖国的创造与发展过程中，尽了自己光荣的责任。但在近百年来，帝国主义势力侵入了中国，因此也就侵入了西藏地区，并进行了各种的欺骗和挑拨。其第一条就写道，西藏人民团结起来，驱逐帝国主义侵略势力出西藏，西藏人民回到中华人民共和国祖国大家庭中来。"十七条协议"的签订，标志着西藏获得了和平解放。西藏和平解放，使西藏人民回到了中华人民共和国的怀抱，粉碎了近代以来帝国主义分裂西藏的阴谋。

"十七条协议"签订后，解放军各路大军开始进军西藏。1951年7月25日，人民解放军进藏先遣支队从昌都出发向拉萨进军。9月9日，先遣支队进入拉萨市区，举行了庄严的入城仪式，西藏地方政府派人前来迎接。拉萨的藏族同胞身穿节日盛装，在拉萨街头欢迎第一支进入拉萨的解放军，拉萨从此获得解放。

民主改革，击溃了分裂势力的图谋

"十七条协议"签订后，达赖喇嘛一行于8月17日回到拉萨。9月12日，和谈代表阿沛·阿旺晋美从北京回到拉萨后，向达赖喇嘛汇报了和谈的情况，达赖喇嘛也表示赞成"十七条协议"。1954年，达赖喇嘛和班禅额尔德尼参加了第一届全国人民代表大会，达赖喇嘛当选为全国人民代表大会常务委员会副委员长，班禅额尔德尼当选为全国人大常委会委员。1956年4月22日，西藏自治区筹备委员会成立大会在新落成的拉萨大礼堂召开，达赖喇嘛任自治区筹备委员会主任，班禅额尔德尼任自治区筹备委员会副主任。就在康藏、青藏公路通车拉萨，达赖喇嘛、班禅赴京，自治区筹备委员会成立，共产党和人民解放军在藏族人民中的影响不断扩大之际，西藏上层反动分子感到形势对他们越来越不利，因此策划了一场以维护封建农奴制、实现"西藏独立"、对抗西藏人民革命的局部武装叛乱。1955年夏，达赖喇嘛返回西藏途经四川时，看到四川藏族地区正在进行民主改革，一些反动分子就以迎接达赖喇嘛的名义，密谋"西藏独立"，反对改革。1956年2月25日，伪"人民会议"分子在传昭大法会召开之际，乘机在拉萨市区散发反动传单，叫喊"西藏独立"，反对进行改革，反对驻藏人民解放军。在中央人民政府驻藏代表指出后，噶厦将其头目阿乐群则等人"逮捕"。阿乐群则按照事先安排,向四川理塘寺发出信号。四川的理塘寺、大金寺,随即发动武装叛乱。美国中情局支持了这场叛乱。人民解放军奉命平叛,保护人民群众的生命和财产。一些叛乱分子逃窜到西藏境内的昌都市,开展武装袭击。经过研究,西藏工委、军区将平息局部叛乱和维护地方治安的责任交给了噶厦。

1956年是世界佛教创始人释迦牟尼涅槃2500年,印度要举行盛大的纪念活动。中央同意达赖喇嘛和班禅去印度参加。11月,达赖喇嘛到达印度,在拜见印度前总理尼赫鲁后,就被一群分裂分子包围,他们给达赖喇嘛灌输了"西藏独立"的思想。关于达赖喇嘛回不回国,引起了随行人员的纷争,阿沛·阿旺晋美等爱国人士极力主张达赖喇嘛返回西藏。同时,周恩来总理、贺龙副总理到印度进行国事访问,对达赖喇嘛做了劝说;与尼赫鲁总理交谈,希望印度政府维护中印两国友好关系。达赖喇嘛一行于1957年2月回到亚东,4月回到拉萨。1957年,在噶厦的策划下,四川、甘肃、青海、云南4省藏族地区陆续发生武装叛乱,成立反动组织"四水六岗"。1958年5、6月,在拉萨的川、青、滇、甘等地叛乱分子,向当雄、黑河、日喀则等地区流窜,胁迫群众参加叛乱,扩大武装队伍。

1959年3月10日,西藏上层反动集团在拉萨经过精心策划,发动了全面武装叛乱。3月17日夜,达赖喇嘛与噶伦索康、柳霞、夏苏等叛乱头目一起逃离拉萨,前往叛乱武装的"根据地"山南。叛乱失败后,他们又逃往印度。

达赖离开拉萨后,叛乱分子调集约7000人,于3月20日凌晨向在拉萨的党政军机关发动全面进攻。人民解放军驻拉萨部队在忍无可忍、让无可让的情况下,于当日上午10时奉命进行反击。在西藏各族人民的支持下,只有1000多人的解放军,仅用两天时间,便一举歼灭了集结在拉萨地区的叛乱武装,平息了拉萨的叛乱,之后,又继续迅速平息了西藏其他地区的叛乱活动。

以拉萨打头的武装叛乱,从一开始就得到了国外反华势力的支持。据西方某媒体1971年1月26日报道,1957年2月,某国情报机构在太平洋某岛训练了"四水六岗"叛乱分子。从1956年到1957年，该情报机构先后遴选了170多名叛乱分子到该国的"康巴游击队员训练基地"受训。接受训练后的数百名藏族武装叛乱分子被空投回西藏，随身配备了手提机枪，脖子上还挂着装有达赖相片的小金盒。该情报机构还训练了2000名藏族武装叛乱分子游击队。1958年7月和1959年2月，该情报机构向"四水六岗"叛乱武装进行了两次武器空投，包括403支步枪、20挺轻机枪和60箱手榴弹，以及几口袋印度卢比。1958年11月，该情报机构通过所谓"麦克马洪线"以南印度占领区，向山南叛军运送了226驮武器装备。次年1月，又通过尼泊尔运入40驮物资，经协噶尔运给山南叛乱武装。该情报机构先后对康区叛军进行了30多次空投，投下的物资多达250吨，包括近万支M-1步枪、冲锋枪等枪械以及轻便的57无后坐力炮和高射机枪。据另一西方媒体1999年8月16日的文章说，1957年至1960年，西方某国给西藏游击队空投了400多吨物资。该国"每年在西藏行动中共花费资金高达170万美元"。①

在达赖出逃途中，上述情报机构改装一架飞机沿途空投物资，以无线电与叛乱武装及附近各情报站联络，并将达赖全部逃亡过程记录在案。中国香港一媒体1974年2月11日的报道透露，据参与这次行动的人员说，达赖离开他的首府是西方某情报机构策划的。该国的间谍飞机曾飞入西藏数百英里，对达赖集团进行空中掩护，空投食品、地图、收音机和金钱，还扫射中国的阵地，并为这次行动拍摄了影片。②

人民解放军在拉萨各族人民的支持下，迅速平定武装叛乱，维护了拉萨的社会秩序，粉碎了帝国主义和分裂势力实现所谓"西藏独立"的图谋。拉萨各族人民在党中央和西藏工委的领导下，迅速开展了民主改革运动，彻底废除了政教合一的封建农奴制度，建立了各族人民当家作主的人民政权，走上了社会主义的发展大道。

---

①中华人民共和国国务院新闻办公室：《西藏民主改革50年》，载于中国新闻网2009-03-02。

②中华人民共和国国务院新闻办公室：《西藏民主改革50年》，载于中国新闻网2009-03-02。

1959年平叛后，西藏境内相对安定。拉萨与全区其他地区一样，开展了民主改革运动。自治区成立后，西藏走上了社会主义发展道路，各项事业蓬勃发展起来。但是，1969年，在达赖集团的煽动下，拉萨尼木发生了分裂事件。以赤烈曲珍（尼姑）、让穷·甘登罗布为首的叛乱分子，纠集10多个县的"藏独"分子，在尼木发动了反革命武装叛乱，公开提出"西藏独立"，喊出了"达赖万岁"的口号；煽动将穿蓝的（地方干部）和穿黄的（解放军）赶出西藏去；制造悬挂所谓的国旗（黄色旗，上有交叉的两把刀）；围攻尼木、砸抢了尼木县政府、银行、商店，抢劫了武装部的枪支弹药，杀害了许多汉藏干部。1969年6月13日凌晨，以让穷为首的叛匪包围了尼木县帕古区政府，用刀砍、棒打、刀捅、绳子勒等残酷手段，杀害了"支左"宣传队的解放军队员22人和汉藏基层干部13人。6月15日，驻藏部队接到中央军委关于去尼木平叛的命令后，迅速开展平叛，经过3个多月对残余分子的追缴，彻底平息了叛乱，基本肃清了尼木等各地的潜匪。

改革开放以来，挫败了分裂主义势力的图谋

　　党的十一届三中全会后，中央于1980年和1984年召开两次西藏工作座谈会，制定各项优惠政策，解决西藏经济社会发展中的问题。在西藏自治区党委的领导下，拉萨走上了改革开放的道路，掀起了新的建设热潮。正当拉萨这座美丽的千年古城在改革开放的大潮中大阔步发展的时候，在西方反华势力的支持下，境外分裂势力策划了拉萨骚乱。1987年以来，拉萨接连发生大大小小的骚乱达18起之多。1987—1989年，连续3年发生大规模骚乱。发生于20世纪80年代的拉萨骚乱有着深刻的国际国内背景。

　　达赖集团在美国的支持下策划了公开的骚乱。1986年，达赖集团频繁召开所谓的高层会议，动员并策划拉萨骚乱。1987年4月，达赖集团又在印度达兰萨拉召开各种会议，筹划在西藏进行一系列骚乱、分裂活动，组织非法游行示威，制造社会动乱。之后，"藏青会"不断派人潜入拉萨和西藏各地，密谋策划，企图里应外合制造动乱。1987年6月，美国众议院通过了

《关于中华人民共和国在西藏侵犯人权的修正案》，公然攻击中国对西藏实行"军事占领"和"暴力统治"。1987年9月21日，达赖在美国国会发表演讲。1987年9月24日，达赖在美国召开记者招待会公然声称："西藏不是中国的一部分，西藏是一个独立国家。"1987年9月27日，拉萨各族人民都沉浸在国庆喜庆的气氛中。突然，21名喇嘛和其他5人举着"雪山狮子旗"，喊着"西藏独立"等反动口号，在拉萨市区八廓街、人民路一带游行，并在大昭寺广场向围观的人群发表煽动性的演讲。这些人扯着旗子喊着口号，按照预谋的计划继续游行。他们企图冲击西藏自治区人民政府，打伤了一些维持秩序的公安人员。公安部门迅速出击，不到一个小时，就把事件平息了下来。但是，他们不甘心失败又筹谋着新的骚乱。

1987年10月1日上午，当时拉萨各族人民正在欢度国庆，罗布林卡的游园活动已经开始。9时50分，有10多名喇嘛呼喊着"西藏独立"的口号，举着"雪山狮子旗"，从大昭寺前开始沿八廓街游行，十几个披着袈裟的喇嘛，用树枝挑起几面"雪山狮子旗"，朝大昭寺广场涌去。还有一些身份不明的人跟在后面，高喊："达赖喇嘛号召搞西藏独立了，赶快跟我们走啊！"引来不少人围观，街头开始出现混乱。紧接着，他们进行了打砸活动，冲击了公安机关。10月1日当天，骚乱分子打砸烧毁汽车、摩托车43辆，其中烧毁11辆。暴徒们在骚乱中砸、抢照相机7部，录像机3部，共造成直接经济损失达600多万元。公安干警和武警指战员共有325人受伤，其中重伤19人。新闻记者有7人受伤，其中重伤4人。骚乱中的闹事者和围观者有20人受伤，6人死亡。最终骚乱在我公安力量的打击下得以平息。

1988年3月5日，拉萨传昭大法会的最后一天，迎请弥勒佛的队伍走到八廓街时，有6名甘丹寺的喇嘛，纠缠围攻自治区副主席、统战部部长郑英同志和自治区民族宗教委员会的领导同志，要求立即释放被捕的"藏独"分子。在松曲热广场上，一伙人将石头、空酒瓶砸向维持秩序的公安干警，呼喊"西藏独立"口号，约500名喇嘛带头绕八廓街游行，并砸烂了西藏电视台转播迎请弥勒佛实况的车辆和机器设备。骚乱分子冲击西藏自治区佛协传昭办公室，围攻自治区有关部门的领导干部，打死武警班长袁石生（藏族），打伤29名武警指战员。近百名暴徒手持铁器、木棒、石块，在北京路砸毁商店、饭店、诊所，抢劫财物。据目击者介绍，这天被暴徒烧毁和砸毁的汽车共有7辆，仅西藏电视台就损失270多万元。[①]

　　1989年2月13日以来，分裂主义分子在拉萨组织了4次游行，有关方面一直采取克制的态度，进行劝阻和教育，维护了社会治安，避免了正面冲突。其中以3月5—6日两天最为严重。少数分裂主义分子的暴行对全市人民生命财产的安全构成了严重威胁。在3天的骚乱中，横遭暴徒打砸抢烧的商店、旅馆、饭店达90多家，被砸毁门窗的机关、学校、医院达数十家，伤亡上百人，直接经济损失在300万元以上。至于骚乱分子肆无忌惮的恶劣行径对包括藏胞在内的各族人民感情的伤害和对全国安定团结局面的恶劣影响，则更是无法以数计的。

　　1989年3月7日，国务院总理李鹏发布在西藏自治区拉萨市实行戒严的命令：鉴于少数分裂主义分子不断在西藏自治区拉萨市制造骚乱，严重危害社会安定，为了维护社会秩序，保障公民人身、财产的安全，保护公共财产不受侵犯，根据宪法第八十九条第16项的规定，国务院决定，自1989年3月8日0时起在拉萨市实行戒严，由西藏自治区人民政府组织实施，并根据实际需要采取具体戒严措施。

　　为保障公民人身、财产的安全，保护公共财产不受侵犯，国务院发布戒严令，这是中华人民共和国成立39年来的第1次。国务院戒严令和西藏自治区人民政府令发布后，拉萨的社会秩序恢复正常。对拉萨的戒严从1990年5月1日起解除。

　　2008年，我国承办奥运会。在奥运会召开前夕，境外"藏独"分子，在英国、法国等国抢夺我国传递的火炬，破坏我国举办奥运会；同时，也策划了境内骚乱活动。1月4日，达赖集团下属所谓的"西藏青年会"等5个激进组织通过互联网发出了所谓的"西藏人民大起义运动"的叫嚣。同时，达赖集团还组织策划了境外藏胞的"挺进西藏运动"，其主要策划者"藏青会"宣称："不惜流血和牺牲生命也要恢复'西藏独立'！"2月7日，达赖

[①] 西藏自治区党校、西藏日报：《阳光下的罪恶——拉萨历次骚乱、暴力犯罪纪实》，拉萨：西藏人民出版社，2009年版，第139页。

"流亡政府"伪议会议长噶玛群培声称，要"利用中国举办2008年奥运会的机会，展开各种活动，迫使中国政府在2008年或者未来两年内解决'西藏问题'"。3月14日，一群不法分子在西藏自治区首府拉萨市区的主要路段实施打砸抢烧，焚烧过往车辆，追打过路群众，冲击商场、电信营业网点和政府机关以及学校，给当地人民群众生命财产造成了重大损失，使当地的社会秩序受到了严重破坏，13名无辜群众被烧死或砍死，造成直接财产损失超过3亿元。在打砸抢烧中，不法分子的手段极其残忍、令人发指。他们背着装有石头、汽油瓶的背包，手持铁棍、木棍、长刀，见东西就砸，看到不顺眼的人就打，一边打一边狂笑。人们四处奔逃，医院急救中心的门口染满了鲜血，学生们躲在校园的操场上瑟瑟发抖。1名无辜群众被暴徒浇上汽油活活烧死……据统计，发生拉萨"3·14"事件的当年，全区生产总值增速比上一年同期回落7.3个百分点，固定资产投资和工业经济增速同比分别回落10.3个和11个百分点，物价连续5个月上涨，涨幅超过7%。2008年上半年，西藏旅游业一度陷入停滞状态，旅游总收入同比下降71.2%。"3·14"打砸抢烧事件是一起由境内外"藏独"分裂势力策划煽动的有组织、有预谋地严重破坏社会秩序的事件，是我们同达赖集团长期尖锐斗争的集中反映，它有着深刻的政治背景和复杂的社会背景。在拉萨各族人民的支持下，西藏自治区政府果断采取措施，迅速平息了骚乱事件，保护了人民生命和财产的安全，维护了社会秩序。

2009年，全国政协副主席阿沛·阿旺晋美作为西藏百年历史变迁的目睹者，也是亲身经历了西藏两种不同社会制度的见证人，就拉萨2008打砸抢烧事件，进行了西藏反分裂说明："西藏是中国不可分割的领土。从古至今，世界上任何一个国家、任何一届政府都未承认过'西藏独立'。就是在清朝末年、国民党统治时期，国家积贫积弱，还面临帝国主义的侵略，在这样的形势下，企图将西藏分裂出去的企图，都没能得逞。西藏和平解放后，极少数人不顾历史事实、不顾广大藏族群众意愿，企图把西藏从祖国分裂出去的活动从未间断过。1959年，在国外敌对势力的支持和策划下，发动了武装叛乱妄图实现'西藏独立'。当时中华人民共和国成立不久，人民民主专政还

不完全巩固，西藏旧地方政府和旧制度仍然存在，即使在这样一个情况下，1959年叛乱不但没有得逞，而且加速了民主改革的到来。人民翻身得解放，当家做了主人。20世纪80年代境内外分裂势力再次挑起拉萨骚乱，最后又以失败告终。这一切充分证明，搞'西藏独立'是违背西藏人民意愿的，是不得人心的。这次拉萨发生的事件是一场分裂与反分裂的斗争，只要我们团结一心，依靠群众，在西藏自治区党委和政府的正确领导下，一定会取得反分裂斗争的最后胜利。"

反分裂斗争的胜利属于人民

20世纪初期，我国政权发生了较大的变化。1911年辛亥革命推翻了清朝政府的统治。1912年1月1日，"中华民国"建立。刚刚成立的新生政权还不巩固，英帝国便乘机策动"西藏独立"。1913—1914年，英国在印度召开所谓的中、英、藏三方参加的"西姆拉会议"，强迫中国政府在损害中国主权的《西姆拉条约》上签字，但被中国代表严词拒绝，英帝国主义分子及其在藏扶持的分裂势力密谋，以所谓"麦克马洪线"为界，割占了我国9万多平方千米的领土。此后，英国在西藏采用种种手段，挑拨西藏与国民党中央政府的关系，策划"西藏独立"。1947年，印度独立后，英帝国主义势力逐渐退出西藏，但是美国又接手了英国在西藏的利益，继续干预我国西藏事务，直到1951年西藏和平解放，驱逐帝国主义出西藏，才结束了帝国主义对西藏的侵略。

西藏和平解放以来，出于大国博弈和较量，以美国为首的西方反华势力一直在干预我国西藏的事务，支持逃亡印度的达赖集团。在其支持下，达赖集团1969年制造了尼木事件；进入20世纪80年代以来，又在拉萨策划了上百起骚乱事件。2008年，达赖又策动了"3·14"事件，并向西藏其他地区和川、青、甘、滇等省藏族自治地方蔓延。近百年来，拉萨成为分裂与反分裂斗争的交汇地。拉萨各族人民都投入了反分裂斗争中，坚决拥护中央人民政

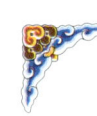

府和西藏自治区人民政府、拉萨市人民政府平息叛乱和骚乱的决定，坚决与分裂势力作斗争，坚定维护祖国统一和民族团结。

在历次骚乱事件中，拉萨各有关部门都迅速展开了救助行动。各大医院的医护人员全部投入了忙碌的救治工作中。很多医院都开设了绿色就医通道，准备出足够床位，保证受伤群众得到全方位医疗。为帮助无家可归的受害者解决基本生活问题，拉萨市救助站免费为他们提供衣食住医，并提供返乡车票。拉萨各界针对骚乱事件公开发表意见，指责骚乱分子的不法行为。"3·14"事件发生后，时任全国人大常委会原副委员长、西藏自治区发展咨询委员会名誉主任热地愤慨地说："试问，世界上哪个国家、哪个政府，对于出现类似拉萨这样的严重暴力犯罪事件能够无动于衷？能够置老百姓的生命财产安全于不顾？能够眼睁睁地看着暴徒们破坏和谐稳定的社会秩序？"全国政协副主席帕巴拉·格列朗杰一针见血地指出，达赖集团制造"3·14"事件，其险恶用心，就是企图在敏感时期挑起事端，蓄意把事情搞大甚至造成流血事件，破坏安定和谐的政治局面。一位藏族老人说："我不明白现在生活这么好，那些人还闹什么闹。""为什么达赖集团要搞暴力破坏活动？究竟是谁在为西藏各族人民谋幸福？到底是谁在戕害西藏各族人民的利益？"藏族退休干部尼玛次久愤慨地说："政治上的反动性、宗教上的虚伪性和手法上的欺骗性，是达赖集团惯用的伎俩。这场暴行，让我们更加看清了他们的险恶用心。"

中央第五次西藏工作座谈会在指出当前西藏社会主要矛盾的同时，也指出西藏社会的特殊矛盾是西藏各族人民同以达赖集团为代表的分裂势力之间的矛盾。通过多次的分裂与反分裂斗争的较量，拉萨各族人民深刻地认识到：西藏各族人民是创造和推动西藏历史前进的根本力量，始终是坚定维护祖国统一、民族团结、社会稳定的正义一方；以达赖集团为代表的旧西藏封建农奴主残余势力是斗争的对立面，其反动本质就是要破坏西藏发展稳定、图谋"西藏独立"、恢复他们的"天堂"。拉萨各族人民也深刻认识到了达赖集团的反动本质。从1959年武装叛乱失败出逃后，在长达60多年的流亡生涯中，达赖集团采取与国际敌对势力勾连、暴力恐怖活动和"非暴力"不合

作相结合、同我党接触商谈谋求突破和对境内进行渗透破坏等方式，长期从事破坏社会稳定、破坏民族团结、损害国家利益与主权安全的活动，一直是制约和阻碍西藏经济发展和社会和谐稳定的重要因素。达赖集团提出的所谓的"高度自治""大藏区""真正的自治"等所谓"中间道路"言论，其中，"五点和平方案"和"七点新建议"是分裂势力自称推行"中间道路"的纲领性文件。达赖集团不承认西藏自古以来就是中国的一部分，图谋建立历史上并不存在的"大藏区"，其根本目的是搞"西藏独立"，重新将西藏人民推入万劫不复的苦难深渊。拉萨各族人民在反分裂斗争中，深深地懂得了"团结稳定是福，分裂动乱是祸"的道理，坚定不移地跟党走，坚决同达赖集团做斗争，努力实现社会大局持续稳定、长期稳定、全面稳定。

第七章　自治区关心与扶持
——首府功能

1951年，拉萨和平解放。1960年拉萨市人民政府成立。1965年，西藏自治区成立，拉萨成为自治区首府，是西藏经济、政治和文化中心。拉萨市行政区划几经变迁，到2000年，拉萨市辖管城关区、林周县、墨竹工卡县、达孜县、堆龙德庆县、曲水县、当雄县、尼木县等1区7县；2015年10月13日，国务院同意撤销原拉萨市堆龙德庆县，设立拉萨市堆龙德庆区；2017年，国务院同意撤销拉萨市达孜县，设立拉萨市达孜区；现辖管3区5县。自西藏自治区成立以来，拉萨市在经济、政治、文化、社会、生态建设等方面一直走在全区前列，发挥了首府功能。

自治区党委、政府的关心与支持

西藏和平解放以来，拉萨的工作在全区都居于举足轻重的地位，其革命、建设和改革都得到了西藏工委、自治区党委和政府的关心与支持。1956年8月，中共西藏工委决定并报经中央批准，成立中共西藏工作委员会拉萨分工委。1957年10月，中共西藏工委贯彻中央"西藏至少六年内不进行民主改革"的方针，决定撤销拉萨分工委，其工作归由中共西藏工委有关机构承担。1959年3月，经中央批准，中共拉萨市委员会成立。改革开放以来，西藏自治区党委、政府更是把拉萨的发展摆在了重要的位置，不少市委书记都是由自治区党委常委兼任。自治区党委、政府的关心和支持给拉萨的发展稳定提供了坚强的组织保障。21世纪初期，拉萨的发展进入了快车道，但因受到境外达赖集团的干扰和破坏，拉萨的社会稳定遇到了空前的挑战。拉萨的发展稳定牵系着自治区领导的心弦。

20世纪80年代，拉萨连续发生暴力骚乱事件，严重破坏了当地生产和人民生活。1989年3月7日，国务院发布拉萨戒严令，自治区党委、政府执行国务院的命令，实施拉萨戒严，果断平息了拉萨骚乱事件，迅速恢复了拉萨的社会秩序。1989年10月，党中央召开政治局常委会议，专门研究西藏事宜，会议听取了时任西藏自治区党委书记胡锦涛代表自治区党委所做的工作汇报，并以此汇报为基础，形成了《中央政治局常委讨论西藏工作会议纪要》，纪要指出：拉萨发生的骚乱，有其深刻的国际国内背景，是从帝国主义入侵西藏以来长期存在的分裂与反分裂斗争的继续，是境内外分裂势力在国际反华势力支持下掀起旨在分裂祖国，反对共产党，颠覆社会主义制度的严重政治斗争，不能把骚乱简单地看成长期"左"的结果。当前国际反华势力和达赖集团活动猖獗，顽固坚持"西藏独立"，形势仍然严峻，必须做好长期斗争的思想准备，坚定不移地带领群众把反分裂斗争进行到底。《纪要》强调：西藏工作要紧紧抓住两件大事，即政治局势的稳定和发展经济。保持社会稳定，巩固和发展安定团结的政治局面，是西藏第一位的政治任务。中央政治局常委讨论西藏工作的会议，成为新时期西藏工作的转折点，至此，西藏在社会主义现代化建设和改革开放的道路上，经过十多年的艰苦探索，终于步入正确的轨道。西藏进入与全国改革开放在体制机制上接轨的阶段。拉萨社会的安定和民族团结局面的形成，为拉萨改革发展奠定了基础。

进入20世纪90年代，拉萨的改革稳步推进，物质文明建设取得显著成效，人民生活大大改善。但因达赖集团的长期影响，精神领域存在不少问题。1996年7月23日，西藏自治区在拉萨召开精神文明建设动员大会，时任自治区党委书记陈奎元到会讲话，他强调，要立足西藏实际，认清现状，有的放矢，旗帜鲜明地加速建设与经济发展相适应的精神文明；全区各级领导要重视，以马列主义、毛泽东思想特别是邓小平建设有中国特色社会主义理论武装头脑，把维护统一、反对分裂与精神文明建设、物质文明建设有机地结合起来，抓出实效。自治区领导关心拉萨的工作，在拉萨召开精神文明建设动员大会，极大地鼓舞了拉萨各族人民，有力地促进了拉萨精神文明建设。

进入21世纪，拉萨经济不断发展，社会进一步稳定。为了促进拉萨经济快速发展，2001年11月5日，时任自治区党委书记郭金龙同志在自治区党委常委、拉萨市委书记向巴平措，自治区农牧厅厅长王承杰的陪同下，到曲水县机关、农村视察。他强调：一是必须把沿拉萨河这片条件和基础较好的地方率先更快、更好地发展起来，努力做到突出重点、典型引路。在思路上，一定要防止平均使用力量。二是必须不断加大解放思想、更新观念的力度，以县城改造为突破口，抓住重点，大力发展第二、三产业，努力提高农村社会发育程度，引导群众脱贫致富奔小康。三是必须高度重视以农房改造和建设为重点的乡村建设，以此带动相关产业，帮助群众开拓新的消费领域，进一步提高生活质量，进而展示社会主义新西藏的崭新面貌。四是我区农业连年丰收，群众积极要求售粮售油，增加收入。自治区领导视察拉萨经济社会发展现状，为拉萨经济发展注入了动力。

2005年3月4日，时任自治区党委书记杨传堂在区党委秘书长金书波、市委书记公保扎西、市长罗布顿珠等领导的陪同下，到墨竹工卡围绕县级先进性教育活动开展和经济社会发展各项工作安排及进展情况进行调查研究。他强调，科学发展观的第一要义是发展，党执政兴藏的第一要务是发展，各级党政负责人是发展的第一责任人，要牢牢抓住发展这个党执政兴藏的第一要务，坚决把经济搞上去。发展问题，关系人心向背，事业兴衰。发展首先是经济的发展。经济不发展，人民群众的生活就得不到改善，坚持党的先进性、发挥社会主义制度的优越性就无从谈起。各级党委、政府一定要认真总结发展经验，进一步转变观念，着力深化体制改革，加大对外开放特别是对内地开放的力度，切实抓住发展机遇，谋划发展新思路，提出发展新举措，开创发展新局面。要坚持以科学发展观统领各项工作，扭住加快发展不撒手、咬定发展目标不动摇、抓住加快发展不撒手，突出发展重点，坚持科学发展、加快发展、跨越式发展，力争通过全区各族人民的共同努力，使我区的发展在每个阶段都有大动作，每年都有新的飞跃，每隔几年跃上一个大台阶。自治区领导明确的发展思路，为拉萨经济社会发展和加强党的建设指明了方向。

2008年10月28—31日，时任自治区党委书记张庆黎到拉萨市城关区各办事处和派出所就深入学习实践科学发展观、扎实推进和谐社区建设进行考察和调研，与广大社区干部、公安民警、各族群众深入座谈，了解社区建设情况，探讨社区发展思路，共话推动科学发展、建设和谐社区的神圣责任。他强调，各级党政组织必须把城市社区管理工作列入重要议事日程，进一步加强领导，细化责任，明确工作目标，制定具体措施，完善体制、机制，为今后社区管理工作步入良性循环的发展轨道打下坚实的基础，确保这次学习实践科学发展观活动取得实效。工作生活在社区的每个单位和个人，都有责任建设社区，为社区建设添砖加瓦、多做贡献。社区居委会一定要学会借外力、用内力、重合力，善于借助社会各族各界的关注、各个方面的关心、党委政府的支持等力量来推动社区工作，做到共享共建、共建共享、齐心协力、共同打造团结富裕文明和谐的新社区，真正让各族群众发自内心地说共产党好、社会主义好、改革开放好、人民军队好、人民群众好、伟大祖国好，为建设和谐拉萨、和谐西藏做出新贡献。

2014年4月4日，时任自治区党委书记陈全国到拉萨市调研第二批党的群众路线教育实践活动，他走访了市民服务中心和丹吉林社区，了解党的群众路线教育实践活动情况，并对拉萨市第二批党的群众路线教育实践活动提出六点要求。他突出强调，要结合贯彻落实中央八项规定、《党政机关厉行节约反对浪费条例》和自治区"约法十章""九项要求"，从集中整治"四风""两问题""一薄弱"（基层组织薄弱）入手，对群众提出的突出问题和自身查摆出来的作风问题，要积极主动地改，动真碰硬地改；要把作风建设贯穿始终，树立和发扬好的作风，践行"三严三实"要求，坚定理想信念、践行根本宗旨、加强道德修养，正确认识和处理人际关系，下决心减少应酬，实实在在做人做事，对一切腐蚀诱惑保持高度警惕，让各族群众切实感受到党员干部作风的新变化。

2017年2月7日，时任自治区党委书记吴英杰拉萨市当雄县、林周县，就农牧业发展进行实地调研。他强调，要认真贯彻落实习近平总书记在中央全面深化改革领导小组第三十二次会议上的重要讲话精神，要深入学习贯彻习近平总书记系列重要讲话精神特别是关于全面深化改革和"三农"工作的重要指示，学习贯彻中央经济工作会议和中央一号文件精神，按照自治区党委的部署要求，适应发展新形势、顺应发展新趋势，坚持问题导向，加快补齐短板，深入推进农牧业供给侧结构性改革，确保粮食生产能力不降低、确保农牧民增收势头不逆转、确保农牧区稳定不出问题，促进农牧业农牧区经济社会持续快速健康发展。

拉萨是西藏自治区首府城市，自治区党委、政府十分关心拉萨的发展稳定，历届领导班子经常到拉萨开展调研工作。本部分内容选择历任自治区党委书记的部分调研内容，反映自治区党委、政府对拉萨发展与稳定的关心。自治区党委、政府率先推进拉萨的发展稳定，如建立第一座电站，建立第一所小学、中学，建立第一所医院；一些试点工作也首先在拉萨推开，如2011年，在推进社会管理创新工作中首先以拉萨为试点加强和创新社会治理，拉萨通过努力探索，建立起一整套社会管理创新的体制机制，城乡网格化管理和"双联户"模式在全区推开。在自治区党委、政府的关心下，拉萨发挥首府城市的功能和作用，走在前列，为全区经济社会发展做出了积极的贡献。

拉萨市首府功能的发挥

拉萨是西藏自治区首府，国家历史文化名城，具有高原和民族特色的国际旅游城市。西藏和平解放以来，拉萨坚持经济、社会、人口、环境和资源相协调的可持续发展战略，统筹做好城市规划、建设和管理的各项工作；重点发展特色产业，按照合理布局、集约发展的原则，不断完善公共服务设施和城市功能，逐步把拉萨建设成为经济繁荣、社会和谐、生态良好、富有鲜明历史文化特色和浓郁民族风貌的现代化城市。拉萨作为自治区首府城市，在全区具有核心作用和引领作用。在发展过程中，自治区党委、政府对其提出了许多要求与希望。长期以来，拉萨明确自身发展稳定的定位，在全区发挥了表率作用。

一、发挥"首府城市首位度作用"

西藏和平解放以来，拉萨作为首府城市，在和平解放、民主改革、自治区成立、社会主义改造、改革开放等各项工作中，率先走在全区前列，为自治区革命、建设和改革开放做出了应有的贡献。进入21世纪以来，拉萨的首府城市功能更加凸显。2011年11月，在自治区第八次党代会上，时任自治区党委书记的陈全国同志要求拉萨要充分发挥"首府城市首位度作用"，在科学发展中发挥带头作用、在民族团结中发挥模范作用、在生态建设中发挥引领作用、在改善民生中发挥先行作用、在党的建设中发挥先锋作用、在维护社会稳定中发挥关键作用、在文化发展中发挥示范作用。2012年，拉萨按照中央和自治区的精神，坚持稳中求进，突出"环境立市、文化兴市、产业强市、民生安市、法治稳市"五大战略，创优生态环境、人文环境、投资环境，坚持环境立市，实现更优发展；强化社会主义核心体系大建设、教育基础地位大巩固、公益性文化事业大发展、文化产业大发展，坚持文化兴市，实现更好发展；大力扶持旅游文化产业、生物产业、能源产业、建筑建材产业、优势矿产业、民族手工业，坚持产业强市，实现更快发展；抓就学促公平、就业促增收、保障促覆盖、就医促提升、住房促宜居，坚持民生安市，实现更大发展；加强和创新社会治理、民族团结、寺庙管理，坚持法治稳市，实现更稳发展；同时，着力抓好项目拉动、园区带动、产业推动、民营促动、人才培养、环境创优等六项重点，全面实现发展带头、稳定关键、团结模范、民生先行、文化示范、生态引领、党建先锋等七项突破。2012年以来，拉萨各级各部门大力实施以业育人、以业安人、以业管人、以业富人的"四业工程"，着力解决人民群众最关心、最直接、最现实的利益问题。"四业工程"以产业发展和就业需求为导向，把大力培育新型农牧民和农牧区实用人才、着力加强农牧民技能技术培训作为"以业育人"的主要目标，严格把关，同时，采取灵活多样的培训方法，大力开展中等职业教育、农牧业实用技术、民族手工业技术等各类专业技能培训，使全市人力资本投资进一步得到强化，人力资源进一步得到开发，全市城乡劳动者的技能素质显著提高，拉萨经济社会长足发展的助推器不断得到强化。2015年，拉萨实施党建统市、环境立市、文化兴市、产业强市、民生安市、依法治市"六大战略"。"十二五"期间，拉萨以大力实施"民生安市"战略为落脚点，大力推进以"以业育人、以业安人、以业管人、以业富人"为内容的"四业工程"，在58万人口的拉萨实现农牧区劳动力转移就业85.23万人次，实现收入22.03亿元。"十二五"期间，拉萨共开展各类农牧民技能培训近15万人，使参与培训的广大农牧民基本能够掌握常用技能，共培养初级技能人才4039人、中级技能人才385人、高级技能人才36人，农牧民就业创业能力和增收致富能力得到明显增强；拉萨农牧民人均纯收入从2011年的6019元提高到2014年的9258元，城镇居民与农村民居收入比从2011年的2.93：1下降到2014年的2.49：1。据中国社科院2015年发布的《公共服务蓝皮书》显示，拉萨社保就业满意度连续5年排名第一。2013年，拉萨荣获国家级创业城市奖；2014年，拉萨城关的扎细社区、八朗学社区、河坝林社区、热木其社区分别被授予国家级充分就业示范社区和自治区充分就业星级社区荣誉称号。[①]

二、经济建设方面，在全区具有领头羊的功能，发挥引领发展的作用

拉萨是改革开放的"新城"。其着力推动全市旅游、文化、净土健康产业蓬勃发展、创出品牌、形成规模，跳出简单复制的跟随型发展模式，走出了一条高原差异化跨越式的产业发展道路。在党中央、国务院的亲切关怀下，在全国各族人民的无私支援下，拉萨的综合实力显著提升，基础设施不断完善，城乡面貌焕然一新，社会事业全面进步，人民生活更加幸福。全市地区生产总值占到全区的1/3；全社会固定资产投资、地方财政一般预算收入占全区的近一半；规模以上的工业企业增加值、旅游接待综合收入占到全区的一半多。拉萨特色产业优势明显，现代特色农牧业发展迅速，旅游文化产业、生物产业、民族手工业、建筑建材产业等具有民族特色和比较优势的战略支撑产业培育加快。

三、政治建设方面，维护稳定先试先行，在创新社会治理、维护社会稳定方面发挥了巨大作用

拉萨是西藏和四川、青海、甘肃、云南四省藏族自治地方稳定的"要

---

① 孙开远：《拉萨"四业工程"实现转移就业85万余人次》，载于《西藏日报》2016-02-22。

城"，其稳定牵一发而动全身。2012年在全国首府城市中率先出台《拉萨市民族团结进步条例》，深入开展共产党员民族团结先锋行动、共青团员民族团结闪光行动、少先队员民族团结牵手行动，促进各族群众交往交流交融，创建全国民族团结进步示范市；认真贯彻落实自治区党委维稳"十项措施"，确保拉萨持续稳定、长期稳定、全面稳定。拉萨以开展创先争优强基惠民活动为有力抓手，深化干部驻村工作；以干部驻寺常态化为主要内容，加强和创新寺庙管理；以便民服务、维稳处突为首要职能，强化城镇网格化管理；以维护藏传佛教正常秩序为基本目标，依法依规管理宗教事务；以强化社会面管控为有效途径，实现维稳措施全覆盖，确保没有缝隙、没有盲区、没有空白点；以加强新兴媒体管理、信息情报工作和应急机制建设为关键措施，确保西藏意识形态和文化领域绝对安全；以开展民族团结进步创建活动为重要载体，促进各民族和睦相处、和衷共济、和谐发展；以加强高校管理和青少年思想政治及"双语"教育为工作重点，培养合格的社会主义建设者和接班人；以开展打击整治专项行动为重要契机，加强社会治安综合治理；以维护稳定为硬任务和第一责任，建立健全维稳工作督查机制、维稳责任追究机制。

四、文化建设方面，努力繁荣文化，率先走在前列，发挥了首府城市的文化功能

拉萨是历史文化的"名城"，在解决好"口袋"问题的同时，更加注重解决"脑袋"问题，坚持用社会主义核心价值观统领拉萨文化建设，大力开展公共文化服务，构建各民族共有精神家园。拉萨围绕"文化兴市"战略，经过不断努力，使全市的公共文化服务体系建设取得新进展，覆盖全市的公共文化服务网络框架基本形成。到2015年，拉萨共有公共图书馆1个、博物馆2个，各级文化馆（站）、群众艺术馆75个；已建成县级综合文化活动中心8个、乡镇文化站65个、村级文化室228个；已建成农家书屋228个、寺庙书屋231个、社区书屋17个，农家书屋和寺庙书屋建设在全区率先实现了全覆盖。拉萨文化信息资源共享工程共有1个省级分中心点（自治区图书馆）、8个县支中心点（八县区各一）、5个乡镇基层点、138个基层服

务点。2014年底，全市广播、电视综合人口覆盖率分别达到98%和98.27%，农村电影放映工程全年放映1万多场次。拉萨市先后获得"全国文明城市""优秀旅游城市""百姓幸福感最强城市"等称号。①

五、社会建设方面，教育、卫生事业的发展保障民生、争取人心，发挥了服务全区的作用

拉萨市委、市政府落实自治区党委改善民生"十件实事"，瞄准"两年脱贫、三年巩固"，重点打好脱贫攻坚战，着力补齐教育和医疗短板，不断增强基本公共服务能力，全面提高人民群众生活水平，以民生改善的实绩来凝聚人心、夯实基础。以2015年为例，拉萨坚持把改善民生、凝聚人心作为经济社会发展的出发点和落脚点，全年投入近40亿元，着力解决人民群众最关心最直接最现实的利益问题，实现了2万贫困人口稳定脱贫，人民群众的幸福指数节节攀升，荣获"2015中国全面小康突出贡献城市""全国首批民生改善典范城市"称号。2015年，拉萨农村居民人均可支配收入突破万元大关，达到10736元，增长16%，高出全区平均水平2421元；城镇居民人均可支配收入达到26096元，增长13%；城乡收入比从2014年的2.49∶1下降到2015年的2.43∶1，远低于全区的3.06∶1，实现了农村居民收入增速快于经济增速和城乡收入差距持续缩小"两个同步"。拉萨始终坚持就业第一，深入实施"四业工程"，全年新增就业1.5万多人，农牧区劳动力转移就业19.78万人次，实现劳务收入5.5亿元，动态消除"零就业"家庭，城镇登记失业率控制在2.2%以内。②

六、生态建设方面，走绿色可持续协调发展之路，建设"美丽拉萨"，成为宜居城市

拉萨是青藏高原的"净城"，始终把生态环境保护作为底线、红线、高压线，成功创建全国文明城市、国家环保模范城市、国家园林城市、国家卫

---

①杨子彦、拉巴桑姆：《拉萨市文化工作综述：文化，让城市更美好》，载于《西藏日报》2015-12-24。

②王晓莉：《拉萨市2015年经济社会发展综述》，载于《西藏日报》2016-02-27。

生城市,在生态环境部公布的环境优良城市排行榜中,拉萨持续领跑全国城市。拉萨为永葆雪域高原碧水蓝天,紧紧围绕"环境立市"战略,始终把生态文明建设放在突出位置,强化执法监管,坚持绿色发展,着力改善生态环境,环境质量持续保持良好状态。市域内国控监测断面水质均达到或优于《地表水环境质量标准》(GB3838-2002)Ⅲ类标准,城镇集中式饮用水水源地水质达标率100%,环境空气质量持续排名位于全国前列,声环境质量总体保持平稳,生态环境部发布的2016年噪声污染防治报告中,省会城市仅拉萨市区域声环境质量达到一级水平。为深入推进水污染防治工作,拉萨出台了《拉萨市水污染防治行动计划实施方案》和《拉萨河水环境综合治理工作行动方案》,对拉萨4个集中式饮用水水源地开展了环境状况自查评估工作。农村饮用水水源地保护试点工作开展以来,拉萨实施了335个农村饮用水水源地保护项目建设。为推进大气环境管理,拉萨出台了《拉萨市大气污染防治行动计划实施方案》,淘汰落后产能,关停10万吨立窑水泥生产线,推进燃煤锅炉整治,淘汰燃煤锅炉64台,完成大气污染防治工作自查报告;推动机动车尾气排放管理工作,建立机动车检测网络在线监控系统。为推进土壤环境管理,拉萨出台了《拉萨市土壤污染防治行动计划实施方案》,加强源头管控,实现全市危险废物(含医疗废物)安全集中处置,进一步降低了土壤污染的环境风险;妥善转运并处置全市医疗废物共678.45吨,妥善转运并处置全区危险废物86.57吨,处置率100%。拉萨生态文明建设稳步推进,截至2016年,拉萨共有202个行政村、44个乡镇、1个县成功创建为自治区级生态村(居)、生态乡镇、生态县并获命名。[①]

七、以新发展理念为引领,发挥共享式发展的作用

党的十八届五中全会明确提出要实现"共享发展",强调"必须坚持发展为了人民、发展依靠人民、发展成果由人民共享,使全体人民在共建共享式发展中有更多获得感"。拉萨作为西藏自治区首府,是全区政治、经济、

[①] 王珊:《拉萨生态文明建设综述:守护高原碧水蓝天》,载于中国西藏新闻网2017-07-30。

文化中心，如何充分发挥首府城市首位度作用，如何实现共享式发展，为全区乃至整个四省藏族自治地方探索出一条可供借鉴的发展道路，这是一个重大课题。坚持共享发展、共建幸福拉萨意义重大。首先，共享式发展是贯彻中央理念的新要求；其次，共享式发展是实现治边稳藏的新路径；最后，共享式发展是建设幸福拉萨的新探索。拉萨正处于重要的发展机遇期，但由于发展起步较晚、基础薄弱，经济社会发展水平仍然远远落后于其他省市。加快美丽家园幸福拉萨建设，必须坚持走共享式发展道路，就是要以经济可持续发展与社会和谐稳定为基础，以机会共享为核心，以参与共享为动力，以规则共享为保障，以成果共享为目标，推进经济、政治、文化、社会、生态全面协调可持续发展。现今的拉萨经济健康快速发展、社会安定和谐、宗教规范有序、生态环境优美、人民安居乐业，一个和谐而充满生机的拉萨呈现在祖国西南边陲。拉萨的实践经验证明：共享式发展的内容之间不是相互独立的，而是相互影响、相互作用的。其中，规则共享是保障，推进规则共享就是要通过打破垄断、放松管制、优化机制等措施减少社会排斥，使广大人民群众拥有公平、共享的制度规则和发展环境。机会共享是核心，机会共享是指社会中的每一个人，不论其家庭背景、自然禀赋、特定环境如何，都有同等的参与机会、被挑选机会、获得的机会等，任何人都不丧失或多得某种生存和发展机会。参与共享是动力，使广大农牧民参与共享式发展的过程，是共享式发展的重要内容和必然要求。成果共享是目的，只有使广大群众分享发展的成果，才能为西藏的繁荣稳定打下坚实的基础。

八、发展非公经济，民营企业得以发展

拉萨作为西藏自治区首府城市，是西藏政治、经济、文化、交通枢纽中心，聚集了自治区内其他地区无法比拟的人才、资金、信息等市场要素，为民营企业提供了得天独厚的条件。拉萨市委、市政府营造了有利于民营企业发展的良好政策环境，各项政策落到实处，使拉萨成为民间资本汇聚、民营企业投资兴业的热土，成为民营企业优化产业和区域结构的大舞台。全国工商联与西藏自治区工商联将继续积极作为，当好政府的助手，搭建各地民营企业与西藏拉萨交流合作的平台。2012年7月举行的全国民营企业助推拉萨

跨越式发展西藏行活动共邀请了全国各地企业界嘉宾300多人，既有全国民营企业500强，也有全国各行各业的龙头企业。活动中举行了全国民营企业助推拉萨跨越式发展的项目签约仪式，项目涵盖了拉萨文化旅游、优势矿产业、生物产业、能源产业、建筑建材业、民族手工业等具有地方特色和比较优势的六大产业。参加签约的企业共有29家，其中全国民营企业500强8家，签约项目29个，投资总额322.17亿元。民营经济是市场经济的重要组成部分，是推动社会主义市场经济改革、促进生产力发展的重要动力，是推动拉萨经济发展的重要力量，是走中国特色、西藏特色发展路子的关键突破口，举办全国民营企业家西藏行活动，是推进拉萨跨越式发展和产业强市战略的重要举措。拉萨经过60多年的奋斗与发展，同全区其他地区一样发生了翻天覆地的变化、取得了举世瞩目的辉煌成就，展示出厚积薄发、生机勃勃的发展前景，蕴藏着巨大发展机遇，其拥有的优越的区位优势、独特的资源禀赋、特殊的政策环境，使其必将成为企业家投资的热土。

近年来，拉萨坚持以"四个全面"战略布局为统领，坚持"治国必治边、治边先稳藏"的重要战略思想，坚持"依法治藏、富民兴藏、长期建藏、凝聚人心、夯实基础"的重要原则，以共享理念为指引，大力实施党建统市战略，夯实共享式发展基础；大力实施环境立市战略，共建共享美丽拉萨；大力实施文化兴市战略，共建共享文明拉萨；大力实施产业强市战略，共建共享富裕拉萨；大力实施民生安市战略，共建共享和谐拉萨；大力实施依法治市战略，共建共享法治拉萨，在治边稳藏的党和国家战略全局中汇聚了拉萨力量、进行了拉萨探索、做出了拉萨贡献、成就了拉萨巨变，谱写了拉萨发展史上的辉煌篇章。

下篇
XIA PIAN

近百年的拉萨历史，在经历了帝国主义侵略者的入侵与抗击、和平解放、民主改革、自治区成立、改革开放等各个阶段后，现已步入了中国特色社会主义新时期发展阶段，进入新时代。回眸历史，在这短暂而又漫长的百年历程中，有许多有影响的人物。这些人物当中有讲求公平与正义、寻求西藏和平解放与发展的正面人物，也有违背西藏历史、千方百计阻挠西藏和平解放与发展、企图制造"西藏独立"的反面人物。其中，比较典型的正面人物有：西藏人文主义先驱根敦群培、为西藏前途命运奔波的阿旺嘉措、随民国中央代表团首次进藏的黄慕松、代表中央权威的使者吴忠信、探寻西藏光明前途的阿沛·阿旺晋美、贯彻执行"十七条协议"的张经武、为西藏人民带来福音的张国华、誓把尸骨埋边疆的谭冠三等。比较典型的反面人物有：背离中央政府的达扎、歪曲西藏历史的夏格巴·旺秋德丹等。这些人有些并非拉萨人士，但他们的历史活动与拉萨历史相关，既影响着西藏历史的发展，也影响着拉萨的历史进程。我们在这篇中对这九位典型的历史人物进行简要叙述与回顾，目的在于让更多的人了解在西藏以及拉萨近百年历程中影响颇深的历史人物及其影响力。

第一章　西藏人文主义先驱
——根敦群培

根敦群培有着坎坷、短暂而传奇的一生，具有独特的人格魅力，无处不闪烁着智慧的思想和离经叛道的言行，铸就了西藏人文主义先驱的称号，至今仍为人们所敬仰。他独特的学术成果风靡一时并惠及后世，他闪耀光辉的学术思想和治学方法开辟了一代新风，在藏学的发展历史上呈现出承上启下的光辉色彩，在藏族学术史上描上了浓浓的一笔，堪称我国现代藏学的一代宗师；其冲破禁欲探索藏族性奥秘的勇气，从佛教神学史观转向人文史观、从以神为中心转向以人为中心的启蒙思想和唯物思想，在20世纪上半叶的西藏封建农奴社会振聋发聩。根敦群培能在封闭、禁欲、保守、迷信、落后、思想禁锢的政教合一社会里唯我独醒，显示了其非凡的胆识和超人的气魄。他的出现开创了20世纪藏族史上的人文主义先河。根敦群培是20世纪藏族史上的佛门奇僧、学术大师、启蒙思想家，是西藏人文主义先驱和藏传佛教世俗化的先驱，是朴素的唯物主义者和爱国主义者。

根敦群培生平

根顿群培的故乡是安多地区热不贡秀朋谢村。据传他的家族原系密宗传承者杰布喇嘛。他出生于1903年（藏历第十五甲子阴水兔年）。父名俄腔多吉，又称阿拉杰布，母名白玛。他幼年丧父，同母亲的感情很深。母亲去世后，他随身携带母亲的照片，时时怀念。根顿群培少年时就很聪明，被认为是多扎活佛（亚麻扎西齐寺一活佛）转世，于是父母将他送到村中的一座小寺扎西齐学法。他于1912年受沙弥戒；1914年入西关寺学经，拜拉然巴格西楚臣为师，学习文法与诗词；1917年拜师宁玛派的卡加德顿，受灌顶；同年前往格鲁派底察寺，学习因明等，受比丘戒，取法名根敦群培；1921年前往甘南拉卜楞寺，入闻思学院学习因明。在拉寺期间，根敦群培用5年时间学习法称的《量论》。他常以逻辑推理，加上巧妙的辩论技巧，将对手一一辩倒，其中包括一些有名望的格西。1926年，根敦群培成为拉卜楞寺两名最优秀的学僧之一。业余时间，根敦群培还认识了在拉卜楞地区的传教士，学了一些英语。他对机械也感兴趣，做过一些手工模型船。

1927年3月，根敦群培离开拉卜楞寺；1928年，到达拉萨，为了谋生，根敦群培干起了绘画的行当，由于天赋过人，不久他的画就在拉萨出了名，逐渐根敦群培在拉萨的生活稳定了下来。1929年，根敦群培入哲蚌寺果莽扎仓，学习《释量论》《中论》等，先后完成了格鲁派13级课程中的11级。在哲蚌寺期间，根敦群培仍然以雄辩著称，他时常对古人的著作提出让周围人不易回答的疑问，有一次甚至惹恼了另外几个学僧，并因此挨了一顿打。1934年，印度学者罗睺罗到达拉萨，根敦群培接受了罗睺罗的邀请，在西藏合作进行了寺院、梵藏经典的考察。1934年11月，根敦群培到达印度，住在大吉岭，努力学习梵文、英文等，有一段时间被摩诃菩提学会派往锡兰，学习巴利文等。在印度期间，根敦群培生活很穷困。1938年5—9月，根敦群培再次与罗睺罗等人入藏考察。这一时期，根敦群培的许多作品发表在《明镜》杂志上，包括《旅居印度的反思》《俗语嵌套诗》等，还出版了《印度诸圣地朝圣指南》，将《入行论》翻译成了英文，完成了《欲经》的创作。他还与罗列赫合作，将藏文史学名著《青史》翻译成英文，将《法句经》由巴利文译成藏文。

根敦群培在印度参与了西藏革命党的组建，离开印度时，他还特别考察了我国藏南实控区，即"麦克马洪线"以南的地方，并绘制了地图。1946年，根敦群培回到拉萨，人们都以为他游学12年，一定很阔气，但他带回来的除了一个很大的旅行箱，还有就是一个炉子，一个平底锅等极少数东西。但不久，根敦群培就被捕，罪名是印造伪钞，但实际可能的原因是：根敦群培受到革命党的牵连。另一种说法是根敦群培特别考察了"麦克马洪线"以南的地区并绘制了地图，英国人怀恨在心，指使西藏地方反动上层以莫须有的罪名将根敦群培抓捕入狱。根敦群培被关押，一直到1950年才获释，其间他养成了喝酒的习惯，由于悲观失意，最后他常酗酒。这段时间他的主要著作有未完成的《白史》，弟子根据其讲义印刷出版的《中观甚深精要嘉言·龙树密意庄严论》。1951年8月，根敦群培去世。

根敦群培的杰出贡献

根敦群培在中国西藏和印度的传统与现代相关学科领域都有高深的学术造诣，尤其是在历史与语言等学科领域都有相关论著问世；他在继承传统藏学治学方法的基础上，开创了具有现代特点的科学的治学方法，根敦群培冲破佛教神学笼罩的传统藏学格局，将人文史观运用于学术实践，开创了具有理性和科学色彩的藏族现代藏学，是藏族现代藏学的开创者。

根敦群培运用实证、语言学和田野调查等现代科学研究方法，彻底动摇了传统藏族学术文化的佛教神学史观，灵活开创了人文史观的确立、科学研究方法的运用和文风变革的先河，引领藏族的藏学研究进入新的时代。

根敦群培是现代藏族学术大师、藏族著名的诗人和艺术家、藏族思想家、藏族性学先驱、藏族人文先驱、爱国主义者。

一、现代藏族学术大师

根敦群培在中国西藏和印度的历史、语言、宗教、考古、地理、医学等领域都有高深的学术造诣，并有论著传世；他那具有现代特点的科学的治学方法是在继承藏族传统治学方法基础上进行的创新，他是藏族现代藏学的开创者。根敦群培将人文史观运用于学术实践，对藏、印社会历史文化进行了科学的考察和研究，冲破了佛教神学笼罩的传统藏学格局，开创了具有理性和科学色彩的藏族现代藏学。可以说，藏族现代藏学是根敦群培运用人文史观进行学术实践的必然结果。现代藏学的开创，使藏族学术史产生了飞跃。根敦群培的学术思想和治学方法是对传统藏学的批判、继承和发展，主要体现的是民族特色和现代特色。他批判地继承了传统藏学，开创了藏族的现代藏学。

根敦群培对现代藏学的贡献体现在人文史观的确立、科学研究方法的运用和文风的变革，这对藏族学术文化产生了划时代的影响。根敦群培运用人文史观研究藏族历史、文化和宗教，动摇了统治藏族学术文化近1000年的佛教神学史观，基本否定了传统藏学的指导思想和认识论，确立了人文史观为指导思想，这可称之为传统藏族学术的一场革命。根敦群培运用实证、语言学和田野调查等现代科学方法研究藏区和藏族，确立了科学的方法论，藏族的藏学研究从此进入了新的时代。他的学术成就和启蒙思想上承传统，下启近代，产生了划时代的影响。从某种意义上说，藏族传统藏学的终结和现代藏学的开端以及藏族启蒙运动的开始，是以根敦群培为标志的。欧洲近代历史学的发达主要表现为观念的更新、研究材料的挖掘和研究方法的扩充，这也是藏族现代藏学区别于藏族传统藏学的标志。根敦群培是藏族学术文化史上承前启后的一代宗师。

根敦群培所确立的人文史观和科学方法以及严谨、朴实的学风与文风，为后世藏学研究者开辟了新的道路、树立了新的榜样。根敦群培所开创的"轨则"或"范式"，对20世纪的藏族学术产生了重要影响。他所确立的人文史观、科学研究方法和通俗化的文风与学风，为后世藏族学者所遵循和效仿。其弟子和与之心灵相通的"神交"学者，产生了"群体"效应，形成了"根敦群培学派"。

二、藏族著名诗人和艺术家

根敦群培在其短暂的一生中，写下了许多不朽的诗篇，其中不少诗作已经散失，幸存的诗作主要见于霍康·索朗边巴编辑出版的《根敦群培文集》第二册及其译著中的一些偈颂诗，其主要诗词作品有：《白话嵌字诗》《加尔各答传唱的道歌》《诗论释难》《致拉卜楞寺教友的嵌字诗》等，其译著作品中的偈颂也是优美隽永的诗篇，其偈颂体作品《欲经》可视为诗集。

生长于热贡艺术之乡的根敦群培从小就受到艺术的熏陶，具有艺术天赋。他一生创作了很多精湛的艺术作品，是名副其实的现代藏族著名画家。根敦群培幼年时就开始在家乡学习传统绘画，通过作画和寺庙艺术观摩，培养了良好的艺术素质。离开家乡到西藏后，他曾有一段以绘画为生的经历，后其艺术修养日臻成熟，逐渐成为著名画家，受到了卫藏贵族和高僧的称赞。结识印度学者罗睺罗之后，他多次随同罗睺罗考察藏印各地，沿途创作了大量速写和人物肖像，开阔了艺术视野。后来，他在与俄罗斯著名画家尼古拉·罗列赫之子乔治·罗列赫合作翻译藏族史学名著《青史》时，曾住在罗列赫家，在绘画方面受益颇多。根敦群培的绘画作品主要有唐卡、人物肖像、山川和名胜古迹速写，以及装饰画等。

三、藏族性学先驱

性文化在人类社会发展史上具有十分独特而重要的作用，在藏族历史上，也很重视性问题。藏族学者在借鉴印度性学的基础上，对本民族的性文化进行了探索和研究。藏族学术大师米旁·朗杰嘉措（1846—1912）和根敦群培撰写的《欲经》，即为藏族性学的代表作。米旁的《欲经》偏重理论，而根敦群培的《欲经》则是理论与实践相结合，该书奠定了根敦群培性学先驱的地位。由于此书以"性"为论述的中心，因而自1938年成书以来，一直被列为禁书，只能以手抄本的形式在民间流传，直到1967年才在印度德里公开出版。

根敦群培的《欲经》简明扼要地论述了性爱的64种艺术，并将其分为8个部分，即拥抱、接吻、捏与抓、咬、来回移动与压迫、情爱声音、角色替换和做爱的姿势。根敦群培提供了避开各种压抑的令人高兴的忠告，详细地描述了性行为，揭示了怎样利用性快乐来增强精神的洞察力，并且阐述了怎样增进女性的性快乐。他着重揭示了妇女的不平等及她们作为社会和法律的牺牲品的现实。正如《密宗杂志》所载，"这本优秀而非常便捷的指南，对所有寻求充分实现性快乐的精神价值的人都是有用的"，是秘密的和公开的智慧的一种巧妙的结合。

四、开启智慧的藏族启蒙思想家

著名藏族藏学家恰白·次旦平措说："不要说根敦群培的一部完整的

著作，就是他的一两首偈颂，对于我们都有开启智慧的特殊作用。"[①]恰白·次旦平措认为根敦群培在其论著中"所表达的思想，对于我们研究西藏社会和历史的人来说，犹如在黑暗中亮起一盏明灯，使人心智豁然开朗"，"他的这些学术成就，应当使20世纪的藏人们感到自豪"。根敦群培的学术和思想遗产的"亮点"，是人文思想和科学的学术观念与方法，这是他对藏族思想史和学术文化史做出的两大划时代的贡献。

人文史观是贯穿根敦群培学术和思想的主题，是其学术实践的指导思想；其闪烁着智慧的丰富思想具有浓郁的人文主义色彩。人文史观的确立，是根敦群培对藏族思想启蒙和思想革命做出的重大贡献。在新旧交替、社会转型和价值转换的时代，根敦群培继承和发扬了藏族原始朴素的人文主义传统，顺应时代的潮流，把握时机，改变了自己的世界观和价值观，确立了现代人文史观，从而使统治藏族思想文化1000多年的佛教神学史观彻底动摇。研究证明，藏族学术史观经历了三个发展阶段，即佛教神学史观—人文史观—唯物史观。根敦群培是藏族学术由佛教神学史观向人文史观、唯物史观转变的承上启下的大师，他动摇了统治藏族学术文化1000多年的佛教神学史观，确立了现代藏族学术的指导思想人文史观，为藏族学术确立唯物史观奠定了基础。人文史观的确立，标志着藏族近代启蒙运动的兴起，对藏族的思想解放产生了重大影响。作为藏族的启蒙思想家，根敦群培对藏族的贡献犹如法国的启蒙思想家伏尔泰。[②]

五、藏族人文先驱

根敦群培相信人的智慧和力量，以人为本，认为人是衡量一切事物的尺度，并希望用以人为本位的文化代替以佛为本位的文化。对待传统和宗教，他主张用理智的分析来代替盲目信仰，善于"怀疑"，通过怀疑，破除陈腐的观念；并以这种精神治学，用批判的眼光研究印藏，敢于否定成说，提出自己的正确看法。他以发展和批判的眼光审视佛教，并揭露佛教中所存在的

---

① 杜尚儒：《根敦群培世界屋脊上的佛门奇僧》《新西部》2013年4月上期。
② 藏占堆：《西藏历史 伟大的作家》，中国西藏网2015-08-24。

弊端，动摇了佛法至上、佛法主宰藏族社会一切领域的地位，从而确立了人文史观，唤起了人们对理性、科学、正义和良知的尊重，对藏族传统的认识论、伦理观和价值观发出了挑战，成为藏族启蒙运动的先驱。

根敦群培抨击传统文化的弊端和藏族的劣根性；既信仰佛教，又不迷信佛教，揭露了藏传佛教僧人"吃"佛教的腐败与堕落；对不同的宗教持宽容的态度；善于并敢于吸收和借鉴现代文明；呼唤民族觉醒，倡导民族自尊，反对崇印媚外，正确处理民族文化与外来文化的关系。他的行为、学术和思想，冲破了封闭、禁欲、保守的西藏封建农奴社会对藏民族的禁锢，拉开了藏族启蒙运动的序幕。

六、藏传佛教世俗化的先驱

根敦群培在关于藏传佛教的言行和对待藏传佛教的方式上，表现出鲜明的个人化和理性化的特点。作为一名离经叛道的藏传佛教高僧，根敦群培在闻、思、修、讲、辩、著，以及对待佛、法、僧的态度方面都与传统的藏传佛教信徒有显著的区别。其宗教言行最鲜明的特点，是带有世俗化的色彩。根敦群培在佛法修习生涯中的讲、辩、著，即他对佛教和佛学的认识和见解，也具有世俗化的特点。作为僧人画家，根敦群培并没有把主要精力集中于正统的绘画题材、具有浓郁佛教色彩的唐卡上，而是在人体素描以及山川风物和佛教胜迹速写方面下了很大功夫，他所留下的125幅绘画作品，具有十分明显的世俗风格，与传统的僧人画家的画风形成鲜明的对照。

根敦群培的平等观也反映了他的世俗思想。他主张教派平等，包括佛教内部各教派的平等和佛教与基督教、伊斯兰教、印度教等被正统格鲁派视为"外道""异教"之间的平等；僧人平等，活佛、大喇嘛与普通僧人都是释迦牟尼的信徒，不应当有高下之分；文化平等，传统文化与现代文化、民族文化和外来文化，既有其优长之处，也有其局限，应当客观对待，求同存异，优势互补，反对崇印媚外；民族平等，各民族都有自己的长处，民族之间应当互相学习，反对民族歧视；男女平等，反对大男子主义和歧视妇女的社会习俗，抨击将女性当作男性的性工具的陋习。

总之，根敦群培以世俗的方式对待佛教的佛、法、僧"三宝"，因而在

佛法修习实践中，无论是闻、思、修，还是讲、辩、著，都具有鲜明的世俗特色。[①]作为藏传佛教的信徒，根敦群培的宗教言行离经叛道，生活方式放荡不羁，从这个意义上，称他为藏传佛教世俗化的先驱是名副其实的。

七、西藏典型的爱国主义者

根敦群培的爱国主义是通过热爱自己的民族藏族和热爱自己的家乡藏区表现出来的。他对印藏边界的敏感地区达旺进行考察，是一种爱国主义行为。因为，错那属下的达旺地区自古就是中国西藏的领土，"麦克马洪线"是西藏分裂主义者背着中国中央政府与英帝国主义的代表秘密达成的协定，中国政府从未承认过这条边界线。根敦群培以实际行动维护了国家的领土主权。

根敦群培非常热爱自己的民族——藏族，十分关注本民族的前途和命运；他反对民族歧视，主张民族平等；他揭露和抨击本民族的弊端，也是"哀其不幸，怒其不争"。他不仅与西藏的分裂势力做斗争，反对将祖国西藏分裂出去，而且还与英帝国主义做斗争，拒绝与英国在西藏的代理人黎吉生合作，揭露其觊觎中国西藏的图谋。[②]根敦群培将爱民族和爱祖国很好地结合了起来，是一位真正的爱国主义者。

根敦群培生活趣闻

根敦群培到拉萨后，辗转投奔于哲蚌寺"果芒扎仓"格西喜饶嘉措大师等人门下继续受业，修法习经达7年之久。其间，他虽然已经掌握了很多的佛学知识，但仍然认为自己还未达到所要求的高度，始终怀着强烈的求知欲望，去寻觅新的知识。又由于他性格耿直爽快，对任何问题总喜欢直言不讳地阐述自己的看法，并利用自己渊博的知识和犀利的口才与一些获得格西学

[①]藏占堆：《西藏历史　伟大的作家》，载于中国西藏网2015-08-24。
[②]藏占堆：《西藏历史　伟大的作家》，载于中国西藏网2015-08-24。

位的高僧进行辩论，常常击败对手，故不免被寺院里的一些小人嘲笑攻击，甚至是殴打。尽管处境不佳，根敦群培仍以坚韧的毅力，潜心钻研佛经。同时，他一有空就画佛像，并将这些得意之作卖给权贵阶层，以救济、资助众多的贫困僧人。[①]

根敦群培还曾前往斯里兰卡学习小乘佛教的经典知识。这段时光他过得异常艰苦，他甚至不得不学着斯里兰卡的当地渔民生吃螃蟹，后来又为几份藏文小报撰稿。他写信给罗睺罗抱怨说，他对卫藏已经不感兴趣了，真希望回到自己的家乡，但是没有钱，他很悲伤，金钱，只有它才是世界的主导者。然而这段时间内，根敦群培却彻底地走访了佛教的诸圣地，学习了英语、梵文、印地语和巴利语，翻译了许多古典佛学著作，让其在宗教、历史、语言学、民族学等方面都有了独特的见解，并以一贯的无畏及天真的态度立论著述，无论是先贤还是老师，他都不会让步分毫。他频频写出关于西藏历史和文化的研究，和经典大相径庭，他对自己的研究及翻译极有自信，甚至写诗说自己是古代一位大译师的转世。

根敦群培的朋友喜饶嘉措先生听到他回到拉萨的消息，回忆当时的情形说："我立即前往去，见到了住在郭莽康萨的他。我心里想，他在印度住了多年返回西藏，一定很有钱、很威风，但是相见之后，看他却不是那样，他面孔稍瘦削，门牙雪白，面带微笑，穿一件印度长袍。他的物品有一个黑色的大箱子、一个火炉、一个小铝锅、一套被褥，除此什么也没有。"事实上，因为其出身的关系和他本人所具有的艺术上、学问上的才华，谋生不成问题，也就是说他已脱离在物质上受到盘剥的苦难的阶层，但他以自己的作为表明，他并不属于上层。他是异类，正如他所热爱的那些"异端"，藐视权贵，也看透了金钱。

1950年，西藏和平解放的消息传到拉萨。已身患重病的根顿群培听到这一喜讯时，心情极为激动，精神倍加兴奋。特别是中央人民政府代表张经武同志进驻拉萨后，专门派人去看望他，为他治病。根顿群培一面以万分感激之情，感谢中国共产党和人民解放军，一面又无比愤慨，揭露了"第巴雄"

---

①佚名：《根敦群培》，载于藏人文化网2006-12-01。

（即噶厦）的所作所为，控诉"第巴雄"与帝国主义相勾结，并诬陷他是"赤色共产分子"而严刑拷打、长期监禁。由于根顿群培长期遭受噶厦的迫害，身体极为虚弱，病情日益恶化，虽经党中央派来的医护人员多方治疗，还是因医治无效永远离开了我们。但是，他给我们留下了十分丰富而又珍贵的遗产：刻苦求索，严谨治学，追寻光明的进取精神；热爱西藏，热爱祖国，维护祖国统一，反对分裂的爱国主义思想；对朋友一片挚诚，对敌人嫉恶如仇的高贵品质，都永远为人们所敬佩和怀念。

第二章　为西藏前途命运奔波
——阿旺嘉措

他身处一个内忧外患的年代，帝国主义的入侵加上内部的纷争，使他一心为西藏的前途命运而奔波，反帝爱国、忠于人民、为党忘我工作，为西藏的民族团结及区域自治做出了卓有成效的贡献。这就是为西藏前途命运而奔波的阿旺嘉措。

阿旺嘉措生平

1894年，阿旺嘉措出生于今四川省甘孜州甘孜县绒坝岔区仁果乡燃灯村一户贫民家中。全家共10口人，阿旺嘉措排行第三。在他年幼时父母双亡，阿旺嘉措便携弟妹一起行乞，或靠打些零工维持生活，日子非常艰辛。12岁时，他带4个弟弟先后进入甘孜大金寺出家为僧。多年的精心读书学佛，为他以后的学习打下了良好的基础。[①]

1915年，阿旺嘉措赴藏继续修佛深造。在拉萨深造期间，他对藏族历史、文化、风土人情等产生了深厚的兴趣，并且非常关心西藏当时的政治动态情况和时局动荡变化趋势。他经多方面的深入观察，对19世纪70年代至20世纪初叶，一些帝国主义国家利用"传教""游历""探险"和"通商"等多种方式，经常在藏区进行阴谋活动、横行肆虐、为所欲为的行为动机有了深入了解；再到后来1888年和1904年，帝国主义国家两次侵略西藏，非法霸占我国领土，胁迫西藏地方政府签订非法不平等条约等系列行为，妄图把西

---

① 《反帝爱国主义者——阿旺嘉措》，载于中国网络媒体2005-07-05。

藏从祖国的版图中分裂出去的种种企图，让阿旺嘉措的心一阵阵地颤痛。

1927年，经过深造的阿旺嘉措以优异的成绩获得了格西学位。1933年，十三世达赖喇嘛圆寂不久，热振活佛被选为摄政王，正好也是色拉寺杰扎仓改选堪布之时，由于热振活佛曾与阿旺嘉措是同窗学友，热振便顺应民意，批准了众僧们举荐的熟念经籍、为人公正清直的阿旺嘉措为堪布。

1940年底，由于内部胁迫与外来压力，热振活佛被迫将摄政王位让于达扎。达扎等亲英势力利用权力明目张胆地进行背叛祖国、分裂西藏的罪恶活动。同时英帝国借机利用各种渠道，在西藏秘密活动，演出了一幕幕企图分裂中国领土、侵占西藏的丑剧。在这期间，阿旺嘉措积极支持热振复位、极力夺回西藏地方政府大权，同时秘密地串联拉萨三大寺和其他寺庙之僧众，上奏摄政王的地方政府，强烈要求关闭英帝国在拉萨开办的"英语学校"，来阻止英帝国在西藏的一切分裂渗透活动。

1945年春，一年一度的西藏三大寺僧众参加的燃灯节传昭法会召开在即，但色拉寺杰扎仓和阿巴扎仓不准备出席。经调解后色拉寺僧人虽参加了法会，可噶厦仍觉得很不光彩，认为是阿旺嘉措以及其僧众有意对抗，而怀恨在心。达扎摄政王与译仓密谋后，决定利用召见众僧朝见达赖喇嘛之机，逮捕阿旺嘉措。阿旺嘉措得悉此事后，立即化装逃跑。他千里跋涉，历经千辛万苦，辗转昌都、甘孜，经康定、成都后，终于在1946年2月抵达国民中央政府所在地——重庆，躲过了一次被捕之灾。在阿旺嘉措看来，热振活佛具有反帝爱国主义思想，还维护祖国统一，又曾受到国民政府的册封，西藏的稳定及安危，全系于能否恢复热振的摄政王地位。

1949年12月27日，成都和平解放，阿旺嘉措也获得了新生。贺龙元帅接见了他。

1950年，西康藏族自治州筹委会成立，阿旺嘉措受命任副主任。同年，西康藏族自治州人民政府成立，阿旺嘉措当选为副主席，后改为甘孜州副州长，后历任州中级人民法院院长、州民族干部学校校长等职务。随后，其被选为全国人大代表、全国政协委员、全国人大常委会委员。

1956年2月，党和政府领导甘孜州广大农牧民有计划有步骤地开展了民主改革运动。可是，一小撮不甘心失败的人发动了武装叛乱，他们打着"保护民族，保护宗教"的幌子，蛊惑人心、煽动群众、破坏交通、抢劫财物、烧毁房屋、奸淫妇女，甚至危害革命干部和无辜百姓的生命。阿旺嘉措在平叛斗争中始终站在人民一边，坚决拥护中国共产党的民主改革，与叛乱分子做彻底的斗争。

1959年，西藏发生了叛乱，阿旺嘉措义愤填膺，他严厉地谴责少数上层反动集团背叛祖国、破坏统一的罪行，谴责帝国主义的罪恶行径，宣传党的各项政策，宣传是中国共产党给西藏人民带来了实惠与恩惠。

1963年4月，阿旺嘉措奉命进京担任中国佛教协会副会长。

1968年12月6日，阿旺嘉措因病医治无效而长逝，享年74岁。

阿旺嘉措反帝爱国

阿旺嘉措和热振活佛有着共同的反帝爱国思想。热振当政后，西藏地方与中央政府的关系有了进一步改善。热振活佛曾领导三大寺僧众祈祷祖国抗日战争胜利，并采取了一些措施，打击西藏地方政府中亲英势力的分裂活动。阿旺嘉措对此非常赞赏，并积极支持配合他；当亲英势力仇恨热振，造谣诽谤、妄图逼其下台而召开所谓的热振政绩优劣大会时，阿旺嘉措义正词严，历述了热振的功绩，公开表示"有色拉寺就有摄政王热振"；他还利用色拉寺堪布的声望，号召和带领僧众揭露亲英派的阴谋，反对他们的卖国行为。所以，亲英派把阿旺嘉措视为眼中钉、肉中刺。

阿旺嘉措义正词严地指出了英帝"办学"旨在进行文化渗透，为其培养亲英分裂主义势力。在这种情况下，当时的噶厦地方政府迫于压力，停办了英语学校。但英帝国主义及亲英势力因此对阿旺嘉措等人更加仇恨。噶厦寻衅指斥色拉寺下属扎仓藏有大量武器，勒令限期上交，而阿旺嘉措严词拒绝执行他们的命令。

满怀信心的阿旺嘉措为了阻止英帝国主义及亲英势力的分裂图谋，制止他们的分裂活动，亲自会见民国政府官员并上书中央政府，建议应该采取果断措施，最好以武力进驻西藏，驱逐帝国主义分子，根除亲英帝国主义势

力；同时派遣精干人员去西藏学经，结合宗教教义宣传三民主义；并表示如果中央对西藏采取积极措施，拉萨三大寺可以全力相助。

阿旺嘉措提出上述建议的最终目的，就是要中央政府以武力支持热振活佛复位，从而清除英帝国主义在西藏的势力。但是，事与愿违，抗日战争胜利后，国民党反动派致力于策划发动内战，根本无暇顾及边陲安危，不仅没有采纳阿旺嘉措的意见，还将他软禁于重庆歌乐山。但阿旺嘉措并未因此而沉沦，他仍然为祖国的前途、西藏的安危局势忧虑焦急，每隔一个月便给政府写一封信，请求答复有关解决西藏问题的要求，可信函都如泥牛入海。

1949年，随着成都的和平解放，阿旺嘉措获得了新生，并得到了贺龙元帅的接见。

1950年，阿旺嘉措在西康藏族自治州任职期间，全身心地扑在工作上，宣传党的民族政策，努力做宗教上层人员的工作，解决了一些由历史上反动统治阶级造成的长期冤家械斗纠纷，他还参加了支援人民解放军进入西藏和抗美援朝的运动。

1956年2月，党和政府领导甘孜州广大农牧民有计划有步骤地开展了民主改革运动，但一些不甘失败的武装叛乱分子发动了叛乱。阿旺嘉措在平叛斗争中始终站在人民一边，坚决拥护中国共产党的民主改革，自身也由此经受了更深的锻炼。

1959年，西藏发生了叛乱，阿旺嘉措义愤填膺，在同年召开的第二届全国人大一次会议上，他严厉地谴责了西藏少数上层反动集团发动的背叛祖国、破坏统一的反革命武装叛乱，谴责了帝国主义和外国反动派支持叛乱、干涉我国内政的可耻行为；批驳了由印度外交官散发的所谓"达赖喇嘛的声明"。他表示坚决拥护党中央关于平息叛乱和对西藏工作的方针政策。为了不使人民群众受到少数反动分子的欺骗，他还向人们积极耐心地宣传解释党的民族政策和宗教信仰自由政策，并指出：西藏地方政府一贯分裂祖国、破坏民族团结，是卖官鬻官、贪污欺诈、腐败黑暗的统治集团，如果任其发展下去，我们势必贫穷落后，翻身农奴就会重新沦为奴隶。只有在共产党的领导下，经过民主改革，人民才能得到新生。共产党就像尔吉仁布钦（莲花生祖师），既是人民的救星，也是我们佛教徒的救星。因为她会解救人民、处处为人民利益着想。

1963年4月，阿旺嘉措奉命进京担任中国佛教协会副会长。虽然由于受20世纪60年代极"左"思潮的影响，党的统战、民族、宗教政策遭到破坏，也使佛协的内外工作陷于瘫痪。但是，在此之前的1963～1964年之间，阿旺嘉措始终恪守其职，全力推动工作进展，为佛协的各项事务做出了贡献。[①]

阿旺嘉措与贺龙元帅

1949年，身处绝境的阿旺嘉措，得到了贺龙元帅的接见。贺龙同志向他阐述了共产党的民族、宗教政策，就人民解放军将进军西藏完成统一祖国大业做了深入详细的说明。阿旺嘉措深有感慨地说："像我这样处境艰难的人，能够受到共产党高级将领的接见，是万万没有想到的事，我的心情非常激动。"

为西藏的前途命运而奔波的阿旺嘉措在西藏的抗击帝国主义入侵、反对西藏反动势力分裂祖国的活动中，发挥了个人所能，维护了民族权益和祖国的统一。他忠于祖国、热爱人民，为民族团结及区域自治做出的突出贡献，值得我们赞扬永记。

---

①曾国庆、郭卫平：《历代藏族名人传》，拉萨：西藏人民出版社，1996年版。

第三章　民国中央代表团首次进藏
——黄慕松

作为首批代表民国中央政府进藏的黄慕松，扩大了中央政府在康藏地区的影响，密切了中央与西藏地方政府的关系，加深了中央对西藏情况的了解。他在拉萨开展的工作，特别是后来设立中央驻藏办事机构，结束了辛亥革命以来中央在西藏没有常驻机构的历史，为当时的国民政府进一步开展西藏工作创造了良好条件。

黄慕松生平

黄慕松（1883—1937），原名汝海、承恩，民国军事教育家，广东人，陆军一级上将黄镇球的堂兄，言谈平静深沉，颇有气魄，是民国时期倡导并主持军事测量工作的第一人，因首次完成全国军事测量任务而被誉为"中国军事测量之父"。黄慕松精通日、英、法、俄等四国语言，翻译了较多的外文军事资料，其著作品有《环球游记》《新疆西藏》等。

1904年，黄慕松毕业于广东武备学堂后，由清朝政府选派去日本的振武学校学习；1905年在日本加入同盟会；1907年12月入陆军士官学校第五期工科学习；1909年6月回国后任广东黄埔陆军小学教官、监督；1910年再次赴日进入日本炮工学院学习。1911年10月，黄慕松从日本回国参与会攻南京之役。1912年12月29日，黄慕松被北洋政府授为陆军少将。1918年冬，黄慕松以军事研究专员身份赴英国学习，后赴德国、法国进行考察，深入研究了英、德、法各国军事专业，并且由此精通了日、英、德、法等多国语言。1927年春黄慕松任国民革命军第八路军新编第三师师长，率部参加北伐战争；1930年奉命去英国出席万国航空会议、第四届万国测量家联合会会议、第三届万国航空摄影测量会议。1934年1月12日，国民政府特派黄慕松代表中央入藏致祭，黄慕松在藏期间组建了国民党蒙藏委员会驻藏办事处。1935年12月12日，中央政治会议任命黄慕松为蒙藏委员会委员长。1936年9月，黄慕松在广东厉行禁烟（鸦片）行动，收到良好效果，颇得民心。1937年3月20日，黄慕松病死于任上。

黄慕松宣抚新疆

1933年4月12日，新疆发生驱逐金树仁的"4·12政变"，盛世才取代金树仁走上新疆政治舞台。新疆由军事政变引发的人事变化，给当时的国民政府控制新疆提供了良好的机会。在此时蒋介石与汪精卫共同策划了控制新疆的计划。1933年4月24日，金树仁在新疆塔城被通电下野，次日汪精卫就此发表关于新疆问题的谈话，宣称中央决定派大员入新疆宣慰及调查政变真相。南京政府初定马良去新疆宣慰，但马良以年事已高为由推辞不去。后汪精卫与蒋介石协商，决定派军事委员会参谋部次长黄慕松入新疆宣慰。

黄慕松在新疆进行了很多宣慰活动，但最终还是以破产告终。

虽然说黄慕松宣抚新疆与西藏、与拉萨没有直接的关系，但是他在新疆的活动为自己积累了边疆工作的经验。后来，他到拉萨能够设立蒙藏委员会驻拉萨办事处，也是因他有边疆工作经验才得以完成。

率中央代表团首次进藏

1933年冬，十三世达赖喇嘛土登嘉措在布达拉宫圆寂后，国民政府在南京举行了两千余人参加的追悼大会。出于加强西藏与中央关系的考虑，国民政府决定派遣黄慕松前往拉萨致祭。

1934年4月26日，黄慕松从南京出发开始了进藏之旅。这是"中华民

国"中央政府高级代表团第一次进藏。为避免英帝国主义的阻挠，黄慕松一行兵分两路，一路经海路抵藏，一路则由黄慕松亲自率领，取道川康入藏。黄慕松在路过康定的时候，当地给黄慕松预备了540匹马供调遣。黄慕松一行经过德格、江达、钦里、贡本塘花费4个多月时间到达拉萨。

黄慕松到达拉萨后，因其非常了解西藏习俗，凡往来交际，需要先馈赠礼品。所以，黄慕松对西藏的各级官员都给予了不同的礼品。为了表示对佛地的尊敬，他接连朝拜了大、小昭寺和三大寺，每到一座寺院，他都叙说中央维持佛教的情形和汉藏的密切关系。但是，在册封十三世达赖喇嘛为"护国弘化普慈圆觉大师"称号一事上，黄慕松却与西藏噶厦有了分歧。泽墨噶伦认为，达赖喇嘛圆寂对西藏人来说是非常悲哀的事情，而中央在此时举办册封盛典却是喜庆的事，因此在此时册封不是时候。黄慕松对噶伦等人反复劝说，指出对十三世达赖喇嘛册封与祭奠十三世达赖喇嘛是他此次入藏的首要任务，二者缺一便是违背中央的意旨，而且外人也可借此机会挑拨汉藏关系。在黄慕松的积极劝导下，噶厦终于同意于9月23日在布达拉宫举行册封典礼。

1934年9月23日上午，黄慕松一行身着长袍马褂，从拉萨行署出发，藏军前来迎送，拉萨市民前来拥堵观看，西藏地方至司伦以下，四噶伦、扎萨克、代本等几百人均着礼服在布达拉宫正殿恭候黄慕松一行。西藏噶厦派4人于册封地址楼下大门外恭候，总堪布恭候于册封门外。作为专使的黄慕松，在庄严的音乐仪仗下，捧册玉印于香案。随后双方向香案鞠躬，所有人员以汉左藏右的规则分立于香案两侧，黄慕松在其中宣读了册文。全堂肃静无声，礼节非常隆重。

1934年11月1日，致祭典礼在布达拉宫举行。但是，在祭堂悬旗的问题上，噶厦又提出反对意见，说布达拉宫是达赖喇嘛坐锡之地，向来无人悬挂旗帜。黄慕松当即加以驳斥："在进行十三世达赖喇嘛册封的时候，党、国旗都悬挂在上宫门，在举行庆吊大典的时候，在内地悬挂党、国旗，都是行之有理的事情，况且我这次代表中央，也是代表4亿中华同胞来致祭十三世达赖喇嘛大师，如果不能悬挂，难以表明是哪里的人前来致祭，无论如何都不妥当。"但是，无论黄慕松如何解释，依然有部分噶伦不同意，黄慕松在无奈的情形下，只好妥协决定将旗子悬挂于行署，并将国民政府旗帜抬至布达拉宫红山祭堂。[①]

黄慕松知道，在西藏政界，僧人享有特殊地位，人们来西藏如果不表示对佛教的尊重，就很难得到西藏地方政府与人民群众的信任。在之前，英国人前往三大寺熬茶布施时，都是发给每一个喇嘛1个银圆。因此，黄慕松决定从优发给每一个喇嘛2个银圆，并在这里建立基金，每年每一个喇嘛可以获得5枚藏噶。

黄慕松认为，在清代，驻藏大臣每年于正月十五举行传昭大会一次，宣布清朝德政，此举颇能笼络藏人，于是规定设立藏银691秤为传昭费用，每年所得利息，可以资助给每年所有被传昭喇嘛熬茶用。黄慕松在拉萨还接触到一些居住在拉萨的汉族、回族群众，考虑到他们的小孩接受教育困难的现状，黄慕松捐献了一些经费来筹建汉回文学校以解决他们之所需。

黄慕松是"中华民国"成立以来，中央政府首次派遣入藏的大员，噶厦按照迎接清朝驻藏大臣的规格，在拉萨东郊贡崩塘举行了盛大欢迎仪式，五品以上官员着礼服恭候，藏军列队奏乐、行军礼，拉萨市民全体出动。1934年9月，黄慕松在布达拉宫举行了追赠达赖喇嘛封号的册封典礼，同年10月在布达拉宫达赖喇嘛灵堂举行祭祀活动。在进行册封、致祭活动前后，黄慕松还与西藏地方当局正式谈判，协商解决中央与西藏地方的关系等问题。黄慕松在与噶厦官员的谈判中，坚持西藏为中国领土一部分，西藏要服从中央；保持西藏原有政治制度，承认西藏自治，西藏自治范围的行政事宜，中央不干预；其对外则必须保持共同一致，就是全国一致性的国家行政权力，归中央政府掌控，外交事宜归中央政府执行，国防事宜归中央政府策划执行，交通事宜归中央设计实施，西藏重要官员在经西藏自治政府选定后，要报送中央政府任命；中央派大员长期驻藏，代表中央执行国家行政，指导地方自治。11月黄慕松离开西藏，留下总参议刘朴忱、蒋致余，以保持与噶厦的接触和中央的联络，成为驻藏办事机构的前身。

民国时期，为了改善西藏地方与中央的关系，先后有一些入藏人士开展

---

① 张永攀：《黄慕松致祭达赖与喜马拉雅之旅》，载于《世界知识》2010年第4期。

了一些工作，如甘肃督军奉命派遣李仲莲、朱绣入藏，国民政府先后派遣贡觉仲尼、刘曼卿、谢国梁等进藏，加强与西藏地方的联系。但是，身为国民政府大员的黄慕松率大型代表团入藏吊祭十三世达赖喇嘛，是国民政府派出中央代表团进藏的举措。黄慕松等人入藏圆满地完成了册封、致祭达赖喇嘛任务，基本上达到了联络感情、调查藏事的预期目的。这是民国建立以来中央政府第一次正式派遣大型官方代表团进藏，西藏地方政府承认西藏是中国领土的一部分。

第四章　中央权威的使者
——吴忠信

吴忠信在边疆民族史上有着独特的地位和作用。他认为自己一生中最难忘、最为难得、又最为艰辛的使命是1940年2月主持西藏十四世达赖喇嘛坐床（即位）大典。吴忠信是中央权威的使者，他在拉萨的活动具有重大意义。

吴忠信生平

1884年3月15日，吴忠信出生于安徽合肥。他年幼时父母双亡，跟着哥哥生活，酷爱学习。17岁的青年吴忠信深感国家的衰弱，断然从军考入南京江南武备学堂。以优异成绩毕业的吴忠信被遣派至新军第九镇，深受器重的他不久即被破格提拔为该镇第三十五标第三营管带。怀着对社会的不满与腐败的痛恨，1906年，吴忠信秘密加入孙中山领导的同盟会。辛亥革命爆发后，吴忠信身兼重职随军攻入南京。他还参加了变法运动、国民政府北伐等，因作战勇敢、指挥有方，深受孙中山先生器重。跟随孙中山先生直至南京国民政府成立后，吴忠信先后就任多省高职。1936年8月，吴忠信就任国民政府蒙藏委员会委员长。他兢兢业业、谨慎处理民族事务和加强边疆防务，在西藏事务等方面政绩显著，为流亡到中国其他地区的九世班禅返回西藏之事进行了多方努力。1937年，九世班禅在青海玉树圆寂之后，吴忠信还促成其灵柩返回西藏。1940年2月，十四世达赖喇嘛坐床典礼在拉萨举行，吴忠信作为国民政府代表参加坐床典礼。1948—1959年，吴忠信随蒋介石担任民国政府相关要职。上海解放前，吴忠信迁到台湾。1959年12月16日，吴忠信在中国台北病逝，享年76岁。

下 篇

吴忠信代表中央政府入藏

　　1933年12月17日，十三世达赖喇嘛在拉萨圆寂。1938年9月23日，吴忠信得到"其转世灵童已在青海塔尔寺以东湟中县寻获，拟请中央政府允许该幼童入藏，并派大员到拉萨主持认定仪式和达赖喇嘛的坐床大典"的请示，后向国民政府提出实施方案，并组成蒙藏委员会委员长行辕，代表中央政府进藏。得到国民政府的命令后，1939年10月，吴忠信安排部分随员护送灵童拉木登珠（即将要坐床的十四世达赖喇嘛）从陆路入藏，他自己则亲率部分随员绕道中国香港、缅甸、印度，从南面入藏，以示郑重。

　　在穿越"世界屋脊"喜马拉雅山脉时，沿途密布的英国兵站，使吴忠信一行更加感受到帝国主义图谋染指中国的不死野心，感觉到此行责任的重大。登上锡金与西藏交界的山巅，吴忠信特地让随员把中国的国旗插上山顶。经过亚东、江孜，他们一行于1940年1月15日抵达拉萨，受到西藏各界热烈欢迎。但第二天吴忠信依例到布达拉宫瞻礼时有人却横生枝节，原来正门台阶共三道，中道已用绳索拦住，说是只有达赖喇嘛一人能走，其他人须从左右边道上走。吴忠信力争自己是代表中央政府的大员，在自己国家的领土范围内，没有不能走的地方，说罢即命人拆除拦索，从容执杖，中道而上。

　　1940年2月22日，十四世达赖喇嘛坐床大典在布达拉宫大殿隆重举行。此前某些别有用心的人曾提出，举行大典时吴忠信应向灵童行参拜礼，并将吴忠信的座位排在达赖喇嘛正座下方左侧。吴忠信认为这不是他个人的事，而是事关中央政府的地位，西藏地方政府从属中央政府已有800多年的历史，主持坐床乃是行使中央权力，不容外人信口胡说。经过严正交涉，大典上吴忠信和达赖喇嘛皆并排坐北面南，而英国等代表的位置则排在吴忠信随员之下，气得英国使者古德拒不出席大典。因此，帝国主义者多年鼓吹的中国对于西藏"是宗主国，不是主权国"的谎言破产了，他们和西藏地方上层少数分裂分子妄图分裂祖国、抵制中央政府的阴谋终未能得逞。

1942年，西藏地方政府擅自成立"外交局"，企图制造独立假象。吴忠信闻讯后，即代表蒙藏委员会亲自致电西藏地方政府，重申凡是关乎国家利益的问题与事宜，西藏地方必须禀报中央，依照中央的决议来处理，并坚决支持驻藏办事处采取强硬态度，不与所谓的"外交局"发生任何联系，还即刻与中央有关方面取得联系，最终粉碎了少数人的分裂阴谋。

为维护祖国统一，反对分裂西藏，吴忠信较为重视制定和修正有关西藏地方事务的法规，在任期内以中央名义颁布了一系列有关文件，如1936年9月颁布的《护送班禅回藏专使训令》，1938年修正的《喇嘛转世办法》，1942年颁布的《征认班禅呼毕勒罕办法》。根据1936年公布的《喇嘛登记办法》，发布训令，对边疆各地喇嘛进行登记。另外，吴忠信写的西藏相关方面的著作有《西藏纪要》《入藏日记》等书，详细记载了他奉命入藏主持十四世达赖喇嘛坐床之经过。[①]

吴忠信与十四世达赖喇嘛

民国以前，西藏举行达赖喇嘛掣签时，都是由驻藏大臣会同班禅额尔德尼主持掣签仪式。由驻藏帮办大臣将写有候选灵童姓名的名签放入金瓶，由驻藏办事大臣亲自起瓶抽签。如果寻得的候选儿童特别灵异，在全藏僧俗公认为是达赖喇嘛的转世灵童后，须呈请驻藏大臣转奏皇帝特准，免予掣签。在清朝，按照上述历史定制寻访和确认的达赖喇嘛转世灵童有：七世达赖喇嘛、八世达赖喇嘛；乾隆年间建立金瓶掣签制度后，十世、十一世、十二世达赖喇嘛均系经过金瓶掣签指定，九世和十三世达赖喇嘛则是分别奉嘉庆皇帝和光绪皇帝特旨，免予掣签认定的。

在十三世达赖喇嘛圆寂后，国民政府认为转世灵童"须经护法神和活佛的核验认定"不符合旧例和历史定制。为此，国民政府于1938年9月制定和颁布了《喇嘛转世办法》，共十三条，其中明确规定：达赖喇嘛圆寂，其转

---

① 鲍丽达：《吴忠信与近代藏事》，中央民族大学2009年硕士研究生毕业论文。

世灵童寻获后，必须"转报蒙藏委员会查核"，然后请示驻藏办事长官主持"共同掣签"，"掣签仪注，依照向来惯例办理"；达赖喇嘛呼毕勒罕掣定后，必须"报请蒙藏委员会查核"，然后转呈国民政府"备案"；举行坐床典礼时，必须"由该地方最高行政机关呈请中央特派大员前往照料坐床"；国民政府参考前例，斟酌现情，制定《喇嘛转世办法》，意在坚持按历史定制办理十三世达赖喇嘛转世灵童寻访、认定和十四世达赖喇嘛坐床问题，从而维护中央对藏固有的权力，并认为这是管理西藏、治国安邦、稳定边防的重要途径，不能随意更改放弃。

随后，蒙藏委员会又于1938年10月8日根据《喇嘛转世办法》的规定，就十四世达赖喇嘛候选灵童掣签认定事宜，拟定了三种办法：

国民政府特派大员前往拉萨，会同热振呼图克图主持十四世达赖喇嘛掣签事宜。

国民政府特派大员会同热振呼图克图主持十四世达赖喇嘛掣签事宜，并由该员指派代表就近办理。

国民政府特派蒙藏委员会委员长会同热振呼图克图主持十四世达赖喇嘛掣签事宜，并由该委员长指派代表就近办理。

这三种办法，虽然在维护体制的基础上有更改达赖喇嘛转世权益的意思，但都是以达到中央依旧实施对西藏固有的达赖喇嘛转世掣签权力的目的，后经国民政府核准，决定按第三种办法办理。

1938年12月12日，热振致电蒙藏委员会委员长吴忠信，邀请中央派员参加主持十四世达赖喇嘛认定坐床事宜。吴忠信复电表示非常愿意接受。

1938年12月28日，国民政府发布命令：特派蒙藏委员会委员长吴忠信会同热振呼图克图主持十四世达赖喇嘛认定坐床的事宜。

1939年4月21日，西藏驻京代表阿旺桑丹等亲赴蒙藏委员会拜见吴忠信，23日又致书面代电，转达噶厦对吴忠信亲莅拉萨主持十四世达赖喇嘛认定坐床表示非常欢迎。

1939年8月4日，吴忠信向国民政府呈送了关于入藏任务、人员组成及所需经费等相关问题的报告。关于赴藏任务，报告中提出：此行任务为主持十四世达赖喇嘛认定坐床，附带册封热振、授权管理噶厦。其目的就是在西藏树立威信，并收获人心；并主张中央政府应借此机会来重新调整与西藏的关系，以增进实现大中华各民族的大团结。将此次行动公开宣布，来坚定政府的信用，入藏进行宣慰，来安定西藏人民的心，同时入藏代表团在力所能及的情况下，极力解决他们存在的困难，给予西藏人民一定的便利条件，让西藏人民明白中华民族为一家、大家都是一家人的道理，并且谨记国家第一的宗旨；让其明白中央的宽大胸怀增进民族之间息息相关、荣辱与共的关系，不同的情感融合，相互猜疑、抵触、欺诈隐瞒的情绪随即消除，在藏汉民族之间建立更加和谐友善的民族关系。关于人员组成，报告中提出组成"委员长行辕"，并拟定了《蒙藏委员会委员长行辕组织规程》，设立必要的办事机构，调配得力的工作人员，以达到意见没有分歧而一致，行事步伐一致不纷乱，这样才能够得到西藏人民的信赖，从而顺利完成交办的任务。关于所需经费，报告提出对西藏僧尼、官员与民众多给些赏赐，给西藏的寺庙多进行施舍；要实现中央在西藏新的权威之势，融合西藏各族人民的心意，就要中央投入大量的资金来解决西藏存在的各方面的困难与问题。由于这件事是西藏人民心中的一件大事，也是中央政府在西藏顺应民心树立权威的关键所在，因此吴忠信强调，无论中央财政有多么困难，都要下定决心全力投入办理此事。

1939年10月21日，吴忠信率行辕人员一行由重庆启程赴西藏，途经香港、仰光、加尔各答、大吉岭、噶伦堡、冈多、亚东、江孜等地，于1940年1月15日抵达拉萨。吴忠信是受国民政府特派入藏主持十四世达赖喇嘛认定坐床的中央政府代表和专使。

一、十三世达赖喇嘛呼毕勒罕批准认定

吴忠信到拉萨后，发现灵童候选人发生了变化。原先热振和噶厦向中央报告说共寻获三人（西藏两名，青海一名），现只有青海灵童候选人一名。西藏当局不仅没有把在西藏寻得的两名灵童候选人的来去情况向吴忠信交代清楚，反而提出：青海灵童候选人聪明伶俐、智力非凡，西藏僧人与人民都认为他是十三世达赖喇嘛的准化身，经过人民大众会议决定，不再需要举行掣签，拟请中央按照十三世达赖喇嘛的先例，准予免除十四世达赖喇嘛掣签

手续。吴忠信当即表示：这件事要及时呈报中央核定，我只能负责转报，不能做决定。热振一再派员向吴忠信申述免予掣签之事，吴忠信则以达赖喇嘛转世关系到西藏政治与宗教的前途命运，不能草率决定而予以拒绝。后经双方官员一再磋商，议定免予掣签必须具备两个前提条件：一是由吴忠信亲自观察灵童候选人是否真的聪明伶俐；二是由热振以正式行文的形式呈报中央来决定是否免除掣签手续。热振接受了这两个条件。

根据议定条件，热振于1940年1月26日致函吴忠信，请求转呈中央政府批准青海灵童候选人为十四世达赖喇嘛，免予掣签。

吴忠信接到热振的信函后，于次日向国民政府发出电报，转呈了热振报告。

同年1月29日，吴忠信在派行辕随员商洽察看灵童候选人事宜遭到拒绝后，后于1月31日率随员至罗布林卡，与灵童候选人谈话，合影留念，并赠送福州漆佛一尊、藏银五千两、黄缎一匹、座表一只等四件礼品。察看时，灵童候选人由顾嘉总堪布陪侍。吴忠信察看之后对灵童候选人的印象是：该灵童候选人虽然只有4岁半，暂且不说他的聪明伶俐表现传遍民间，就看他的起坐行为表现出的非常稳重与悠然休闲，就是现在的成人都不能达到的，这就是稀奇的事情。

根据吴忠信的电报报告，1940年1月31日国民政府批准拉木登珠免予掣签继任为十四世达赖喇嘛，并发给坐床典礼经费。

1940年2月17日，西藏摄政热振对中央政府特准拉木登珠免予掣签继任十四世达赖喇嘛，并拨发坐床典礼经费，特致电国民政府主席林森，表示答谢。

由以上可见，十三世达赖喇嘛转世灵童是经吴忠信亲自察看，并由吴忠信报请"行政院"转呈国民政府明令特准免予掣签认定为十三世达赖喇嘛呼毕勒罕和正式继任为十四世达赖喇嘛的。这充分表明，吴忠信是国民政府特派代表、中央政府特使，并且行使了中央政府对西藏地方应有的权力。因此，达赖喇嘛和达赖集团所采取的不认账的态度和视而不见的手法，散布1949年以前西藏与国民政府"没有任何关系""十四世达赖喇嘛的寻访，没有经过国民政府批准"等谎言，毫无道理，在事实面前不攻自破。

二、出席主持十四世达赖喇嘛坐床典礼

十四世达赖喇嘛坐床典礼，于1940年2月22日在拉萨布达拉宫举行。吴忠信率行辕全体官员出席了坐床典礼，并会同热振摄政主持了坐床大典，受到了与清代驻藏大臣相同规格的待遇。

吴忠信在坐床典礼上，除了座位优崇是其作为中央政府专使主持典礼的主要特征，仅率随员向达赖喇嘛献了哈达，接受了达赖喇嘛以红绫条结成的护身符佩于胸前。

坐床典礼举行之后，吴忠信代表中央政府向达赖喇嘛赠送了四扇分别写有"光照震旦""诚感诸天""泽被众生""宏宣佛化"题字的银屏等珍贵礼品。

4月12日，十四世达赖喇嘛致函林森，除了对特派吴忠信亲临拉萨主持坐床大典，颁赐吉祥哈达阿喜一件、玉照一件及珍贵财物多件深表感谢，还向林森进呈了哈达、金佛像、藏红花、各种皮张、各色氆氇、藏毡等礼物多件。与此同时，拉萨功德林、大昭寺等寺院僧众，亦向林森、蒋介石致函，对吴忠信亲临主持达赖喇嘛坐床典礼表示感谢，并说这样的场景从来没有过，西藏人民欢声载道，西藏地方与中央政府的关系更加紧密，一切纠纷将彻底消除。

综上可见，吴忠信在坐床典礼上所处的地位，绝非包括外国在内的参加祝贺和观礼的使者和来宾所能比拟的。吴忠信与达赖喇嘛平行而坐，仅坐垫略低，与清代驻藏大臣照料达赖喇嘛坐床之制相同。吴忠信的座位和面向表明，其身份之崇和地位之高，非同一般，只有代表中央政府的大员和专使主持坐床典礼，才有可能享受这样高的礼遇，参加坐床典礼的其他观礼贵宾是不可能享有如此殊荣的待遇。

三、吴忠信的身份及所受礼遇

除了以上所述，还可以从吴忠信的身份地位、在西藏受到的礼遇规格及其所做的工作等方面的事实，进一步看出吴忠信与参加坐床典礼的大小官员和观礼来宾截然不同。

首先，吴忠信以蒙藏委员会委员长、国民政府主管边事长官的身份亲自入藏，这是历史上前所未有的举措。其次，吴忠信到达西藏时，受到了隆重欢迎和接待，其礼遇规格是一般祝贺使者和观礼贵宾所无法相比的。最后，吴忠信代表中央政府向西藏僧俗官员颁赠厚礼、向热振等授权以及向各寺庙广发布施，是一般参加典礼的官员和观礼贵宾所不能做也做不到的。

由上可知，吴忠信所受到的隆重礼节，一般参加典礼的官员和观礼来宾（包括英国、尼泊尔、不丹等外国前来祝贺的贵宾），是根本不可能享受到的。吴忠信是受中央政府特派入藏主持十四世达赖喇嘛认定坐床事宜的，并得到了以热振为首的西藏地方政府的接受和欢迎；十三世达赖喇嘛呼毕勒罕是经吴忠信亲自察看确认，并报请国民政府明令特准免予掣签认定的；十四世达赖喇嘛坐床典礼，是在吴忠信的主持下举行的，吴忠信代表的是中央，其身份、地位、任务以及在藏受到的礼节规格和所做的工作，都是参加典礼的官员和观礼贵宾无法相比的。

以上事实可以充分证明，国民政府在处理十四世达赖喇嘛认定坐床问题上，行使了中央政府对西藏地方拥有的主权和管辖权，西藏地方政府接受了中央政府的安排和决定，履行了必要的行政和法律手续。吴忠信作为中央权威的使者经历的这一幕幕，让人难以忘记。

第五章　探寻西藏光明前途
——阿沛·阿旺晋美

阿沛·阿旺晋美是西藏和平解放、西藏民主改革、西藏民族区域自治、西藏社会发展进步的参与者和见证者。他的经历是西藏从封建农奴制社会到初级阶段的社会主义社会这一历史性伟大变革的缩影。他是在中南海勤政殿签订《中央人民政府和西藏地方政府关于和平解放西藏办法的协议》的代表之一，是西藏自治区政府的主要创建者和首任主席。在近一个世纪的生命历程中，阿沛·阿旺晋美投身于时代的伟大变革，探寻西藏的光明前途，并亲历了西藏社会翻天覆地的变化。

阿沛·阿旺晋美生平

阿沛·阿旺晋美，1910年2月出生于西藏自治区拉萨市墨竹工卡县甲玛乡一个有名望的家庭，在甲玛庄园被抚养长大。伴随他长大的都是女奴和小孩，他童年在拉萨私塾学习藏语文。1924年，14岁的阿沛·阿旺晋美拜格西喜饶嘉措为师，学习文法、诗学、历史和哲学。1927年，阿沛·阿旺晋美又拜三岩地区红教活佛大苍为师，修习佛学经典。从两位大师那里，阿旺晋美学到了知识和如何做人。1932年阿沛·阿旺晋美在噶厦的兵营里任军官，1936年任昌都粮官，1940年任民事法官，亲身经历使他对当时西藏的社会情况、政治制度等有切身感受。1951年，阿沛作为西藏地方政府赴北京谈判的首席全权代表，同中央人民政府代表签订了《中央人民政府和西藏地方政府关于和平解放西藏办法的协议》。西藏和平解放后，阿沛·阿旺晋美获一级解放勋章并被授予中国人民解放军中将军衔，在筹备西藏自治区期间兼任

相关筹备委员会职务，1968—1993年任自治区主席等相关领导职务。1993年起，他连续4届当选为全国政协副主席。2009年12月23日，阿沛因病在北京逝世，享年100岁。

阿沛·阿旺晋美的杰出贡献

阿沛·阿旺晋美同志始终投身于西藏发展的各个时期，经历了一个世纪的探寻与奔波，促进了西藏的和平解放、民主改革、自治区成立、改革开放、社会主义新西藏的发展。他自始至终十分关心西藏的各项事业，在事关西藏发展稳定的重要问题上直言不讳，提出了自己的意见和建议，为推动我国民族工作以及民族区域自治制度的实践和完善倾尽了毕生心血。

一、同情农奴的庄园主

阿沛·阿旺晋美在墨竹工卡县的甲玛庄园度过了他的童年，他的玩友全是农奴子女。他对农奴和奴隶从不吆三喝四，长大后对那些曾是幼年玩友的青年农奴他更是一如儿时，密切相处。他对农奴和奴隶的苦难有着深切的了解，提出了"西藏这样长此下去，农奴死光了，贵族也活不成"的感受，并萌生了旧制度需要改变的想法。阿沛·阿旺晋美14岁时拜师格西喜饶嘉措。热爱祖国、反对"西藏独立"、鄙视贵族们尔虞我诈的格西喜饶嘉措大师的言传身教，对少年时期的阿沛·阿旺晋美产生了很大的影响，使他逐步养成了独立思考、敢于担当的性格。20岁时，阿沛·阿旺晋美应征进入藏军"仲札兵营"当兵，在很短的时间内，从班长逐级升任为营长，官阶五品。1951年，他作为西藏地方政府首席全权代表赴北京进行和平谈判，途经西安，见到时任西北军政委员会民族事务委员会副主任委员的格西喜饶嘉措大师时，大师对他说的第一句话是："我以有你这样一个学生而高兴！"

二、全力反对"西藏独立"

1950年初，中央人民政府在命令人民解放军进军西藏的同时，通知西藏地方政府派代表到北京同中央人民政府谈判有关和平解放西藏的事宜。但是，当时西藏地方政权掌握在以摄政达扎为核心的少数分裂主义分子手里。他们在帝国主义分子的直接策划指使下，蓄意要搞"西藏独立"，并为此连续召开官员大会。阿沛·阿旺晋美是第一位站出来表达不同意见的。他提出了两点意见：一是西藏自古以来都是中国的一部分，西藏问题只能由中央政府解决，因此应派一个代表团去北京同中央政府商谈；二是同解放军只能谈判不能打仗。此后到1951年期间，他曾五次向达赖喇嘛、摄政和噶厦报告促请派代表同中央政府谈判。1950年初，中央人民政府宣布了和平解放西藏的方针，号召西藏地方政府派代表到北京同中央人民政府就和平解放西藏事宜进行谈判。摄政达扎和噶厦任命阿沛·阿旺晋美为增额噶伦兼任昌都总管，接替任期已满的前任总管，主持昌都地区的文武事务。阿沛·阿旺晋美在赴任前，向噶厦和摄政提请了报告，请求准许他到昌都后不接任总管职务，而是去找人民解放军进行和平解放西藏的谈判。但是这个请求没有被批准，阿沛·阿旺晋美只好去昌都接任总管。在去昌都的途中，阿沛·阿旺晋美耳闻目睹了扩军备战和动员民兵上前线极大地加重了老百姓的负担，许多地方的老百姓已经断粮，他们的生活苦不堪言。到达昌都后，阿沛·阿旺晋美立即向噶厦写报告申述百姓的苦难，提请停止扩军备战。在没有得到批准前，他就下令遣散了已被派往金沙江一线布防的8000多名民兵，要他们各自回家种地养畜，恢复生产。同年10月中旬，解放军被迫发动昌都战役，击溃金沙江西岸一线的藏军，向昌都镇挺进。此时，阿沛·阿旺晋美率总管府主要官员离开了昌都镇西行，在距昌都一日行程的朱贡寺住下来，等待解放军前来接收。同时他派出官员分三路去寻找解放军接头谈判。解放军进到朱贡寺后，他积极协助解放军遣散了从前线溃退下来的藏军全部士兵。昌都解放后，回到昌都的阿沛·阿旺晋美受到了解放军的热情欢迎和优待。经阿沛·阿旺晋美与解放军十八军前线指挥所王其梅将军商谈，达成了解放军暂停西进、争取同西藏地方政府进行和平谈判的临时协议。阿沛·阿旺晋美和在昌都的西藏地方政府官员40人两次联名签署报告，以亲身经历和对共产党解放西藏的方针政策的理解，说明解放军进军西藏是为了保卫国防、帮助西藏建设发展，敦请西藏地方政府指派代表同中央人民政府进行和平谈判。

三、旗帜鲜明主张和平谈判

1949年10月1日，中华人民共和国成立。解放西藏成为实现祖国大陆领土主权完整统一的关键一步，势在必行。1950年初，中央人民政府在命令人民解放军进军西藏的同时，通知西藏地方政府派代表到北京同中央人民政府谈判有关和平解放西藏的事宜。当时的西藏地方政府在反对谈判的同时，还积极蓄谋搞"西藏独立"，并采取扩张军备与争取帝国主义支持的手段来阻止人民解放军的进军步伐。在这种情况下，阿沛·阿旺晋美凭着他丰富的历史知识和对现实情况的掌握向噶厦讲述了中央解放西藏步伐如何势不可当。

阿沛·阿旺晋美的不同意见，使那些原来随声附和的人，以及有异议而不敢发言的人，立即活跃起来。依照阿沛·阿旺晋美的意见，他们认为应该把他的意见同原来的两个方案一起，作为会议通过的共同意见上报噶厦和摄政达扎做最后决定。会议情况很快传到社会上，引起强烈反响，大家普遍认为阿沛·阿旺晋美不顾个人安危提出意见，完全是为西藏着想。此后到1951年期间，阿沛·阿旺晋美先后5次向达赖喇嘛、摄政和噶厦报告促请派代表同中央政府谈判。中央人民政府宣布了和平解放西藏的方针，使阿沛·阿旺晋美和那些主张和平谈判的人们受到了鼓舞和支持。

四、代表西藏地方进行和平谈判

在中央人民政府和平解放西藏方针的感召下，西藏地方政府终于改变了态度。1951年2月，达赖喇嘛和噶厦任命阿沛·阿旺晋美为西藏地方政府首席全权代表，和其他四位全权代表赴北京，同中央人民政府进行和平谈判。阿沛·阿旺晋美出发前，给达赖喇嘛写了报告，表明只有明确承认西藏是中国领土，同意人民解放军进藏，谈判才能成功。

1951年4月初，阿沛·阿旺晋美等五位代表抵达重庆，时任中共中央西南局书记邓小平接见并宴请了阿沛·阿旺晋美一行。

4月22日，阿沛·阿旺晋美和另外四位西藏代表到达北京，朱德副主席、周恩来总理亲自到火车站迎接。4月28日晚上，周恩来总理、李济深副主席、陈云和黄炎培副总理等宴请了西藏和谈代表。5月1日，阿沛·阿旺晋美被邀请参加五一劳动节庆祝活动观礼。毛泽东主席在天安门城楼上接见了他，毛主席的接见对消除分歧、取得共识、谈判成功起到了关键性的作用。

五、签订西藏和平解放协议

从1951年4月29日起，以阿沛·阿旺晋美为首席的西藏地方政府全权代表5人同以李维汉为首席的中央人民政府全权代表5人就和平解放西藏事宜进行谈判。在具体谈判过程中，虽然在个别问题上发生过比较激烈的争论，但总体上始终是处于充分民主、友好交谈、反复协商的氛围。最后双方代表在各项问题上完全达成了一致意见，于1951年5月23日签订了《中央人民政府和西藏地方政府关于和平解放西藏办法的协议》（简称"十七条协议"），西藏获得和平解放。

"十七条协议"签订后，毛泽东主席在5月24日晚举办了宴会，隆重热烈地祝贺谈判圆满成功。宴会前，毛主席亲切接见了西藏地方政府全体谈判代表，发表了简短而深刻、亲切而严肃的谈话。他说，你们办了一件大好事，签订了一个好文件。写在文件上的好事，不等于实际的好事，要变成实际的好事，还需要做很大的努力，需要有耐心，需要说服更多的人和你们一起努力。

当阿沛·阿旺晋美同进藏解放军主力部队十八军军长张国华将军一道，带着"十七条协议"正式文本，从北京返回西藏途经重庆时，邓小平又一次会见了他们。在祝贺谈判成功的同时，邓小平明确指出，今后贯彻执行"十七条协议"，落实各项条文，还会遇到许多阻力和困难，要有耐心，有些事要慢慢来，不能急于求成。他还叮嘱阿沛·阿旺晋美，今后工作中遇到困难可以多同张国华等人商量，还可以给他写信，他能帮的事一定帮。

六、投身祖国建设，不遗余力

从曾想走出西藏，一路东去，寻找解放军进行和平谈判开始，半个多世纪以来，阿沛·阿旺晋美个人的一切就与国家的利益、民族的利益融合为一，他的人生道路就与中华民族的发展进步轨迹重叠为一。中央历届领导对他的功绩都予以了高度评价，对他的思想、工作和生活给予了深切关怀。中

华人民共和国成立以来的几乎全部岁月，在每一个历史时期，党和国家领导人都曾亲切接见他，在同他商讨工作、征求意见时，总是高度信任、坦诚相待，同时与他建立了真诚的友谊。

阿沛·阿旺晋美长期担任西藏自治区的主要领导职务，还曾任第三、第四、第五、第六、第七届全国人大常委会副委员长。担任国家领导人后，他投身于伟大的时代变革，见证了中国的日益繁荣富强。

自中国人民政治协商会议成立之后，阿沛·阿旺晋美就成为第一届全国政协委员，并连续担任了第三、第八、第九、第十届全国政协副主席。他为履行政治协商、民主监督、参政议政的神圣职责尽心竭力，时刻关心着祖国改革开放和社会主义现代化进程，关心着西藏的建设和发展。前些年，尽管阿沛·阿旺晋美年事已高，但他还是坚持参加各种会议，到各地考察。在北京，家乡的人来看他，总要捎来一些好消息。每天晚上，他看完全国新闻联播，必要接着看西藏新闻，他经常被西藏新的街道、新的居民住宅楼迷了眼，总要问："这是什么地方？"总要感慨："旧社会贵族的房子也没这么好！"青藏铁路建成通车的消息传来，阿沛·阿旺晋美更加高兴，他真想马上坐上火车回西藏，看看西藏日新月异的变化。

阿沛·阿旺晋美与国家领导人的深厚友谊

阿沛·阿旺晋美与我国国家领导人的接触，使他们建立了深厚的友谊，留下了很多美好的故事。

一、与毛主席的交情："家里的事，大家商量着办"

在西藏当代历史上，阿沛·阿旺晋美和毛主席的交往，是阿沛·阿旺晋美人生经历的华彩篇章。两人有着深厚的感情，他们是肝胆相照的关系，对我国民族政策的贯彻落实，起到了不可估量的作用。

阿沛·阿旺晋美在1951年第一次见到毛主席，那是他应邀登上天安门参加首都人民庆祝五一游行观礼。很快毛主席向他走过来，他按藏族的风俗向毛主席献上了一条洁白的长哈达。毛主席高兴地握着他的手说："谢谢，谢谢，欢迎你们到北京来。我们都是一家人，家里的事情，大家商量着办，就能办好。"

此后，他经常能见到毛主席。在西藏工作的阿沛·阿旺晋美，每次去北京开会几乎都能见到毛主席，向毛主席汇报工作、聆听毛主席的教导。一次毛主席问他有几个孩子，他说有12个孩子。毛主席听了后满面笑容幽默地说："好啊！西藏人口太少了，你对西藏工作有贡献，对发展西藏人口也有贡献！"同时，每次见面毛主席都要问阿沛·阿旺晋美的身体情况。

1971年10月1日，在天安门城楼上毛主席特意把阿沛·阿旺晋美介绍给西哈努克亲王说："这是西藏的领导人，也是国家领导人。"

1976年，阿沛·阿旺晋美见到生命垂危的毛主席时，还听到了毛主席的问候："身体怎么样？"面对身体垂危的毛主席，他送给毛主席最后一个祝愿："愿您健康长寿！"这也是他跟毛主席见的最后一面，最后一次交谈。

这就是阿沛·阿旺晋美与伟大领袖毛主席的交情，也体现了藏汉之间的情深友谊。

二、与周恩来的交情："文革"中接走阿沛·阿旺晋美使其免受冲击

1951年4月22日，阿沛·阿旺晋美和另外两位西藏代表到达北京，朱德、周恩来亲自到火车站迎接。4月28日晚，周恩来等国家领导宴请了西藏和谈代表，并进行了深入的交谈。"文革"开始后，出身贵族的阿沛·阿旺晋美作为当时西藏自治区人民委员会主席，同样受到了造反派的冲击。就在这紧要关头，周总理亲自派飞机将阿沛·阿旺晋美夫妇从西藏接到北京，并实施各方面的保护，使他们没有受到更大的冲击和迫害。

三、阿沛·阿旺晋美在"文革"中批判过邓小平，使他愧疚不已

1951年4月初，阿沛·阿旺晋美等五位代表抵达重庆，时任中共中央西南局书记邓小平接见并宴请了阿沛·阿旺晋美一行。多年以后，阿沛·阿旺晋美在《回忆邓小平》一书中回顾说：邓小平是他在西藏和平解放前夕见到的第一位共产党和人民解放军的高级领导人。尽管他们是在相互完全陌生的

情况下见面的，但是这次最初见面，特别是邓小平同志坦诚亲切的谈话，认真具体地解释中央对西藏的方针政策，给他留下了极为深刻的印象，对他当时在相当程度上消除疑虑，增加和谈成功的信心，以及后来转向革命、走上革命的道路都起到了很重要的作用。因此，他一直把邓小平看作是自己投身革命的第一位引路人。

1976年，有关人员召集民主党派的一些负责人和无党派民主人士开会，主题是批判邓小平。主持会议的人一再坚持不批不行，一定要批。在各种舆论的喧嚣下，迫于各种压力的阿沛·阿旺晋美只好表示要同邓小平划清界限，并讲了几句空洞的批判语言，应付了这场针对邓小平同志的批判会。但这件事老是像一块石头压在阿沛·阿旺晋美的心上，使他常常感到歉疚不安。

在贯彻实施改革开放的十一届三中全会后，一次观看大型文艺演出活动时，邓小平、卓琳和阿沛·阿旺晋美都坐在主宾席，阿沛·阿旺晋美挨着卓琳。他把"文革"期间批判邓小平的事告诉了卓琳，并澄清说明他为这事一直内心不安，感到愧疚。卓琳说这不能怪他，在那种气氛下大家都是被迫的，当然也包括他。邓小平也曾多次约阿沛·阿旺晋美去打桥牌。在一次打桥牌时，他笑着对阿沛·阿旺晋美说："卓琳把那件事告诉了我，她说得对，那件事完全不能怪你，你也是受害者；你不要放在心上，我们的友谊长存。"

阿沛·阿旺晋美怀揣着对西藏人民的深情热爱，对伟大祖国的赤胆忠心，用一生经历参与和见证了西藏的和平解放与社会主义新西藏的建设工作。作为贵族享受农奴主待遇的他，却深切关怀着西藏人民的生活与地位，始终为探寻西藏的光明前途而奔波，他是我们民族情怀与友谊长存的典范，也是各族人民的英雄与楷模。

第六章　执行"十七条协议"
——张经武

张经武，一生致力于西藏的和平解放事业，为贯彻执行和平解放西藏的"十七条协议"做出了卓有成效的贡献。

张经武生平

张经武，1906年7月15日生于湖南省炎陵县，1930年加入中国共产党，1931年冬根据指示进入中央苏区参加工农红军，1933年调任红1军团第3师师长，曾率部参加了中央苏区两次反"围剿"。

1934年10月，张经武参加长征。到陕北后，他又参加了直罗镇、东征、西征战役。1936年冬，他接受中共中央委派赴华北地区从事抗日统一战线工作，会晤国民党重要元首，积极宣传中共抗日主张。抗日战争爆发后，他调任八路军驻武汉办事处高级参谋，协助周恩来开展河南、湖北两省的抗日统战工作。1938年，张经武就任于山东，整编山东地区抗日武装，建立抗日民主政权，开展敌后游击战争，后赴延安、山西、北平、陕西等地担任军方要职，指挥抗日、解放战争。中华人民共和国成立后，他先是担任国家相关要职，1951年6月任中央人民政府驻西藏代表，经过两个多月的艰苦跋涉抵达拉萨，自此至1965年9月在被称为世界屋脊的西藏奋斗了14个春秋，曾任中共西藏工委书记、西藏军区第一政治委员、中共中央西南局书记处书记等职。在藏期间，他忠实执行党中央对西藏工作的各项指示，认真贯彻党的民族政策和宗教政策，为维护祖国统一、发展西藏经济做出了重要贡献。西藏自治区成立后，他奉调回京，任中共中央统战部副部长，历任各届全国人大常委会委员，获得国家独立自由与解放等多枚勋章，于1971年10月27日在北京逝世。

张经武对西藏和平解放的杰出贡献

1949年11月19日，张经武被抽调到西南军区工作，着手进军西藏。1950年6月，毛主席任命张经武为人民武装部部长。

一、勇闯达赖喇嘛的"鸿门宴"

1949年10月中华人民共和国成立时，西藏还没有解放，且西藏少数上层反动人士正在阴谋策划"西藏独立"。直到1950年10月，人民解放军解放了西藏的门户昌都，西藏地方政府才同意派代表来北京谈判。

1951年春，刚刚就任中央军委办公厅主任兼人民武装部部长不久的张经武就被要求同李维汉、张国华、孙志远充任中央人民政府的全权代表，与西藏地方政府的全权代表阿沛·阿旺晋美、凯墨·索安旺堆、土登旦达、土登列门、桑颇·登增顿珠进行和平解放西藏的谈判。李维汉是中央人民政府的首席代表，阿沛·阿旺晋美是西藏地方政府的首席代表。经过二十多轮协商，双方最终签订了《中央人民政府和西藏地方政府关于和平解放西藏办法的协议》，即"十七条协议"。协议刚签订，张经武即被任命为中央人民政府赴藏代表。中央还要求他立刻启程，经中国香港、印度，到西藏的亚东去会见达赖喇嘛，然后进驻拉萨。

昌都战役后，西藏上层集团内讧，摄政夏格巴·旺秋德丹下台，16岁的达赖喇嘛亲政，掌握了政教事务大权。而西藏地方政府当中一些亲帝国主义分子便把达赖喇嘛挟持到边境小镇亚东，想伺机把他带到国外。情况非常危急，尽管和平解放西藏的协议已经签了字，但如何实现还是一个迫切的问题。特别是如何具体协调中央和西藏地方的关系，如何处理西藏上层集团内部的矛盾，这些都不是在北京谈判所能够解决的，需要中央派遣赴藏代表处理这些尤为艰巨的任务。

面对紧迫的任务，张经武经过几天匆匆准备之后，便轻装简从，率12人，于1951年6月13日离开北京，奔赴西藏。由于任务繁重而且紧迫，时间仓促，张经武一行途经香港后，即乘机飞往新加坡，转道印度加尔各答飞抵孟加拉邦北部的小城锡里格，之后乘汽车蜿蜒北上，于7月10日到达印度北部通往西藏的交通枢纽噶伦堡。

噶伦堡是1888年和1904年英帝国主义两次入侵西藏的关键据点。由于其交通位置重要，在过去几十年中已日益繁荣起来。这里的居民基本各方面的人都有，特别是外国特务、间谍往来密集，他们在这里直接指挥着西藏上层中的一些分裂主义分子，进行分裂活动。

当张经武到达噶伦堡喜马拉雅饭店时，西藏地方政府的帕里宗本雪康·索郎塔杰以及本地的西藏商务代表处官员和一些西藏大商人正在饭店门口迎候。张经武特别表达了对达赖喇嘛的问候和关心。

7月10日下午，张经武约见驻噶伦堡的西藏各界人士，向他们宣传党的民族、宗教政策，解释和平解放西藏协议的内容，一再强调中央对达赖喇嘛的固有地位及职权不予变更，希望有关人士将中央的态度转告给达赖喇嘛及其周围的人。晚上，西藏商务代表处官员以及与达赖喇嘛有密切关系的大商人邦达养壁、桑都仁青等，为张经武举行了宴会，气氛融洽。

7月11日，张经武一行从噶伦堡出发，向亚东前进。到甘托克后，在汽车无法通行的情况下，改为骑马继续前进。经过艰难跋涉，克服高山缺氧等严重困难，他们终于翻过海拔4300米的乃堆拉山口，进入西藏境内。

7月14日，张经武等到达亚东的仁青岗。噶厦首席噶伦然巴·土登贡秋率领部分僧俗官员和达赖喇嘛的警卫团官兵数十人，出亚东5000米迎接。张经武刚安顿好就要求噶厦早日安排自己与达赖喇嘛见面。

7月15日，几位噶伦前来拜见张经武，告知达赖喇嘛住在离亚东十余里外山脊腰上的东噶寺，并约定16日与张经武在该寺会面。但噶伦们提出，会见须有"达赖升座，百官伺候"的仪式。张经武到来时，达赖喇嘛将下座相迎，接毛主席信后再升座。张经武的座位设在达赖喇嘛座位的右下侧。由于张经武代表的是中央，因此他对"升座"要求当即严词拒绝。西藏政府代表最终不得不放弃了这一无理要求，商定让张经武上山后先在帐篷内休息，然

后直接进入达赖喇嘛卧室与之相见。

7月16日，张经武在然巴·土登贡秋等噶伦陪同下，登上东噶寺。当他走进达赖喇嘛卧室时，达赖喇嘛立刻从座椅上站了起来，跨前几步迎接，并给他让座。互致问候之后，张经武说："您亲自派代表到北京谈判，签订了'十七条协议'，毛主席对您这种爱国态度非常赞赏，非常高兴。"随即向达赖喇嘛递交了毛泽东主席的亲笔信与《中央人民政府和西藏地方政府关于和平解放西藏办法的协议》副本及附件。

毛主席在信中感谢达赖喇嘛委托阿沛·阿旺晋美转来信件和礼物，并说："西藏地方政府在你亲政后，开始改变以往的态度，响应中央人民政府和平解放西藏的号召，派遣以阿沛·阿旺晋美先生为首的全权代表到北京谈判，你的这项举措是完全正确的。""从此，西藏地方政府和西藏人民在伟大祖国大家庭中，在中央人民政府统一领导下，得以永远摆脱帝国主义的羁绊和异民族的压迫，站起来，为西藏人民自己的事业而努力。我希望你和你领导的西藏地方政府认真实行关于和平解放西藏办法的协议，尽力协助人民解放军和平开进西藏地区。"

虽然达赖喇嘛对这次会面不是很热情，但通过会谈还是消除了一些疑虑，坚定了他返回拉萨的决心。与达赖喇嘛会见后，张经武立刻将会面情况写成电文送报中央。

几天后，达赖喇嘛就启程返回拉萨。临行前，他还特地从他的马厩里选了两匹枣红马，送给张经武。

7月23日，即达赖喇嘛离开亚东的第三天，张经武和乐于泓[①]骑着达赖喇嘛送的两匹枣红马也从亚东向拉萨进发。由于达赖喇嘛一路上要接受僧俗群众的顶礼膜拜等活动，结果张经武反比达赖早到拉萨十天。

达赖喇嘛到达拉萨后，在张经武的一再催促下，直到10月24日才向中央发了电报，向中央表明了对"十七条协议"的态度。达赖喇嘛表示"要在毛主席及中央人民政府领导下，积极协助人民解放军进藏部队，巩固国防，驱

[①] 乐于泓（1908—1992），原名陆于泓，字仲陶，笔名乐若，解放战争时期他担任过豫苏皖边区党委宣传部部长，十八军宣传部部长。1952年，乐于泓担任西藏工委办公室主任、宣传部部长和新华社西藏分社社长等职。

逐帝国主义势力出西藏，保卫祖国领土主权的统一"。

10月26日，张国华、谭冠三率领的入藏部队第十八军军部和主力抵达拉萨，并先后进驻西藏各边防重地。1952年2月10日，中国人民解放军正式成立西藏军区。而后，中央任命赴藏代表张经武兼任中共西藏工作委员会书记，张国华、谭冠三、范明为副书记。

然而，并不是所有的人都在为西藏的美好明天祝福。西藏上层中的一部分人，顽固坚持其分裂祖国的立场，始终阴谋破坏和平统一的进程。达赖喇嘛出走亚东时曾任命司曹（即代理司伦，达赖喇嘛以下最高的行政官员）鲁康娃和罗桑扎西临时管理西藏政务。鲁康娃和罗桑扎西理政期间，就在上层人士中竭力煽动分裂主义情绪，支持一批商人和无业流氓成立所谓"人民会议"，从事分裂活动。

张经武到拉萨时，鲁康娃和罗桑扎西均没有出面迎接。后来张经武走访鲁康娃时，他还指责张经武带部队入藏事宜，并声称，阿沛·阿旺晋美去北京时未被授权谈判军事问题，"十七条协议"很突然，应该修改。

1951年底，受到鲁康娃等人暗中支持的伪"人民会议"，拟定了一份意见书：要求解放军撤出西藏；反对改编藏军；声称西藏原有制度不能变更。伪"人民会议"分子还向神发誓："粉身碎骨，在所不计。"1952年1月13日，鲁康娃和罗桑扎西更是公然召集噶厦官员开会，作出"采取武装行动，把解放军赶走"的决定。1952年3月21日，伪"人民会议"在甲热林卡正式通过"请愿书"，并决定于3月31日向中央官员呈递。与此同时，罗桑扎西密令驻防日喀则的藏军炮兵代本（藏军官职）赶回拉萨。31日，伪"人民会议"将"请愿书"送至噶厦。在鲁康娃和罗桑扎西的指使下，噶厦将"请愿书"转交中央赴藏代表张经武，要求他接见伪"人民会议"的代表。为配合递交"请愿书"的活动，伪"人民会议"分子一方面要挟一批不明真相的群众，上街游行示威；另一方面纠集藏军和武装流氓分子约2000人，包围中共西藏工委及其外事处和人民银行，在周围房顶架起机枪。

面对严峻的形势，张经武主持召开了全体噶伦会议。这一方面是为了给西藏地方官员做思想工作；另一方面也是为了使叛乱者有所顾忌。会上，张经武严肃指出，这次事件是有人在背后唆使的，噶伦们必须立即进行处理，

否则要对可能产生的严重后果承担全部责任。他还紧急通知达赖喇嘛，要求他迅速采取措施，制止骚乱。同时，为了达到说服教育的目的，张经武会见了伪"人民会议"代表，收下了他们的"请愿书"，让他们听候答复。

然而，达赖喇嘛并未采取任何措施。到4月1日，又有几个噶伦向张经武递交"请愿书"。同时，2000多名喇嘛涌入拉萨，阴谋抢劫布达拉宫的军火库。大批藏军加强了对张经武住宅、阿沛·阿旺晋美住宅以及银行、外事处等地的包围，还对阿沛·阿旺晋美的住宅进行了武装攻击。

在局势持续恶化的情况下，张经武再次紧急通知达赖喇嘛，要求他迅速、有效地解决以下几个问题，一是立刻命令所有西藏地方部队，从即日起各回各营，严加约束。二是立刻命令三大寺（包括其他各寺）在拉萨的所有喇嘛，从即日起各回各寺，并责令各寺堪布严加约束。三是立刻下令遣散所谓伪"人民会议"的所有人员，各回各家，安分守己，不予追究；所谓"人民代表"，可由噶厦负责，留在拉萨听候接见；中央代表和全体噶伦准备听取一切意见，进行讨论，给予正式答复。四是立刻命令噶厦与藏军商讨联合负责治安的问题；发出联合公告，禁止一切破坏民族团结与和平协议的非法活动，保证恢复、维持正常社会秩序，以安民心。

4月1日下午，张经武获悉骚乱分子将于晚11时全面动手，立刻将这个消息通报给被留在工委驻地桑都仓的噶伦们，噶伦们颇感惊恐。考虑到大多数噶伦已表现出不赞成骚乱的意向，工委决定让他们回家，只留下其中组织骚乱的人物索康，以应付入夜后可能出现的紧急情况。

由于工委和军区及时采取了军事防范措施，同时又把骚乱组织者之一的索康留在工委过夜，骚乱分子不得不有所顾忌，当晚未敢贸然行动。

次日，张经武接到中央指示：支持爱护达赖喇嘛，帮助他处理骚乱，同达赖喇嘛一起商谈处理办法，增强达赖喇嘛对我们的信任感。据此，张经武于6日约请达赖喇嘛面谈。达赖喇嘛答应于8日在布达拉宫见面。

二、勇闯布达拉宫平骚乱

针对局势仍不明朗的情况，张经武去布达拉宫无疑要冒很大风险。经工委和军区的同志们的精心安排，4月8日那天，张经武步行到布达拉宫山下。

为表示会谈诚意,他临时决定只带一名藏语翻译和两个贴身警卫上山,警卫班全部留在山下。

会谈是在达赖喇嘛卧室进行的,气氛比较紧张。张经武向达赖喇嘛转告了中央指示的内容,传达了中央关于制止骚乱的方针政策。张经武严肃地指出,伪"人民会议"鼓吹"西藏独立",扬言要赶走人民解放军,并制造拉萨骚乱,危害社会安定,这都是严重破坏"十七条协议"精神的。中央坚持和平解放西藏的既定方针,绝不愿扩大事态,希望达赖喇嘛能够进行认真调查,对少数为首的反动分子要予以严惩。

经过张经武义正词严地敦促,达赖喇嘛表示了接受中央指示的态度。他说,团结是汉藏同胞的共同愿望,武装骚乱是不好的,已下令司曹予以禁止;对"人民会议"代表所提意见,请中央用和平的方法进行解释,适当安慰;对于伪"人民会议",要在研究出恰当的办法后再加以解散,以免引起麻烦。关于对骚乱的调查,达赖喇嘛询问张经武应如何进行。张经武当即表示:"这是西藏地方发生的事件,要由地方政府负责调查,解放军可以协助。"达赖喇嘛遂答应严厉查处。

然而,尽管达赖喇嘛做了承诺,分裂主义分子却并没有收敛。鉴于骚乱仍不能平息,张经武就根据这一特别指示:"我们的妥协政策是向达赖喇嘛及其他中间派实行的,不是向鲁康娃等反动派实行的。因此,不论骚乱是扩大,还是收场,我们必须借此次无理骚乱为题,尽可能将反动派痛惩一下。否则,西藏政局不能稳定,爱国分子不能抬头,生产、贸易、医药、修路、统战等工作均不能开展,我们将经常处于被动地位。"致函达赖喇嘛,在4月5日即要求他立刻下令将主张"西藏独立"、组织领导骚乱的鲁康娃和罗桑扎西撤职查办。张经武在信中强硬地表示:"从即日起,本代表不承认鲁康娃、罗桑扎西的司曹职务,因而也就不再和两人商讨任何问题。""请您命令噶厦从即日起在您的直接领导下与本代表直接办公。"两天后,在工委召开的噶伦会议上,张经武将上述信函的主要内容通报给全体噶伦,再次表明了中央的原则立场。噶伦们反应不一,主要是担心撤销鲁康娃和罗桑扎西的职务会引起更大的骚乱。为打消噶伦们的这种顾虑,张国华在会上明确指出:"如因撤销两司曹而发生动荡,解放军将对达赖喇嘛及爱国的贵族官员和人民的生命财产完全负责保护。"

中央方面毫不妥协的坚定态度终于发生了效力。4月27日，达赖喇嘛宣布撤销鲁康娃和罗桑扎西的司曹职务。随后，噶厦发出布告，宣布"人民会议"为非法组织，予以取缔。

4月28日，班禅堪布厅到达拉萨，为西藏的和平、团结又注入了新的力量。

尽管西藏通往和平的道路跌宕起伏不平坦，但在西藏的历史上毕竟翻开了新的一页。为此而殚精竭虑的张经武也感到由衷的欣慰。历经2年，张经武为贯彻执行和平解放西藏的"十七条协议"开展了卓有成效的工作，载入了西藏近现代的辉煌历史，值得后人永远铭记。

第七章　为西藏人民带来福音
——张国华

张国华，和平解放西藏的十八军军长，根据党中央的安排，踊跃带领十八军进藏，开启了西藏历史的新纪元。西藏和平解放，让西藏人民挣脱了封建农奴制的枷锁，回到了中华人民共和国的大家庭，走上了社会主义新西藏的道路。张国华在西藏的工作，为西藏人民、拉萨人民带来了福音。

张国华生平

张国华（1914年12月22日—1972年2月21日），曾用名张福桂、李亚霖，男，汉族，江西省永新县人，1929年3月参加革命工作，在中华人民共和国成立后，率领十八军走进了西藏高原，把红旗插上了"世界屋脊"，给被如今人们称为"天堂"的地方带去了曙光。

一、张国华简历

张国华，1914年12月22日生于江西省永新县怀忠官山当边村，1929年参加中国工农红军，1931年加入中国共产党，曾参加过中央苏区历次反"围剿"和红四方面军长征，到陕北后参加了直罗镇、东征、西征等战役。他于1937年入抗日军政大学学习，1938年底随师部挺进山东，参加开辟了鲁西抗日根据地。解放战争时期，张国华率部先后参加了邯郸、巨野、淮海、渡江、西南等战役，1950年与政治委员谭冠三率第十八军进军西藏，指挥昌都战役，完成和平解放西藏任务，后任中共西藏工作委员会书记，西藏军区司令员，并在1959年指挥平息西藏武装叛乱。张国华在1965年任中共西藏自治

区委员会第一书记，西藏自治区第二届政协主席，于1972年2月21日在成都逝世。

二、张国华任职情况

张国华主要经历了四个时期，曾担任过各项职务。

1. 红军时期

1929年3月，张国华参加中国工农红军，在红四军32团当过战士、司号员；1930年3月，加入中国共产主义青年团，曾任红四军第12师36团青年干事；1931年3月，任红四军12师6团团部支书；1931年11月，任红四军第11师33团团部政治指导员；1933年6月，任红1军团第2师5团连政治指导员、连长、总支书记；1933年10月，入红军大学学习；1934年1月，任福建省军区汀州教导团政治委员；参加了中央革命根据地第一至第五次反"围剿"作战；荣获三等红星奖章；1934年10月，参加长征，其间：任红1军团政治部巡视团主任、第2师6团总支书记；1935年10月，到达陕北，任红1军团政治教导大队政治委员；1936年2月，任红军河东抗日游击支队政治部主任；1937年2月，任陕南游击支队科长。

2. 抗日战争时期

1937年10月，张国华任八路军第115师战士剧团主任；1938年2月，任八路军第115师直属队政治处主任；1939年3月，任鲁西军区第7支队政治委员；1940年1月，任黄河支队政治委员；1940年11月，任八路军第115师教导第4旅政治委员；1941年，任八路军第115师教导第4旅政治委员，兼任鲁西军区湖西军分区政治委员、湖西区党委书记；1944年1月，任中共冀鲁豫区第4（直南豫北）地委书记、冀鲁豫军区第4（直南豫北）军分区政治委员；1944年6月，任中共冀鲁豫区第9（直南豫北）地委书记、第9（直南豫北）军分区政治委员，参加创建鲁西抗日根据地、巩固发展冀鲁豫抗日根据地的斗争和坚持敌后抗日游击战争。

3. 解放战争时期

1945年9月，张国华任晋冀鲁豫军区第1纵队副政治委员兼纵队政治部主任、第7纵队副政治委员；1946年12月，任豫皖苏军区司令员（政治委员吴芝圃）；1948年6月，任豫皖苏军区第一副司令员；1949年2月，任中国人民解放军第2野战军第5兵团第18军军长，率部参加挺进中原、淮海、渡江和进军西南的多次重大战役战斗。

4.和平解放西藏时期及以后

中华人民共和国成立后，张国华任中国人民解放军陆军第18军军长；1950年1月，任川南行政公署主任；1950年1月下旬，奉命率中国人民解放军第18军进军西藏，促成了西藏和平解放；1950年1月，任中共西藏工作委员会书记；1950年6月—1953年3月，任西南军政委员会委员；1952年3月，任中共西藏工作委员会第一副书记、副书记、第二书记；1952年2月—1955年5月，任中国人民解放军西南军区西藏军区（军级级别）司令员、军区党委第一书记；1955年5月—1968年12月，任中国人民解放军西藏军区（此时西藏军区由军级上升为大军区级，直接归中央军委领导）司令员、军区党委第一书记；1956年4月—1965年8月，任西藏自治区筹备委员会第二副主任委员，1958年1月起兼任西藏公学校长；1959年6月，任西藏平乱总指挥，指挥西藏平叛；1965年9月—1967年2月，任中共西藏自治区党委第一书记；1965年9月—"文革"初期任西藏自治区政协主席；1965年10月起兼任西藏民族学院院长；1967年5月—1972年2月，任中国人民解放军成都军区政治委员、军区党委第一书记；1968年12月—1972年2月，任四川省革命委员会主任；1969年12月—1971年8月，任四川省革命委员会党的核心小组组长；1971年8月—1972年2月，任中共四川省委第一书记；1969年4月—1972年2月，任中共中央军委委员；1972年2月21日因病在成都逝世。

张国华对西藏工作的杰出贡献

一、解放西藏

中华人民共和国成立后，首任中国人民解放军第十八军军长的张国华率部走进了西藏，完成了和平解放西藏的任务。

1. 受命领军进藏

中华人民共和国成立才三四个月，毛泽东就提出"进藏宜早不宜迟"，进军西藏的任务最后落到了西南局身上。西南局领导人刘伯承和邓小平接到在苏联出访的毛泽东发回来的电报："西藏人口虽不多，但国际地位极重要，我们必须占领，并改造为人民民主的西藏。由青海及新疆向西藏进军既有很大困难，则向西藏进军及经营西藏的任务应确定由西南局担负。"

由于西藏的地理位置特殊，而且在中华人民共和国成立之前，一直受到帝国主义势力的渗透。要进军西藏，由谁领军进藏非同一般，需要慎重考虑。经刘伯承和邓小平商量，率军进藏人选定为张国华。张国华对于去西藏是乐意的，但思想还是一时转不过弯来。1950年1月18日，十八军召开了动员大会，邓小平坐镇参加，张国华首先讲话。他站起来说："过去协同兄弟部队解放一个省会，消灭几万敌人，就兴高采烈，觉得很了不起。而现在进军西藏是以十八军为主，不只是解放一个省会，而是解放全西藏，把帝国主义势力赶出西藏，完成祖国统一大业。还要在西藏建党，开创党的工作，不是更值得骄傲吗？"最后，张国华严肃地指出："确实还有一些老一点的同志不想去，认为胸前已经有了两三枚光荣纪念章了，就想躺在功劳簿上面睡大觉，不想再前进了，这是不对的。干部要起带头作用，所有的人思想都要放得开、行得通，大家要高高兴兴地去西藏。"部队就要进藏了，但让张国华没有想到的是，比懂几句藏语更困难的事情，还是很快摆到了他的面前。

2. "佛光将军"张国华

1950年1月24日，中共中央、中央军委批准了中共西藏工委领导名单：十八军军长张国华任书记，政委谭冠三任副书记，副政委王其梅、副军长昌炳桂、参谋长李觉、政治部主任天宝为委员。至此，进藏的人事工作就绪。为了策应十八军进藏，刘伯承和邓小平命令第十四军抽一个精干团，从滇西北经德钦、科麦溯雅鲁藏布江西进，作为十八军解决西藏问题的后备力量。

1950年7月初，张国华率领的十八军部队全部抵达甘孜。部队所到之处，秋毫无犯。这一切，格达活佛都看在眼里。于是，格达活佛主动接待了张国华。他说："我认识西藏地方政府和三大寺的人，如果张军长需要，我本人愿意去拉萨劝和。"但前去昌都劝和的格达活佛却被西藏当局杀害。得知消息后，张国华立誓："坚决把五星红旗插到喜马拉雅山上，让幸福之花开遍西藏！"为此，张国华向西南局和中央军委建议进行昌都战役。10月7日，在张国华的指挥下发起了昌都战役。10月18日，右路部队如期抵达并抢占了恩达，阻断昌都的藏军退路，正面部队快速进攻昌都，于10月24日解放昌都。进军西藏的大门被打开，和平解放西藏的曙光展现。西藏地方政府终于接受了中央人民政府的建议，派出以阿沛·阿旺晋美为首的和谈代表团到北京谈判。1951年5月15日，张国华奉命回京参加谈判。

西藏和平解放协议签订后，扫清了进军西藏的障碍。1951年10月，进军西藏的部队在张国华和谭冠三的率领下全部部署到位，红旗顺利地插到了"世界屋脊"上。1952年2月，以人民解放军第十八军为基础，成立了西藏军区，同时撤销十八军番号。西藏军区为军级级别的军区，归西南军区管辖。司令员由张国华担任，政委由谭冠三担任。1955年5月，西藏军区由军级上升为大军区级，直接归中央军委领导，张国华、谭冠三分别升任大军区司令员和政委。1955年9月，中央军委授予张国华中将军衔。至此，人们开始称张国华为"佛光将军"。

3."保卫菩萨"

虽然部队顺利进军西藏了，但西藏地方高层少数分裂分子在外国势力的支持下，仍在不断筹划叛乱，直到1959年3月推动了西藏大叛乱。

3月19日，拉萨叛乱分子聚集了7000多人，在罗布林卡成立了叛乱指挥部，并形成对西藏军区机关及其部队分割包围之势，打出来的口号是："同中央决裂！为西藏独立而大干一场！"此时，张国华因病在北京医治，但他密切注视着西藏。政委谭冠三在电话里对张国华说："达赖喇嘛和主要官员及家属都化装逃出拉萨了。"张国华清楚，部队早已在拉萨周围布置好了，只要谭冠三和参谋长李觉一声令下，不要说达赖不能逃离拉萨，叛乱分子一个个都将粉身碎骨，但毛泽东有指示："如果达赖喇嘛及其一群逃走，我们一概不要阻拦，无论去山南、去印度，让他们去。"至4月14日，平叛作战结束，捣毁了盘踞在山南市的叛匪老巢，封锁了亚东以东、米林以西的边境线，切断了叛乱分子与国外陆上联系的重要通道。因在这次武装叛乱中，许多寺庙与叛匪有瓜葛，正在火头上的指战员们主张扫平它们。张国华说：

"不能。区分叛乱寺庙要有确凿的、足够的证据。"这样避免了寺庙的毁损,"佛光将军"坚决"保护菩萨"。

在西藏民主改革中,张国华担负平叛和民主改革两副担子,他从西藏的实际出发,实事求是地开展工作。在全体官兵和西藏各级干部的努力下,西藏平息了1959年叛乱,完成了民主改革任务。

二、毅然反抗外敌入侵

西藏平叛结束后,并没有就此安定下来,因为印度又盯上了这块土地。1959年8月,印度政府悍然挑起一场大规模的侵略中国领土的战争,中国政府被迫进行了一场短促而有限的自卫反击战。

1962年10月18日,由毛泽东召集的中央政治局常委扩大会议在中南海颐年堂召开,经过对中印边境形势、中印两军实力对比以及能否打胜仗进行慎重分析和充分讨论后,一致认为战胜印军是有把握的,并对中印边界问题作出了重大的决策,定于10月18日对印进行自卫反击作战。中央军委任命西藏军区司令员张国华为前线总指挥。很快,一个代号为"419部队"的作战指挥机构组成了。10月19日,张国华进驻前方指挥所。10月20日7时30分,张国华一声令下,人民解放军的炮火便铺天盖地地向入侵克节朗的印军阵地倾泻。2个小时后,印军的第一个据点被攻下。到晚上8时多,克节朗战役即告结束。张国华笑了:"这么容易取得的胜利,我当兵33年,还是头一次!"

在中印边境自卫反击战中,张国华以过人的胆略提出和完善作战方案,报中央军委得到批准。在反击战中,他抱病抵达前线指挥部,运筹帷幄,决胜疆场。中印边境自卫反击战的胜利,打出了国威军威,赢得了中印边界的长期稳定。张国华指挥中印边界作战的显赫战功得到了毛主席的肯定,称之为军事政治的胜仗。他在高原实施反击战的精彩战例,被国外众多军事专家肯定,称他为"喜马拉雅战神"。

三、建设美丽西藏

在进军解放西藏的基础上,张国华非常重视西藏的建设工作。他非常重视西藏的教育事业,在西藏和平解放后,他先后建立了昌都小学、拉萨小学、日喀则小学、拉萨中学，并组建了西藏公学（西藏民族学院前身）。

为了解决进军西藏部队的粮食短缺问题，张国华着力建设康藏、青藏两条公路。1954年底，康藏、青藏两条公路全线通车，使得进藏部队和进藏工作人员的交通运输困难、粮食物资的补给供应等问题基本得到解决，进藏部队站稳了脚跟。

组织得力干部组成抗灾抢险工作队，1954年7月在江孜洪灾来临之际，张国华组织了救灾工作队救济江孜灾民，保证了灾后的民生问题。

1956年4月，张国华组建了西藏自治区筹备委员会，为西藏民主改革铺平了道路。在经张国华调研后，西藏迅速铺开了民主改革工作。到1961年底，民主改革基本完成，西藏高原换了新天地。

张国华与国家领导人

张国华15岁参加红军，经历过长征，曾经与10倍于自己兵力的蒋介石部队周旋，战功赫赫，并且有开辟新区的丰富经验，也接触到了相关国家领导人。

一、邓小平眼中的"地主"张国华

"地主"要从十八军的干部队伍说起，十八军有相当数量的老红军、抗战勇士、做过地方工作的干部和一些知识分子。南京解放后，需要一批干部去接管，考虑到大多数部队在打仗抽不出人。刘伯承、邓小平决定由各军随营学校来接管南京，在部署会上，当得知十八军随校人员有4500多人时，邓小平都惊住了，这个数字已经超过了其他各军随校人数的总和。因此便有人说如此富有的张国华真像"地主"了，随后张国华"地主"的绰号不胫而走，邓小平在说到干部问题时，也要开玩笑地说："十八军的干部不必补充，张国华是'地主'嘛！"这便是邓小平眼中的"地主"张国华。

二、毛主席三次会见张国华

张国华在和平解放西藏、平息叛乱、民主改革、保卫西藏的战斗中功绩卓著，屡次受到毛泽东主席的亲切接见，有三次是最为重要的。

第一次接见，张国华谈论了个人对进军西藏的看法，毛主席确定了其西藏工作的方针："在西藏考虑任何问题，首先要想到民族和宗教这两件大事。一切必须慎重稳进。"毛泽东还称张国华为江西老表。

第二次接见，毛泽东在接见张国华与张经武时，就西藏的平叛改革事宜提出了方针：把军事打击、政治争取和发动群众三者结合起来，利用平叛来带动改革。

第三次接见，是中印边境自卫反击作战胜利后张国华汇报工作，毛主席充分肯定了中印边境自卫反击战的伟大胜利，充分肯定了西藏党政军各方面的工作，对西藏各界、张国华本人是一次极大的鼓舞。

西藏的和平解放为西藏各族人民带来了新生活；民主改革让西藏各族人民翻身当家做了主人；中印反击战给边疆带来了安稳。张国华将军就是带给西藏人民福音的人。

第八章　誓把尸骨埋边疆
——谭冠三

谭冠三，一生致力于党和国家的事业，参加了抗日战争与人民解放战争，是中华人民共和国成立的见证人。他在西藏和平解放的过程中承担了重要角色，带领西藏人民摆脱了封建农奴制的束缚，踏上了社会主义新西藏的康庄大道，并协同西藏人民一起经历了和平解放、民主改革、自治区政府筹备、改革开放等各个阶段的历程。把一生献给西藏的谭冠三在临终前提出："我死之后，请把我的骨灰埋在西藏！"这就是誓把尸骨埋边疆的英雄谭冠三将军。

谭冠三生平

谭冠三（1901年1月31日—1985年12月6日），曾用名谭才儒、谭年春，湖南省耒阳县人，中国共产党优秀党员、久经考验的忠诚的共产主义战士、无产阶级革命家、中国人民解放军卓越的政治工作者、中国人民解放军高级将领，经历了抗日战争、解放战争、西藏和平解放、西藏民主改革，参与筹备了西藏自治区政府，在祖国边疆立下了赫赫功勋。

一、谭冠三简历

1901年1月31日谭冠三生于湖南省耒阳县小水铺区柘溪谭家村。早年他就着力在湘南地区从事一些农民运动；1926年加入中国共产主义青年团，同年加入中国共产党；1928年参加湘南起义，并随军到井冈山，参加了保卫井冈山革命根据地的斗争；1929年初随部队转战各地；1930—1934年，先后

任红军相关师团的宣传科科长、政治指导员、政治委员等职务，并参加了中央苏区历次反"围剿"；1934年10月随中央红军主力长征并担任政治职务。长征至陕北后，谭冠三参加了直罗镇、东征等战役；1936年进入抗日红军大学学习，在抗日战争爆发后，任抗日军政大学政治部俱乐部主任、秘书科科长；1940年春率部在冀鲁豫边区开展抗日游击战争；随后入中共中央党校学习。

抗日战争胜利后，谭冠三1946年先后参加了邯郸、鲁西南、淮海等战役；1949年率部参加了渡江战役、衡宝战役、西南战役等。

1950年，谭冠三与张国华将军率第十八军进军西藏，参与指挥昌都战役，完成了和平解放西藏任务；1959年任中央驻西藏代理代表，参与指挥平息西藏武装叛乱。谭冠三曾历任西藏军区政治委员、中共西藏工作委员会第二书记、监委书记，西藏自治区政协主席，先后获得党军多类勋章。1985年12月6日，谭冠三在成都逝世。

二、谭冠三戎马生涯

土地革命战争时期，谭冠三任工农革命军第四军军需处文书、中国工农红军第十二军一纵队政治部宣传科科长、第三十四师训练队队长、第十二师特务连政治委员、第三十四团政治委员兼特派员、师政治部组织科科长兼三十六团政治委员、红三军第九师二十五团政治委员、师政治部组织科科长、红一军团政治部组织部巡视员、陕甘支队第四大队政治部主任。

抗日战争时期，谭冠三任中国人民抗日军政大学俱乐部主任、秘书科科长，冀中军区政治部副主任、第一军分区兼七支队政治委员、南进支队政治委员。

解放战争时期，谭冠三任冀中纵队政治部主任、中共豫皖苏八地委书记兼分区政治委员、第二野战军十八军政治委员。

中华人民共和国成立后，谭冠三任西藏军区政治委员，中共西藏工作委员会第二书记、监委书记、西藏政协主席，中华人民共和国最高人民法院第一副院长，成都军区顾问。1955年谭冠三被授予中将军衔。谭冠三为中国人民政治协商会议第四、五、六届全国委员会常务委员，中国共产党第七次、第八次全国代表大会代表。

谭冠三对中国革命的杰出贡献

谭冠三，1926年加入共产主义青年团，同年转为中共正式党员，曾任耒阳县第二区党团书记兼区赤卫队党代表，是共产党在湘南地区早期从事农民武装斗争的组织者之一。他参加过秋收起义、湘南起义、井冈山斗争和二万五千里长征。从任职赤卫队党代表开始，他似乎就注定了与红军政治工作结缘。

一、参加抗日战争和解放战争

从1930年6月起，谭冠三历任红十二军一纵队政治部宣传科科长、红四军第十二师三十四团政委、红一军团军事裁判所书记、陕甘支队四大队政治处主任。

1936年6月，谭冠三进入抗日红军大学学习，成为抗大一期生。1937年7月，全面抗战爆发，他任抗大政治部秘书科科长。1938年5月，冀中主力部队改编为八路军第三纵队并成立冀中军区。1940年春，担任冀中军区南进支队政委，率部到冀鲁豫边区开展抗日游击战争，参与应对国民党军石友三部的军事摩擦，1943年春，冀鲁豫边区局势相对稳定后，他赴延安进入中央党校学习。

1945年8月，内战在即，谭冠三重新奔赴前线，历任冀中纵队政治部主任、中共豫皖苏八地委书记兼豫皖苏军区第八军分区政委、第二野战军第五兵团第十八军政委，与老战友张国华一道率部参加淮海战役、渡江战役，挺进大西南，参与成都会战。

二、参加和平解放西藏

在解放战争刚刚结束，中华人民共和国刚刚成立的时候，和平解放西藏是我党的又一件大事。经过长期枪林弹雨、出生入死的战争生活，十八军官兵刚刚安定下来，一听又要进藏，大家思想都转不过弯来。加上西藏是个少数民族地区，情况不明，路途遥远，交通不便，补给困难。在这种情况下，迅速转入执行解放西藏、保卫边防的任务，是比较困难的。

谭冠三坚决贯彻执行党中央关于"进军西藏宜早不宜迟"的指示，毫不犹豫地接受了这一艰巨而光荣的任务。返回部队后，他们立即召开各级干部会，他说："西藏未平，何以为家"，这让广大指战员非常感动，大家表示：到西藏去，即使把一把骨头埋在西藏，也是值得的。当时在莫斯科的毛主席看到进军西藏的名单，经过多方面的考虑，作出了指示："中共西南局将重担交给了张国华、谭冠三，并确定第十八军为进藏主力。"党中央还同意邓小平、刘伯承提出的建议，成立以张国华为书记、谭冠三为副书记的中共西藏工委。在重庆曾家岩，邓小平、刘伯承给张国华和谭冠三交代任务，千叮万嘱。在送别谭冠三、张国华时，邓小平指示要"政治重于军事，补给重于战斗"。

解放军进藏之初，因为公路还没有修通，部队主副食供应十分困难，部队、机关人员只好吃豌豆、胡豆、青稞麦粒充饥。西藏少数分裂主义分子背弃和平解放西藏的"十七条协议"，趁机封锁粮食，扬言"要把解放军饿跑"。进藏部队遵照党中央、毛泽东"进军西藏，不吃地方"和邓小平"补给重于战斗"的指示，张国华、谭冠三提出了"开荒生产，自力更生，站住脚跟，建设西藏，保卫边防"等战略方针和响亮口号。1952年8月，谭冠三大力支持创办了西藏军区的第一个农场"八一农场"，他经常参加农场劳动，常住农场，和藏汉族民工一起同吃同住同劳动。他住的是一个被称为"罐头盒房子"的土屋里：墙是草皮垒的，屋顶是用罐头盒铁皮盖的，禁不住冷热。经过一年的艰苦努力，农场的庄稼蔬菜获得了丰收。谭冠三以身作则，大大鼓舞了驻藏部队长期建设边疆的勇气和信心。1953年秋收时节，他特意邀请了西藏的上层爱国人士和妇联、青年联谊会的男女老少，到农场参观，阿沛·阿旺晋美夫妇、达赖喇嘛的母亲也参观了农场。农场附近的藏族群众也闻讯赶来参观。这鼓舞了西藏人民建设家园的信心，让西藏上层朋友和广大群众真正相信，中国共产党领导的解放军的确是各族人民的子弟兵，是来帮助西藏人民发展生产，建设祖国边疆的。

谭冠三常常对战士们说："咱们在世界屋脊、风雪高原搞生产，撒下的不仅是萝卜种子，白菜种子，而且还是希望的种子，团结的种子，富裕繁荣的种子啊！"过去很少种菜、蔬菜品种极少的西藏高原，能种出番茄、辣椒、黄瓜、芹菜、菠菜等多种蔬菜，深深感动了西藏人民。西藏军区各农场和广大部队实现了蔬菜自给或部分自给，在西藏地方上的农场和农民的土地上，也长出了又鲜又嫩的蔬菜。

除了种蔬菜，谭冠三提倡"八一农场"试种苹果，并派农场人员去山东、河南等地买苹果树苗，邀请苹果种植专家来西藏指导。他自己在驻地开垦了一个小苹果园做实验。到其他地区开会，他常常会带回一些果树苗。他家中的小苹果园比"八一农场"的苹果树早一年结果，有一棵树竟收了200多斤苹果。

谭冠三还十分注意在藏族群众中培养专业技术人员。他嘱咐农场场长刘国玺，把那些孤苦伶仃的藏族流浪儿收留进来当农工。有的藏族孤儿，是随父母来拉萨朝佛，经过长途跋涉，父母死了，孩子便流落街头，挣扎在死亡线上。这些流浪孩子纷纷要求到农场工作。他们在农场吃饱了饭，过上幸福的生活。在西藏高原的苹果不仅年年丰收，而且品种越来越多，质地优良，嫁接的"高原红"，一个就有半斤重。还有黄香蕉、红香蕉、苹果梨等优良品种。后来，西藏人们吃苹果时总是想起谭冠三。

三、平定叛乱、民主改革大显身手

西藏进行民主改革，是"十七条协议"中规定的。1956年9月4日，因条件不成熟，特别是西藏一些上层人物害怕，所以党中央明确宣布西藏民主改革"六年不改"，随后又提出，六年过后，是否进行改革，到那时依据实际情况再做决定。但是，西藏地方政府和上层反动集团却不顾中央的耐心等待和再三教育，竟于1959年3月10日撕毁"十七条协议"，发动了以拉萨为中心的武装叛乱，并向西藏工委和西藏军区进攻。在情况十分紧急、斗争极端尖锐的关键时刻，谭冠三主持西藏党政军工作，临危受命担任中央代理代表，坚定地依靠西藏百万农奴和广大干部，团结广大爱国进步人士，断然下令反击平叛，并极力争取达赖喇嘛回头。

谭冠三给达赖喇嘛写了三封信，既坚持了祖国统一、民族团结的原则，又充分体现了共产党解放军对达赖喇嘛的尊重、爱护和关怀，同时对分裂主义分子的阴谋进行了及时的揭露和斗争。这三封信发表后，在国内外影响很大，获得了广大人民群众和进步人士的一致好评。在西藏各族人民的支持下，他和随后赶回西藏的张国华领导西藏军民，有力地打击了分裂主义分子的破坏活动，挫败了他们的罪恶阴谋，维护了祖国的团结和统一。

四、危急关头，尽显民族关爱情怀

在平定叛乱期间，谭冠三还十分关心爱国朋友的安全。情况紧张的时候，他冒着被"打冷枪"和"扔石头"的危险，亲自请阿沛·阿旺晋美搬到安全的地方居住。当阿沛·阿旺晋美以工作为重，不顾个人危险，坚持住在家里时，他又亲自布置警卫人员加强保卫措施，保证阿沛·阿旺晋美和他一家人的安全。他还真诚地邀请其他的爱国朋友搬到安全地方居住。帕巴拉·格列朗杰等许多爱国朋友，就是在他的关怀下，携带家属住进了安全的地方。达赖喇嘛出走以后，他到罗布林卡指示工作人员要保护好达赖喇嘛的住地。达赖喇嘛居室外面阳台上有两盆牡丹花，他特别叮嘱工作人员说："要把达赖喇嘛喜爱的牡丹花保护好，要看远一点，总有一天，达赖喇嘛会回来的。"

1959年5月，在张国华、谭冠三的主持下，中共西藏工委拟定了《平叛工作中几个问题的决定（草案）》，党中央在批复中指出："这个方案所制定的各项政策，都是正确的。"1961年10月，平叛作战胜利结束。

在平息叛乱的同时，根据党中央"边平叛，边改革"的方针，西藏进行了彻底摧毁封建农奴制度的民主改革运动。党中央制定的西藏民主改革政策，对爱国的农奴主的土地实行赎买政策（由国家出钱买农奴主的土地，分给农奴），这是马列主义和西藏实际相结合的范例。谭冠三和其他领导同志一起忠实地执行了这一政策。有的爱国朋友不愿接受赎买金，他再三地、真诚地劝他们收下。这样，即使西藏农奴分得了土地，废除了封建农奴制度，又维护了爱国人士的利益，增强了民族团结。在民主改革期间，谭冠三还十分注意深入实际进行调查研究，同其他领导同志一起，集中集体的智慧，研究制定了符合西藏实际情况的方针政策，使西藏民主改革得以顺利进行，取得了伟大胜利。接着，党中央指示："稳定个体所有制，发展个体经济。"谭冠三、张国华团结西藏工委"一班人"，带领全区人民坚决执行这一指示，使西藏人心稳定，经济发展，生活改善。人们称颂民主改革使西藏稳定发展这一段时间，是西藏第一个"黄金时代"。

五、设身处地，置身边疆建设

按照规定，高级干部可以去内地休假。可是，谭冠三在西藏高原戎马戍边十二年，很少回去休假。他热爱西藏人民、热爱边疆山河，对西藏一草一木都有极深的感情。他曾带着农业技术员步行勘察拉萨河两岸的土地，亲自收集了十二口袋草籽和土壤标本，号召、组织部队开荒种菜、种草、种树。他自己开了一片地，除了种菜、栽苹果，还种树苗。

每年春节，谭冠三都带着秘书、警卫人员等出去到部队、机关、农场拜年，走到哪里，就把自己苗圃里的树苗赠送到哪里，动员同志们都来种树。他常常对同志们说："前人栽树，后人乘凉，我们在边疆种树就更有意义，绿化风雪高原，改变生态状况，增加氧气，调节湿度，防止风沙，这是建设西藏、巩固边疆的百年大计啊！"如今，西藏军区大院杨柳成荫。拉萨城内外，林木翠绿，花果飘香，柏油路旁林荫小道枝叶茂盛，绿意盎然。

1964年4月，陈毅元帅在游成都杜甫草堂时，遇到谭冠三，立即握住他的手说："你是西藏的功臣！我要请你吃狗肉！"并向周围的人介绍谭冠三在西藏的功绩。后来，谭冠三到北京向中央书记处汇报西藏的情况，又受到了邓小平、彭真、李先念等中央领导同志的赞扬。邓小平欣然说："政治重于军事，补给重于战斗！无论'政治'方面，还是'补给'方面，你都功无旁贷！"谈话结束，邓小平又补充了一句："站在青藏高原上搞政治工作，你是名副其实的高屋建瓴啊！""阵地最高的政治工作者"，是对谭冠三参与运筹西藏全局的高度评价。

誓把尸骨埋边疆

在经历了西藏和平解放、民主改革、建设发展之后，谭冠三同志将一生的精力与时间都贡献给了西藏这片热土。1985年12月6日谭冠三同志在成都逝世。临终前，他提出了一个请求："我死之后，请把我的骨灰埋在西藏！"

1986年8月1日，根据他的遗愿，西藏自治区党政军民把谭冠三骨灰安放在拉萨"八一农场"苹果园。他是唯一安葬在西藏的共和国开国将军，深受西藏军民的尊敬和爱戴。2014年，"谭冠三纪念园"在地处拉萨的西藏职业技术学院内建成，他与夫人合葬，骨灰安置在园内。该园已经被确定为"西藏自治区爱国主义教育基地"和"国防教育基地"。

一生致力于党和国家事业的谭冠三，为西藏和平解放、民主改革贡献了全部的精力。他积极投身于祖国边疆西藏的建设工作，不遗余力、视死如归，并把尸骨都掩埋在这片喜欢并致力的土地上，一片赤心人人能见！

参考文献

[1] 白玛朗杰,孙勇,仲布·次仁多杰,喜饶尼玛.西藏百年史研究（上册）[M].北京:社会科学文献出版社,2015.

[2] 白玛朗杰,孙勇,仲布·次仁多杰,陈谦平.西藏百年史研究（中册）[M].北京:社会科学文献出版社,2015.

[3] 白玛朗杰,孙勇,仲布·次仁多杰,许广智.西藏百年史研究（下册）[M].北京:社会科学文献出版社,2015.

[4] 周伟洲.西藏通史（民国卷上、下）[M].北京:中国藏学出版社,2016.

[5] 朱晓明,张云,周源,王晓彬,张云.西藏通史（当代卷上）[M].北京:中国藏学出版社,2016.

[6] 朱晓明,张云,周源,王晓彬.西藏通史（当代卷下ⅠⅡ）[M].北京:中国藏学出版社,2016.

[7]《解放西藏史》编委会.解放西藏史[M].北京:中共党史出版社,2008.

[8] 拉萨市地方志编纂委员会.西藏自治区志·拉萨市志（上、下）[M].北京:中国藏学出版社,2007.

[9]《西藏自治区志·共青团志》编纂委员会.西藏自治区志·共青团志[M].北京:中国藏学出版社,2012.

[10]拉萨晚报社.前进中的拉萨[M].拉萨:拉萨晚报社,1991.

[11]傅崇兰.拉萨史[M].北京:中国社会科学出版社,1994.

[12]格勒,朱春生,雷桂龙.拉萨十年变迁(1994—2004)[M].北京:社会科学文献出版社,2008.

[13]西藏自治区党校,西藏日报社.阳光下的罪恶——拉萨历次骚乱、暴力犯罪纪实[M].拉萨:西藏人民出版社,2009.

[14]中国藏学研究中心.透视"3·14"——中国藏学研究中心学者深度分析拉萨"3·14"暴力事件[M].北京:中国藏学出版社,2008.

[15]本书编委会.达赖集团的滔天罪行——记拉萨"3·14"事件真相[M].拉萨:西藏人民出版社,2008.

[16]政协拉萨市委员会、文史资料专委会.拉萨文史[M].拉萨:出版者,2001.

[17]马新明.拉萨史话[M].北京:社会科学文献出版社,2015.

[18]中共西藏自治区党史委员会党史研究室.张国华画册[M].北京:中共党史出版社,2016.

[19]中共西藏自治区党史委员会党史研究室.谭冠三与老西藏精神[M].北京:中共党史出版社,2011.

[20]《阿沛·阿旺晋美》编委会.阿沛·阿旺晋美[M].北京:中国藏学出版社,2005.

[21]拉萨市人民政府主办、拉萨市地方志编纂委员会办公室编.拉萨年鉴(2012年、2013年、2014年)[M].北京:方志出版社,2012,2013,2014.

[22]赖惠能,马新明.中国全面小康发展报告·共享与幸福导向型拉萨样本[M].北京:红旗出版社,2016.

[23]车明怀.拉萨法治发展报告(2013年、2015年)[M].北京:社会科学文献出版社,2013,2015.

[24]曾国庆,郭卫平.历代藏族名人传[M].拉萨:西藏人民出版社,1996.

[25]西藏自治区社会科学院课题组.拉萨市加强和创新社会治理实践与研究.

[26]拉萨市人民政府.拉萨市城市总体规划(2009—2020).

[27]拉萨市人民政府.拉萨市城市总体规划(2009—2020)说明.

[28]拉萨市统计局.拉萨市国民经济统计年鉴(2000).

[29]拉萨市统计局.拉萨市统计年鉴(2004年、2009年).

后记

　　《拉萨百年史略》是《幸福拉萨文库·经典篇》丛书之一。该项目从2014年3月启动，由于参编人员到中国社科院挂职、到复旦大学参加培训时间较长，内部资料难找等，直到现在才完成撰写工作。在撰写过程中，我们遇到了较多的困难。一是关于拉萨历史的书籍和资料不多，且难以寻查。二是关于拉萨的资料碎片化，查找有难度。西藏历史资料虽然丰富，但是不能等同于拉萨的历史资料。三是构思拉萨近代史有难度。虽然西藏的历史事件很多都是发生在拉萨的，但不能以这些事件构建与西藏历史相同的拉萨历史。为此，课题组经过再三思考，确定了这样的思路：近代以一些影响西藏历史且发生在拉萨的重大事件为脉络，体现拉萨近代历史的主线；现代以人民政权建立、经济社会建设、文化建设、城市建设、反分裂斗争、北京和江苏援助拉萨、自治区首府城市作用发挥等为横向基本线索，纵向综合阐述拉萨的现代历史。近现代以来，在拉萨发生了众多的西藏历史事件，这些事件的发生都与当时的人物有关，为此，课题组选择了九位影响西藏历史、都曾在拉萨活动的正反面历史人物进行介绍，从这些人物身上能看到拉萨历史的变化轨迹。故此，对于拉萨百年历史，课题组没有按照写史的常规，以帝国主义入侵拉萨和拉萨人民抗击侵略、旧西藏拉萨的发展状况、拉萨的和平解放与民主改革、自治区成立时的拉萨、改革开放时期的拉萨等历史时序，以及按时间叙事的方法去描述，而是采用上述的归类写法。我们这是一次尝试，其中有一定的问题与不足，可能对拉萨的历史挂一漏万，敬请读者批评指正。

《拉萨百年史略》分上、中、下三篇。上篇从英军侵入与反侵略斗争、张荫棠查办藏事、十三世达赖喇嘛推行"新政"、发生热振事件、参加国民会议、驱中央官员事件、拉萨解放、达赖喇嘛和班禅言和、平叛改革等发生在拉萨的历史事件为视角，主要描述拉萨近代历史，这一时期以社会性质改变为起止时间。1888年，英军入侵西藏后，西藏沦为半殖民地和封建农奴制社会，经过和平解放把帝国主义驱逐出西藏、改变了半殖民地社会性质，到1959年民主改革后彻底废除了封建农奴制度。这一时期，主要写发生在拉萨的影响西藏近代政治、社会变迁的重大历史事件，其中，贯穿了英国侵略与反侵略、中央政府治理西藏、西藏地方政府在"中华民国"和中华人民共和国时期政治态度的变化，以及西藏社会性质转变这样一条线索，阐明了近代拉萨风云是近代以来西藏历史的缩影，在这篇内容中，我们采纳了近年来西藏历史研究中的最新成果，将1912年和1949年原来定性的两次所谓"驱汉事件"，改称为"驱中央官员事件"，并说明理由。中篇从人民政权建立、经济社会建设、文化建设、城市建设、反分裂斗争、北京和江苏援助拉萨、自治区首府城市作用发挥等方面，纵向阐述了拉萨和平解放后经济、政治、文化、社会、生态等方面的发展与变化，分析了拉萨发展的深层原因，即中央特殊关心、自治区党委政府大力支持、北京和江苏的无私援助，以及拉萨努力发挥首府城市功能等；综述了拉萨市委、市政府和各族人民共同反对分裂祖国的斗争。这一时期从拉萨和平解放至现在，以拉萨的新生为起点，经过民主改革、自治区成立、拉萨市正式建制，以及社会主义制度建立和改革开放，直到进入中国特色社会主义新时期。这一时期，主要写拉萨整个社会从初步发展到跨越式发展，再到长足发展的历史。虽然拉萨正在发展中，但我们也把拉萨的客观现实转化为了历史的视角进行叙述，使现实成为历史的内容。下篇从西藏人文主义先驱根敦群培、为西藏前途命运奔波的阿旺嘉措、带领民国中央代表团首次进藏的黄慕松、中央权威的使者吴忠信、探寻西藏光明前途的阿沛·阿旺晋美、贯彻执行"十七条协议"的张经武、为西藏人民带来福音的张国华、誓把尸骨埋边疆的谭冠三等八个方面描述了在拉萨生活过的有重大影响的人物，通过这些人物反映拉萨百年变迁的过程。

近现代以来，拉萨这座古老的城市几经苦难、几经变迁，在经过了和平解放、民主改革、拉萨人民政权建立、自治区成立后，最终走上了社会主义道路，建立起社会主义制度，实现了社会制度的跨越。改革开放以来，拉萨经济、政治、文化等方面，实现了跨越式发展，并进入长足发展的阶段。近年来，拉萨依照"党建统市、环境立市、文化兴市、产业强市、民生安市、依法治市"六大战略，建立美丽家园幸福拉萨，现在拉萨已经成为一座现代化的边疆中心城市。在我们完成书稿撰写之时，举世瞩目的中国共产党第十九次全国代表大会刚刚胜利闭幕。在党的十九大报告中，党中央提出了"决胜全面建成小康社会，开启全面建设社会主义现代化国家新征程"的明确目标。拉萨也进入了新时代，在朝着实现全面建成小康社会和社会主义现代化中国梦伟大目标的奋斗中，迎来了新的巨大的发展机遇，拉萨将会更加富裕民主文明和谐美丽。实现中国梦的伟大目标在望，回首拉萨历史的步伐，我们深感拉萨百年的历史应该好好书写，然而，由于水平有限，本书内容有许多不足，还需继续努力。

在本书中，王春焕承担导言、中篇第一章至第七章内容的撰写；郑丽梅承担上篇第一至第九章内容的撰写；王文令承担下篇第一章至第八章内容的撰写。王春焕负责撰写及拟定提纲，经课题组共同讨论、社科院专家指导最终确定写作提纲。全书由王春焕统稿，郑丽梅、王文令协助。

《拉萨百年史略》在撰写过程中，得到了各有关部门和各级领导的关心与支持。在此，感谢拉萨市委市政府、拉萨市委宣传部、西藏社科院及其科研处、马克思主义理论研究所、当代西藏研究所等部门给予的大力支持；感谢拉萨市委宣传部占堆部长、吴亚松部长和杨丽科长的大力支持；感谢西藏社科院已离世的仲布·次仁多杰副院长给予的支持；感谢西藏社科院原副院长何宗英、现任副院长保罗给予的指导。

课题组

2017年11月